高等职业教育公共基础课通用教材

新编高职体育与健康

主　编　张　平
主　审　耿晓东
副主编　刘　嫣　解瑞婷　周世龙

北京理工大学出版社
BEIJING INSTITUTE OF TECHNOLOGY PRESS

内 容 简 介

本书作为高等职业教育的体育教材，本着"素质性、职业性、实践性"的教学指导思想编写。全书分别介绍了体育相关的基础知识以及篮球、足球、排球、乒乓球等常见和实用的体育项目。内容翔实，结构合理，构思精巧，特别注重大学体育教学理论与实践的结合。

本书主要供高等职业教育院校各专业学生学习使用，也可供高职高专院校大学体育教学选用，还可以作为从事大学体育教学的教师及社会上广大的体育爱好者的参考读物。

图书在版编目（CIP）数据

新编高职体育与健康／张平主编．—北京：北京理工大学出版社，2021.6
ISBN 978-7-5682-9863-6

Ⅰ．①新… Ⅱ．①张… Ⅲ．①体育-高等职业教育-教材②健康教育-高等职业教育-教材 Ⅳ．①G807.4②G717.9

中国版本图书馆 CIP 数据核字（2021）第 098188 号

出版发行／	北京理工大学出版社有限责任公司
社　　址／	北京市海淀区中关村南大街 5 号
邮　　编／	100081
电　　话／	（010）68914775（总编室）
	（010）82562903（教材售后服务热线）
	（010）68944723（其他图书服务热线）
网　　址／	http：//www.bitpress.com.cn
经　　销／	全国各地新华书店
印　　刷／	三河市天利华印刷装订有限公司
开　　本／	787 毫米×1092 毫米　1/16
印　　张／	17.75
字　　数／	418 千字
版　　次／	2021 年 6 月第 1 版　2021 年 6 月第 1 次印刷
定　　价／	52.00 元

责任编辑／江　立
文案编辑／江　立
责任校对／周瑞红
责任印制／施胜娟

图书出现印装质量问题，请拨打售后服务热线，本社负责调换

前　　言

学校体育工作的根本目的是坚持以素质教育为主题，贯彻"健康第一"的指导思想，面向全体学生，提高学生的身心健康水平。随着高校体育课程改革的推进，体育教材的改革与创新势在必行。在编写本教材的过程中，我们以教育部颁发的《全国普通高等学校体育课程教学指导纲要》为依据，以全面贯彻《国家学生体质健康标准》为导向，以培养学生体育锻炼能力提高体育文化素质、培养终身体育锻炼意识、形成健康的生活方式和习惯为主要目的。重点突出了体育教育和健康教育的理念，增加了正确选择锻炼项目和科学锻炼内容，以确保体育教育和健康教育收到实效。

作者在总结多年高职高专院校公共体育教学实践和教学经验的基础上，紧密结合教学实际，针对高职高专学生的年龄特点、心理特点、体质状况，遵循以人为本的理念，突出体现了"健康第一"的思想，重视提高学生的身体、心理和社会适应的整体健康水平。以此来影响体育教学行为方式的根本转变，努力实现体育与生活的整合，学校体育与家庭体育、社会体育的整合、使现代大学生的价值观念、身体健康、生活能力等方面能适应社会的变迁，并与之保持同步发展。本书在编写过程中从教学实际出发，力图做到内容新颖、通俗易懂、简单易学、图文并茂。本书既考虑了教材的深度，又照顾到教材的广度，使学生掌握测试和评价体质健康状况的基本知识，将体育、娱乐、健康有机融为一体，引导青年学生主动接受体育教育，享受体育乐趣，树立终身体育意识，养成终身锻炼的习惯，达到身心健康发展的目的。

全书分三个篇章，第一篇章为体育理论知识部分，借以提高学生对体育的概念、功能、目的和任务的认识，增长学生对人体生长发育、卫生保健等方面的科学知识，第二篇章分别介绍了篮球、排球、足球、羽毛球、乒乓球、网球、武术、跆拳道、健美操、瑜伽等项目的技术动作方法、要领、规则以及相关知识，第三篇章为机电特色项目：冰雪运动、拓展训练、气排球项目。

本教材由河北机电职业技术学院体育工作部主任耿晓东担任主审，张平担任主编，刘嫣、解瑞婷、周世龙担任副主编。具体分工如下：张平拟定编写大纲并编写前言部分、第一章、第四章、第五章、第六章、第十三章、第十四章、第十六章、参考文献，刘嫣编写第七章、第八章、第九章、第十章、第十五章、第十九章，解瑞婷编写第十七章、第十八章、第二十章、第二十一章，周世龙编写第二章、第三章、第十一章、第十二章。

《新编高职体育与健康》该教材的编写是高职院校公共体育教育教学改革的一次新的尝试，因此需要有一个不断改进和提高的过程。

受编者水平所限，书中难免存在错误或不妥之处，恳请广大师生及读者在使用本教材时给予批评指正，并将改进意见及时反馈给我们，以便下次修订时加以完善。

编者

2021 年 6 月

目 录

第一篇 理 论 篇

第一章 概述 3

第二章 高职学生体育健康测试 8
  第一节 体质及影响体质的因素 8
  第二节 大学生体育健康标准 9

第三章 体育与职业适应 24
  第一节 高职院校体育教育的目的与任务 24
  第二节 高职院校体育教育的组织形式 25
  第三节 高职学生的身心特点和体育 29
  第四节 不同岗位群的体能训练 31

第四章 体育运动与营养 34
  第一节 运动中的能量代谢 34
  第二节 平衡膳食 35

第五章 高职学生体育锻炼与发展体能的方法 38
  第一节 体育锻炼的原则和方法 38
  第二节 体育锻炼计划的制订与实施 40
  第三节 运动性疲劳的产生与消除 42

第六章 体育运动与损伤 44
  第一节 常见运动损伤 44
  第二节 常见运动损伤疗法小常识 47

第七章 小型竞赛的组织与方法 50
  第一节 小型运动会组织工作 50
  第二节 竞赛规程 52
  第三节 常用的竞赛方法 53

第二篇 实 践 篇

第八章 田径 … 59
- 第一节 田径运动概述 … 59
- 第二节 跑 … 59
- 第三节 跳跃 … 62
- 第四节 投掷 … 64
- 第五节 田径比赛规则 … 66

第九章 排球 … 68
- 第一节 排球运动概述 … 68
- 第二节 排球运动的基本技术 … 69
- 第三节 排球运动的基本战术 … 85
- 第四节 排球比赛规则 … 89

第十章 篮球 … 91
- 第一节 篮球运动概述 … 91
- 第二节 篮球运动的基本技术 … 92
- 第三节 篮球运动的基本战术 … 103
- 第四节 篮球竞赛规则简介 … 110

第十一章 足球 … 112
- 第一节 足球运动概述 … 112
- 第二节 足球运动的基本技术 … 113
- 第三节 足球运动的基本战术 … 119
- 第四节 足球竞赛规则 … 121

第十二章 乒乓球 … 125
- 第一节 乒乓球运动概述 … 125
- 第二节 乒乓球的基本技术 … 125
- 第三节 乒乓球的基本战术 … 136
- 第四节 乒乓球比赛规则 … 137

第十三章 羽毛球 … 140
- 第一节 羽毛球运动概述 … 140
- 第二节 羽毛球运动的基本技术 … 141
- 第三节 羽毛球运动的基本战术 … 147
- 第四节 羽毛球比赛规则 … 148

第十四章　网球 … 153

第一节　网球运动概述 … 153
第二节　网球运动的基本技术 … 153
第三节　网球运动的基本战术 … 157
第四节　网球比赛规则 … 158

第十五章　武术 … 161

第一节　武术运动概述 … 161
第二节　武术基本功 … 161
第三节　二十四式简化太极拳 … 164
第四节　初级长拳第三路 … 173

第十六章　跆拳道 … 186

第一节　跆拳道运动概述 … 186
第二节　跆拳道基本技术与练习方法 … 187
第三节　跆拳道竞赛规则 … 191

第十七章　健美操 … 195

第一节　健美操运动概述 … 195
第二节　健美操基本动作及其变化规律 … 196
第三节　健美操大众锻炼标准三级套路 … 201
第四节　健美操比赛规则 … 210

第十八章　瑜伽运动 … 211

第一节　瑜伽运动概述 … 211
第二节　瑜伽基本技术与练习方法 … 212
第三节　拜日式 … 226
第四节　瑜伽竞赛规则 … 228

第三篇　机电特色篇

第十九章　冰雪运动 … 233

第一节　滑冰运动 … 233
第二节　滑雪运动 … 241
第三节　冰壶运动 … 244

第二十章　拓展训练 … 247

第一节　拓展训练介绍 … 247

        第二节　课程推介 ·· 251
        第三节　拓展活动方案设计 ·· 262

第二十一章　气排球 ·· 265
        第一节　气排球运动概述 ·· 265
        第二节　气排球入门技术 ·· 266

参考文献 ·· 276

第一篇

理 论 篇

第一章 概述

一、"体育"一词的出现

体育作为人类社会的一种社会现象，其存在已有相当长的历史，而"体育"的专用词语则出现得较晚。据史料记载，在1760年法国的一些报刊上发表的有关文章中出现"体育"（Education Physique）和"躯体教育"（Education Corporelle）的字样。这是体育一词的首次出现。在"体育"专用词语出现之前，不同国家对人类身体活动过程的称谓也都不尽相同，如古希腊曾有"体操"一词出现，当时的体操内容极其宽泛，包括当时进行的所有身体操练，如拳击、跳跃、奔跑、投掷和角力等，属于肢体运动范畴的活动皆为"体操"。在中国古代，类似于现代体育活动的曾先后有养生、导引、武术等名词。

中国现代"体育"一词出现在清朝末期。随着"洋务运动"和学习日本教育体制在兴办"洋学堂"中引入并设置了"体操科"，1902年左右，一些在日本的留学生从日本带来了"体育"这一术语，并随着西方文化的涌入，我国渐渐地在体育中又纳入了篮球、田径、足球等除当初体操以外的新兴内容。

现代体育的发展突飞猛进，日新月异，不同国家的体育学者从各自社会的特点出发，对体育皆赋予了带有特定社会特点与学术倾向的不同定义，这使体育的概念丰富多彩，但同时也使人们对体育基本内涵的理解陷入迷茫。我国自改革开放以来，就曾较大规模地对体育的概念研讨过3次。人们对体育概念的理解是多角度、多层面的，可以说正是体育外延的不确定性和模糊性，才使体育概念本身具有无限的张力。

二、国内外学者对体育概念的看法

（一）美国学者的主要观点

"体育是通过身体进行的教育"。这种把体育转向教育目的的观念，是美国20世纪初期为体育所下的定义。它以美国体育界权威人士赫塞灵顿为代表。他当时所提出的体育含义对当前美国体育界仍有相当大的影响力。但是，目前美国也有学者提出疑义，认为此定义在体育内容范围方面有些含混不清。

"体育是教育过程，它通过教学、学习、锻炼以及方法，促使身体得到发展和运动技能、体育知识、运动规则的掌握，解决活动中所出现的问题"，这是20世纪70年代美国詹姆斯麦迪逊大学的克鲁格在《体育中的动作教育》一书里给"体育"下的定义。克鲁格的定义包含了通过哪些手段达到一些什么体育目的，较赫塞灵顿所下"体育"定义更具体。

"体育是人们身体活动的指南，它的目的是增进身体健康，发展社交、情感和理智方面的品质",这是克拉顿在《体育概论和事业》一书中对"体育"所下的定义。他把体育看作一门学科,包含的范围是有限的。

"体育是研究人体运动的艺术和科学。"这是塞顿和瑞锡克在《对体育总的看法》一书中提出的。他们认为运动员、舞蹈者和儿童在进行体育活动时,应考虑姿势优美和完成动作的正确性,这是人体运动的艺术性;进行活动时,运用运动学的原理分析动作,运用生理学的理论知识来研究活动对肌体的影响等,所以它是研究人体运动的科学。这是他们把体育看作一门科学,从一门科学的角度给"体育"下的定义。

(二) 日本学者的主要观点

"体育就是为了提高人的生活能力而有计划进行的身体运动。即使在有些场合,身体运动的计划性和意图性不那么明确,只要通过这种活动能使人的生活能力得到提高,那么包括这种活动也可以认为是体育",这是川村英男在1978年出版的《体育原理》一书中提出的。随后,他在1986年修订版《体育原理》一书中,对体育概念进行了具体阐述:"一般来说,体育可以认为是进行体操、竞技等活泼的运动。"

"体育是通过身体活动(作为手段、媒介)所进行的教育",这是日本学者前川峰雄给"体育"下的定义。他不同于川村英男,即不把体育作为身体活动的总和,而明确地指出体育是教育的一部分,身体活动只是实现体育目的的一种手段和媒介。

"体育是以身体活动为媒介,同时以培养健康的身体和理想的社会性格为目标的教育",这是日本学者阿部忍给"体育"所下的定义。他同前川峰雄一样,认为体育属于教育的范畴。在他的体育概念之中,既体现了以身体活动为媒介的身体性,又体现了培养人、教育人的目的性。从这种意义上来说,阿部忍的体育概念吸取了川村英男和前川峰雄两人学说的长处。但是,在探求体育的本质时却与前者不同,阿部忍主张体育不仅仅是通过身体活动的教育,而且还是对身体活动本身的教育。从概念的构造上来说,"体育和教育是完全相同的",这是日本佐藤臣彦从"教授培养,引导善良,传授知识"这一教育的基本概念出发,对体育的本质进行研究所得出的结论。

(三) 我国体育理论工作者对体育概念的看法

北京体育大学的曹湘君教授认为,体育分为广义和狭义的体育,其定义为"体育"(广义的,亦称体育运动)是指以身体练习为基本手段,以增强体质,促进人的全面发展,丰富社会文化生活和促进精神文明为目的的一种有意识、有组织的社会活动,它是社会总文化的一部分,其发展受一定的政治和经济的制约,也为一定社会的政治和经济服务;"体育"(狭义的,即身体教育)是一个发展身体,增强体质,传授锻炼身体的知识、技能、技术,培养道德和意志品质的教育过程,它是教育的组成部分,是培养全面发展的人的一个重要的方面。她的观点被全国体育学院通用教材——《体育概论》和《中国大百科全书》(体育)所采用。

国家体育总局科研所的王汝英和熊斗寅的看法是:"广义的体育采用体育运动,狭义的体育采用体育,用这两个名词来说明两个不同概念。"

上海师范学院体育系的胡均升认为,"体育是社会现象,是教育的组成部分,它以身体练习为基本手段,达到增强体质、丰富社会文化生活目的的一种有意识、有目的的教育过程"。

天津体育学院的孙金亮同志从体育的二重性特点出发,把体育的定义概括为"人类社会群体，为了在人的肌体方面强筋骨，即增强体质、肌体机能、肌体活动和技能技巧；在人体精神方面增知识、调感情、强意志，从而促进社会生产力的发展与生产关系的变革，增进人类的物质文明与精神文明，而进行的社会群众性的肌体动作体系，或称为有目的、有意识、有计划、有步骤的社会群体性的身体训练过程，就是体育——增进人体身心健康，是建设社会物质文明与精神文明的重要内容和手段"。

原武汉体育学院的黄序作副教授认为，"体育是人们通过各种形式的身体练习，用以增强体质、丰富社会文化生活，对社会成员进行教育的一种手段和一项重要内容。它是根据人类社会发展的需要而形成的一种多功能，具有全球性社会领域的社会现象。它受一定社会政治、经济、科学技术发展的制约，并为一定社会的政治、经济服务"。

杭州大学体育系的李翅鹏认为，"体育就是育体，即通过体育锻炼，使身心向着增强的方向发展，并达到相对完善的程度。通常包括以增进健康为主的群众体育，以促进全面发展为主的学校体育和以提高运动技术水平为主的竞技体育"。

徐州师范学院的刘秉果认为，"体育作为广义概念使用，还是比较恰当的，现在依然没有什么新词语可以代替它"。在以后的研究和探讨中，黑龙江省鹤岗市体委的朱显伟同志得出结论，将"体育"的定义概括为："体育是人类发展身体、增进健康、提高身体机能的社会实践活动。"此定义既反映了自然界对人体提出的要求，又反映着社会对人体提出的要求。体育学院通用教材《体育理论》中，对体育概念作了如下表述："体育是以身体练习为基本手段，以增强体质、提高运动技术水平、丰富文化生活为目的的一种社会活动。"这是体育的内涵，反映了体育的本质和基本特征，具体表达了体育的基本活动内容、目的和活动的性质三个方面。

我国1995年出版的高等学校教材《体育概论》中对"体育"的概念作了如下定义："体育是以身体活动为媒介，以谋求个人身心健康、全面发展为直接目的，并以培养完善的社会公民为终极目标的一种社会文化现象或教育过程。"

"体育是一种寓教育于运动之中的社会现象，是通过运动促进人的全面发展并丰富人们文化生活的一种社会现象。"这是胡晓风同志给"体育"所下的定义。这个定义，文字简洁，指出体育是一种社会现象，是教育的组成部分，而且也涉及体育的作用，这是可取的。但定义中指出的"通过运动促进人的全面发展"，这对体育作用的评价是否过高，值得进一步商榷。体育的作用是促进人的身体全面发展，增强体质，这也是体育的基本任务。此外，概念中采用了"运动"，容易使人模糊，因为目前"体育""运动"是两个不同的名词和不同的概念。

北京体育大学吴光远认为，体育是人类通过身体练习来改造自身身体、挑战身体极限的实践活动。

（四）华东师范大学张洪潭教授的释义

在对体育概念进行了凝缩提炼、对体育术语进行了明晰分辨之后，就不难为体育下一个定义。体育：旨在强化体能的非生产性肢体活动。这个体育定义的概念属性是（人的）肢体活动，概念种差是强化体能和非生产性，属性加种差，这样下定义才符合科学地揭示事物本质的形式逻辑。

这个体育定义仅仅15个字，却具有最广阔的涵盖性和解释力，近20年来，始终有效地对体育类事物进行着甄别确认，对非体育类事物进行着辩驳排异。例如，赛马，虽是比试马匹的腿力，但必须有驭手的亲自驾驭，而驭手的身体与坐骑的和谐律动，又需要人体的力量、技巧、耐性以及灵活应变等体能要素的最佳配比。赛马虽可用来赌钱，却不会创造任何物质财富，赢钱输钱都不过是社会已有资金的转移，所以，具有非生产性的赛马业应当归属体育，只是由于赛马另有更为强大、更摄人心的博彩业管理，故而赛马业一向未曾牵涉体育。舞蹈、杂技，甚至斗牛也是这样，都需要参与者不断强化体能，都具有艺术性甚至冒险性而非生产性，理论上可视之为体育，实践中却另有明确归属。

20 年前通用教科书就是这样定义体育的："体育（广义的，亦称体育运动）是指以身体练习为基本手段，以增强体质、促进人的全面发展、丰富社会文化生活和促进精神文明为目的的一种有意识、有组织的社会活动。"此后 20 年来始终就是这样一字不改地进行旧版复制。

三、体育概念的内涵

在这里，我们的主旨不在于深究该如何给体育下一个完整定义，而在于表明体育无论以何种形式存在，或者说无论从何种角度或层面来解释体育概念，都应从以下几方面来认识体育概念的完整内涵。

（一）体育在本质上是实践的，是人的一种有意识的身体活动

所谓实践，简单地讲就是主体（人）对客体（自然和社会）的改造活动。与其他一些主客体分离的实践活动不同的是，体育实践的主体与客体是同一的，即都是人自身。体育的产生与发展，是以人的身体实践为基础的。正是通过有意识的身体活动实践，人才创造了体育。同时也只有在创造或实践各种身体活动中，人才能真正领悟到体育的内涵和魅力。因而，体育只能是人的物质或实践活动。但是，这种实践活动又不同于生产劳动和艺术活动。生产劳动的客体是大自然，是人自身以外的物质世界，其活动结果可以物化到劳动产品中，对人的生存具有实际效用。而体育的客体则主要是人的自然属性，它的活动是非生产性的，其活动结果并不创造使用价值，而是改造人的自然属性。舞蹈、杂技等艺术活动具有与体育极为相似的身体活动表现形式，不易与体育划清界限。但是它们须遵从艺术活动的规律，具有艺术内涵和故事情节等特质，借助形体语言来展示或表演某种预定的情节或程式。不少体育项目如艺术体操、体育舞蹈等，也具有艺术要求和表演功能，但是这些活动往往是体育目的要求和支配下的各种形体语言的表现，然后才选择合适的音乐以及适当的艺术表现形式来进行辅助和强化，或者说这只是"表明体育和艺术的结合，丝毫不能说明体育本质的任何改变"。

（二）体育是人类通过改造自身，与自然抗争的一种方式

体育作为人的创造物，集中体现了人的本质力量，是人的本质力量的对象化。体育不同于自然，它是由人的社会实践活动所创造的。实践作为人类特有的活动方式，决定了体育乃是人类独有的一种生活方式。与生产劳动是维系人类生存的社会基本实践活动不同的是，体育是优化自身和强化体能的特殊实践活动，是人们为适应自然环境和社会需要而有目的、有计划地改变人的身心状态的行为。正是借助这种改造自我的有意识的活动，通过对身体活动的调节和控制而使人的身体结构和功能发生变化，使人的生命体得以优化。可以说，体育是人以自身身体为改造对象的身体练习，是向自身身体极限进行挑战，与自然抗争的一种方式；是展示人的身体运动能力，追求操纵身体达到高技术水平的最重要的方式。

（三）体育词义的认知取决于语境

自然语言逻辑认为，语境具有消除词语多义性和严格规定语词意义的能力。词义理解是一个动态过程，认知者理解词义应从动态的语境中生成，由于认知环境因人而异，对同一话语的推理也会得出不同的暗含意义，只有在具体的语境中，才能理解明确的意义。同样，体育词义的理解必须在一定的语境中推理。如果在确定的语境中，体育的词义就非常明确，理解也应该不成问题。例如，"国家鼓励、支持开展业余体育训练，培养优秀的体育后备人才"一句中，"体育"指的是竞技体育；"社会体育指导员有义务组织群众经常参加体育活动"一句中，"体育"指的是健身体育；"各类学校要培养学生德、智、体、美全面发展，提高体育教学质量"一句中，"体育"指的学校体育。虽然"体育"一词在三句话中有三种不同的意义。但是，在确定的语境中，它的词义很容易被认知。

（四）体育是一个发展的概念

体育是社会发展的产物，在不同的历史时期，人们对体育的认识是不同的，体育的内涵也不大一样。这一点，从我国改革开放以来对体育概念研讨的三个阶段就可以看出。第一阶段，20世纪70年代后期至20世纪80年代初，确定了体育是教育的组成部分；第二阶段，20世纪80年代中后期，确立了体育是文化的组成部分；第三阶段，20世纪90年代初期至今，确立了人的发展与社会发展在体育中具有高度的统一性。由此不难得出，体育的概念有其历史性和时代性，并且随时代和社会的发展而发展，不同的社会需要决定了体育本质内涵和外延的大小。因此，体育概念的发展是必需的，其本身就是一个发展的过程而非结果。

第二章

高职学生体育健康测试

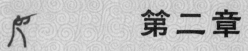

第一节 体质及影响体质的因素

一、体质的概念和基本要素

体质即人体的质量。它是在先天遗传和后天获得的基础上，表现出来的人体形态结构、生理机能和心理因素综合的、相对稳定的特征。

体质是人的生命活动、劳动（工作）能力、运动能力的物质基础。构成体质的基本要素如表2-1所示。

表2-1 构成体质的基本要素

身体形态结构状况			生理机能			身体素质运动能力		心理发育发展水平		适应能力
体形	身体姿势	生长发育	脉搏	血压	肺活量	身体素质	运动能力	本体感知能力	对外界刺激的适应能力	对外界环境的适应力、应激力	对疾病的抵抗力、免疫力

二、影响体质的基本因素

一个人的体质，在其发育和发展过程中，既受制于先天条件，又不可忽视环境、体育锻炼等后天因素所起的作用。

（一）遗传对体质的影响

1. 遗传对身体形态的影响

身体形态具体反映为人的体形，遗传对体形有决定性的影响。有关资料显示：身高的遗传力，男子为79％，女子为92％；腿长的遗传力，男子为77％，女子为92％。肥胖也有一定的遗传力，但可通过后天因素加以控制。

2. 遗传对身体素质的影响

遗传因素对速度、力量、耐力等身体素质都有不同程度的影响。有关专家研究表明：反应速度的遗传力为75％，动作速度的遗传力为50％；肌肉绝对力量的遗传力为35％、相对力量为64.3％；最大吸氧量的遗传力为70％~75％，而无氧耐力可达70％~99％。

3. 遗传对性格的影响

遗传对性格的影响也很大，比如，害羞、胆小以及温和、忠实、不合群等。这些虽然通过后天的锻炼能够改变，但遗传也在固执地起着作用，甚至影响人的一生。

4. 遗传对健康和寿命的影响

对健康的影响主要是指一些疾病的遗传，而对寿命的影响大家已公认，除去非正常死亡因素，一般人都能活到父母所活年龄的和除以二。

（二）后天环境对体质的影响

遗传对体质的影响只是提供了可能，而体质强弱的形成，主要依赖于后天环境条件。

1. 生态环境因素对体质的影响

生态环境因素是指人类生态系统中的自然因素，如空气、水、气候以及自然界的生态平衡等。随着工业化水平的提高，这方面的矛盾越来越突出。在寒冷地带生活的人寿命比在热带生活的人长，就充分说明了这一点。

2. 社会因素对体质的影响

社会因素包括医疗水平、物质条件、社会文明程度等。另外，还要注意适当参加一些体力劳动和文娱活动，以调节生活，减少精神压力，提高对社会的适应能力。

3. 体育锻炼对体质的影响

通过体育锻炼可以提高人体各器官系统的功能，愉悦心理，消除精神疲劳等，从而提高人的体质。

第二节　大学生体育健康标准

大学生体质健康评价是高等学校体育工作的重要环节，也是整个学校教育评价体系的重要组成部分。建立全面、科学的学生体质健康的评价体系，可以使学生及时了解自己的体质健康状况，调整学习和锻炼的目标。同时，是做好体育宣传和教育的过程，也是一次自身健康意识提高的过程。

一、《国家学生体质健康标准》说明

《国家学生体质健康标准》（以下简称《标准》）是国家学校教育工作的基础性指导文件和教育质量基本标准，是评价学生综合素质、评估学校工作和衡量各地教育发展的重要依据，是《国家体育锻炼标准》在学校的具体实施，适用于全日制普通小学、初中、普通高中、中等职业学校、普通高等学校的学生。

本标准的修订坚持健康第一，落实《国家中长期教育改革和发展规划纲要（2010—2020年）》《国务院办公厅转发教育部等部门关于进一步加强学校体育工作若干意见的通知》（国办发〔2012〕53号）和《教育部关于印发〈学生体质健康监测评价办法〉等三个文件的通知》（教体艺〔2014〕3号）有关要求，着重提高《标准》应用的信度、效度和区分度，着重强化其教育激励、反馈调整和引导锻炼的功能，着重提高其教育监测和绩效评价的支撑能力。

本标准从身体形态、身体机能和身体素质等方面综合评定学生的体质健康水平，是促进学生体质健康发展、激励学生积极进行身体锻炼的教育手段，是国家学生发展核心素养体系

和学业质量标准的重要组成部分,是学生体质健康的个体评价标准。

本标准将适用对象划分为以下组别:小学、初中、高中按每个年级为一组,其中小学为6组、初中为3组、高中为3组。大学一、二年级为1组,三、四年级为1组。

小学、初中、高中、大学各组别的测试指标均为必测指标。其中,身体形态类中的身高、体重,身体机能类中的肺活量,以及身体素质类中的50米跑、坐位体前屈为各年级学生共性指标。

本标准的学年总分由标准分与附加分之和构成,满分为120分。标准分由各单项指标得分与权重乘积之和组成,满分为100分。附加分根据实测成绩确定,即对成绩超过100分的加分指标进行加分,满分为20分;小学的加分指标为1分钟跳绳,加分幅度为20分;初中、高中和大学的加分指标为男生引体向上和1 000米跑,女生1分钟仰卧起坐和800米跑,各指标加分幅度均为10分。

根据学生学年总分评定等级:90.0分及以上为优秀,80.0~89.9分为良好,60.0~79.9分为及格,59.9分及以下为不及格。

每个学生每学年评定一次,记入《〈国家学生体质健康标准〉登记卡》。特殊学制的学校,在填写登记卡时可以按规定和需求相应地增减栏目。学生毕业时的成绩和等级,按毕业当年学年总分的50%与其他学年总分平均得分的50%之和进行评定。

学生测试成绩评定达到良好及以上者,方可参加评优与评奖;成绩达到优秀者,方可获体育奖学分。测试成绩评定不及格者,在本学年准予补测一次,补测仍不及格,则学年成绩评定为不及格。普通高中、中等职业学校和普通高等学校学生毕业时,《标准》测试的成绩达不到50分者按结业或肄业处理。

学生因病或残疾可向学校提交暂缓或免予执行《标准》的申请,经医疗单位证明,体育教学部门核准,可暂缓或免予执行《标准》,并填写《免予执行〈国家学生体质健康标准〉申请表》,存入学生档案。确实丧失运动能力、被免予执行《标准》的残疾学生,仍可参加评优与评奖,毕业时《标准》成绩需注明免测。

各学校每学年开展覆盖本校各年级学生的《标准》测试工作,《标准》测试数据经当地教育行政部门按要求审核后,通过"中国学生体质健康网"上传至"国家学生体质健康标准数据管理系统"。测试和数据上传时间由教育行政部门确定。

本标准由教育部负责解释。

二、《国家学生体质健康标准》的单项指标与权重

《国家学生体质健康标准》的单项指标与权重如表2-2所示。

表2-2 《国家学生体质健康标准》的单项指标与权重

测试对象	单项指标	权重/%
大学各年级	50米跑	20
	坐位体前屈	10
	立定跳远	10
	引体向上(男)/1分钟仰卧起坐(女)	10

续表

测试对象	单项指标	权重/%
大学各年级	1 000 米跑（男）/800 米跑（女）	20

注：体重指数（BMI）= 体重（千克）/身高^2（米^2）。

三、身体形态的测试与评价

反映身体形态发育的指标主要有身高、坐高、体重、胸围、肩宽、骨盆宽、四肢的围度和径长等。在《国家学生体质健康标准》中，身高和体重是身体形态和营养状况的评价指标。

（一）身高

身高是指人站立时头顶正中线上最高点到地面的最大垂直距离，它反映人体骨骼发育状况和人体纵向发育水平的重要指标。

（二）体重

体重是人体横向发育指标，它反映人体骨骼、肌肉、脂肪及内脏重量的综合情况和身体的发育程度。体重受到年龄、性别、身高、季节、生活条件、营养状况、工作环境等因素的影响。

（三）身高标准体重

采用身高标准体重，可以评定学生的身体均匀度、生长发育水平和营养状况；可以间接反映学生的身体成分、肥胖状况；可以引导学生关注自己的身体形态和健康状况。男生/女生体重指数（BMI）单项评分如表2-3、表2-4所示。

表2-3 男生体重指数（BMI）单项评分　　（单位：千克/米^2）

等级	单项得分	大学
正常	100	17.9~23.9
低体重	80	≤17.8
超重		24.0~27.9
肥胖	60	≥28.0

表2-4 女生体重指数（BMI）单项评分　　（单位：千克/米^2）

等级	单项得分	大学
正常	100	17.2~23.9
低体重	80	≤17.1
超重		24.0~27.9
肥胖	60	≥28.0

四、身体机能的测定与评价

身体机能是指机体新陈代谢的水平和各器官系统的工作能力，主要指标有脉搏、血压和肺活量,可以从静态和动态两个方面进行评定。

（一）脉搏

脉搏是心脏节奏性收缩和舒张,由大动脉的压力变化而引起四肢血管壁扩张和收缩的一种搏动现象,故也称为心率。它主要反映心脏和动脉的机能状况。

（二）血压

血压是指血液在血管内流动时对动脉血管壁产生的侧压力,也称动脉血压。血压与心脏搏动的力量、动脉血管的弹性、末梢血管的抵抗力和血液黏性有密切关系,它反映了心脏、血管的功能状况。脉搏和血压的上限和下限值（16~25岁）如表2-5所示。

表2-5　脉搏和血压的上限和下限值（16~25岁）

性别	年龄/岁	脉搏/(次·分)		收缩压/mmHg		舒张压/mmHg	
		上限	下限	上限	下限	上限	下限
男	16	99	—	140	95	90	—
	17	98	—	140	95	90	—
	18~25	96	—	140	95	90	—
女	16	100	—	134	88	89	—
	17	99	—	134	88	90	—
	18~25	97	—	130	86	86	—

（三）肺活量

肺活量是指一个人全力吸气后,呼出的最大气体量。肺活量是一种常用的反映呼吸机能的指标,它和身高、体重、胸围成正相关。男生/女生肺活量单项评分如表2-6、表2-7所示。

表2-6　男生肺活量单项评分　　　　　　　　　　（单位:毫升）

等级	单项得分	大一大二	大三大四
优秀	100	5 040	5 140
	95	4 920	5 020
	90	4 800	4 900
良好	85	4 550	4 650
	80	4 300	4 400
及格	78	4 180	4 280
	76	4 060	4 160
	74	3 940	4 040
	72	3 820	3 920
	70	3 700	3 800
	68	3 580	3 680
	66	3 460	3 560

续表

等级	单项得分	大一大二	大三大四
及格	64	3 340	3 440
	62	3 220	3 320
	60	3 100	3 200
不及格	50	2 940	3 030
	40	2 780	2 860
	30	2 620	2 690
	20	2 460	2 520
	10	2 300	2 350

表2-7　女生肺活量单项评分　　　　　　　　（单位：毫升）

等级	单项得分	大一大二	大三大四
优秀	100	3 400	3 450
	95	3 350	3 400
	90	3 300	3 350
良好	85	3 150	3 200
	80	3 000	3 050
及格	78	2 900	2 950
	76	2 800	2 850
	74	2 700	2 750
	72	2 600	2 650
	70	2 500	2 550
	68	2 400	2 450
	66	2 300	2 350
	64	2 200	2 250
	62	2 100	2 150
	60	2 000	2 050
不及格	50	1 960	2 010
	40	1 920	1 970
	30	1 880	1 930
	20	1 840	1 890
	10	1 800	1 850

五、身体素质的测试与评价

身体素质是指人体在运动、工作和生活中所表现出来的力量、速度、耐力、灵敏性、平衡性、柔韧性等素质和走、跑、跳、投、攀登、爬越等身体基本活动能力的总称，是人的体能状态的反映。

（一）50 米跑

50 米跑是通过较短距离的高强度跑测试速度素质。它可以反映人体中枢神经系统的机能状态和神经与肌肉的调节能力，也可以综合地反映人体的爆发力、灵敏、反应、柔韧等素质。同时，50 米跑还可以反映人体无氧代写的能力和水平。男生/女生 50 米跑单项评分如表 2-8、表 2-9 所示。

表 2-8　男生 50 米跑单项评分　　　　　　　　　　（单位：秒）

等级	单项得分	大一大二	大三大四
优秀	100	6.7	6.6
	95	6.8	6.7
	90	6.9	6.8
良好	85	7.0	6.9
	80	7.1	7.0
及格	78	7.3	7.2
	76	7.5	7.4
	74	7.7	7.6
	72	7.9	7.8
	70	8.1	8.0
	68	8.3	8.2
	66	8.5	8.4
	64	8.7	8.6
	62	8.9	8.8
	60	9.1	9.0
不及格	50	9.3	9.2
	40	9.5	9.4
	30	9.7	9.6
	20	9.9	9.8
	10	10.1	10.0

表 2-9　女生 50 米跑单项评分　　　　　　　　　　（单位：秒）

等级	单项得分	大一大二	大三大四
优秀	100	7.5	7.4
	95	7.6	7.5
	90	7.7	7.6

续表

等级	单项得分	大一大二	大三大四
良好	85	8.0	7.9
	80	8.3	8.2
及格	78	8.5	8.4
	76	8.7	8.6
	74	8.9	8.8
	72	9.1	9.0
	70	9.3	9.2
	68	9.5	9.4
	66	9.7	9.6
	64	9.9	9.8
	62	10.1	10.0
	60	10.3	10.2
不及格	50	10.5	10.4
	40	10.7	10.6
	30	10.9	10.8
	20	11.1	11.0
	10	11.3	11.2

(二)坐位体前屈

坐位体前屈是测量人体在静止状态下的躯干、腰、髋等关节可能达到的活动幅度,主要反映这些关节、韧带和肌肉的伸展性和弹性,反映身体柔韧素质的发展水平。

测试时,受试者两腿伸直,两脚平蹬测试板,坐在平地上,两脚分开10~15厘米,上体前屈,两臂伸直向前,用两手中指尖逐渐向前推动游标,直到不能推动为止。测试两次,取最好成绩。男生/女生坐位体前屈单项评分如表2-10、表2-11所示。

表2-10 男生坐位体前屈单项评分　　　　　　　（单位：厘米）

等级	单项得分	大一大二	大三大四
优秀	100	24.9	25.1
	95	23.1	23.3
	90	21.3	21.5
良好	85	19.5	19.9
	80	17.7	18.2
及格	78	16.3	16.8
	76	14.9	15.4

续表

等级	单项得分	大一大二	大三大四
及格	74	13.5	14.0
	72	12.1	12.6
	70	10.7	11.2
	68	9.3	9.8
	66	7.9	8.4
	64	6.5	7.0
	62	5.1	5.6
	60	3.7	4.2
不及格	50	2.7	3.2
	40	1.7	2.2
	30	0.7	1.2
	20	-0.3	0.2
	10	-1.3	-0.8

表 2-11　女生坐位体前屈单项评分　　　　　　　　　　　（单位：厘米）

等级	单项得分	大一大二	大三大四
优秀	100	25.8	26.3
	95	24.0	24.4
	90	22.2	22.4
良好	85	20.6	21.0
	80	19.0	19.5
及格	78	17.7	18.2
	76	16.4	16.9
	74	15.1	15.6
	72	13.8	14.3
	70	12.5	13.0
	68	11.2	11.7
	66	9.9	10.4
	64	8.6	9.1
	62	7.3	7.8
	60	6.0	6.5
不及格	50	5.2	5.7

续表

等级	单项得分	大一大二	大三大四
不及格	40	4.4	4.9
	30	3.6	4.1
	20	2.8	3.3
	10	2.0	2.5

（三）立定跳远

立定跳远是测试爆发力的项目。爆发力是指人体在最短时间内发挥最大力量的能力，爆发力的大小不仅取决于力量，而且取决于力量和速度的结合。男生/女生立定跳远单项评分如表2-12、表2-13所示。

表2-12　男生立定跳远单项评分　　　　　　　　　（单位：厘米）

等级	单项得分	大一大二	大三大四
优秀	100	273	275
	95	268	270
	90	263	265
良好	85	256	258
	80	248	250
及格	78	244	246
	76	240	242
	74	236	238
	72	232	234
	70	228	230
	68	224	226
	66	220	222
	64	216	218
	62	212	214
	60	208	210
不及格	50	203	205
	40	198	200
	30	193	195
	20	188	190
	10	183	185

表2-13 女生立定跳远单项评分　　　　　　　　　　　　（单位：厘米）

等级	单项得分	大一大二	大三大四
优秀	100	207	208
	95	201	202
	90	195	196
良好	85	188	189
	80	181	182
及格	78	178	179
	76	175	176
	74	172	173
	72	169	170
	70	166	167
	68	163	164
	66	160	161
	64	157	158
	62	154	155
	60	151	152
不及格	50	146	147
	40	141	142
	30	136	137
	20	131	132
	10	126	127

（四）引体向上

引体向上是反映被测试者上肢肌肉力量和耐力的发展水平，是自身力量克服自身重力的悬垂力量练习，是最基本的锻炼背部的方法，也是衡量男性体质的重要参考标准和项目之一。它是以按动作规格完成的次数来计算成绩的，做得多则成绩好，因此，它是一种力量耐力项目，评分如表2-14所示。

表2-14 男生引体向上单项评分　　　　　　　　　　　　（单位：次）

等级	单项得分	大一大二	大三大四
优秀	100	19	20
	95	18	19
	90	17	18
良好	85	16	17
	80	15	16

等级	单项得分	大一大二	大三大四
及格	78		
	76	14	15
	74		
	72	13	14
	70		
	68	12	13
	66		
	64	11	12
	62		
	60	10	11
不及格	50	9	10
	40	8	9
	30	7	8
	20	6	7
	10	5	6

（五）仰卧起坐（女）

仰卧起坐是反映被测试者腹肌耐力的一个项目。要求被测试者全身仰卧于垫上，两腿稍分开，屈膝 90°左右。两手指交叉贴于脑后，另一同伴压住其踝关节，以固定下肢，被测试者起坐时，两肘必须触及或超过两膝才为完成一次。仰卧时，两肩胛必须触垫子。测试人员记录 1 分钟内完成的次数，精确到各位，评分如表 2-15 所示。

表 2-15　女生 1 分钟仰卧起坐单项评分　　　　　　　　　　　　　　（单位：次）

等级	单项得分	大一大二	大三大四
优秀	100	56	57
	95	54	55
	90	52	53
良好	85	49	50
	80	46	47
及格	78	44	45
	76	42	43
	74	40	41
	72	38	39

续表

等级	单项得分	大一大二	大三大四
及格	70	36	37
	68	34	35
	66	32	33
	64	30	31
	62	28	29
	60	26	27
不及格	50	24	25
	40	22	23
	30	20	21
	20	18	19
	10	16	17

（六）1 000 米/800 米跑

1 000 米跑（男）和 800 米跑（女）是测试人体持续工作能力即耐力水平的项目，测试耐力水平对于评价学生体质健康状况有非常重要的意义，评分如表 2-16、表 2-17 所示。

表 2-16　男生 1 000 米跑单项评分　　　　　　　　　　（单位：分·秒）

等级	单项得分	大一大二	大三大四
优秀	100	3′17″	3′15″
	95	3′22″	3′20″
	90	3′27″	3′25″
良好	85	3′34″	3′32″
	80	3′42″	3′40″
及格	78	3′47″	3′45″
	76	3′52″	3′50″
	74	3′57″	3′55″
	72	4′02″	4′00″
	70	4′07″	4′05″
	68	4′12″	4′10″
	66	4′17″	4′15″
	64	4′22″	4′20″
	62	4′27″	4′25″
	60	4′32″	4′30″

续表

等级	单项得分	大一大二	大三大四
不及格	50	4'52"	4'50"
	40	5'12"	5'10"
	30	5'32"	5'30"
	20	5'52"	5'50"
	10	6'12"	6'10"

表 2-17　女生 800 米跑单项评分　　　　　　　　　　（单位：分·秒）

等级	单项得分	大一大二	大三大四
优秀	100	3'18"	3'16"
	95	3'24"	3'22"
	90	3'30"	3'28"
良好	85	3'37"	3'35"
	80	3'44"	3'42"
及格	78	3'49"	3'47"
	76	3'54"	3'52"
	74	3'59"	3'57"
	72	4'04"	4'02"
	70	4'09"	4'07"
	68	4'14"	4'12"
	66	4'19"	4'17"
	64	4'24"	4'22"
	62	4'29"	4'27"
	60	4'34"	4'32"
不及格	50	4'44"	4'42"
	40	4'54"	4'52"
	30	5'04"	5'02"
	20	5'14"	5'12"
	10	5'24"	5'22"

　　本标准的学年总分由标准分与附加分之和构成，满分为 120 分。标准分由各单项指标得分与权重乘积之和组成，满分为 100 分。大学生的加分指标为男生引体向上和 1 000 米跑，女生 1 分钟仰卧起坐和 800 米跑，各指标加分幅度均为 10 分，加分指标评分表（学生成绩超过单项评分 100 分后，以超过的次数所对应的分数进行加分），如表 2-18、表 2-19、

表2-20、表2-21所示。

表2-18 男生引体向上评分　　　　　　　　　　（单位：次）

加分	大一大二	大三大四
10	10	10
9	9	9
8	8	8
7	7	7
6	6	6
5	5	5
4	4	4
3	3	3
2	2	2
1	1	1

表2-19 女生1分钟仰卧起坐评分　　　　　　　（单位：次）

加分	大一大二	大三大四
10	13	13
9	12	12
8	11	11
7	10	10
6	9	9
5	8	8
4	7	7
3	6	6
2	4	4
1	2	2

表2-20 男生1 000米跑评分　　　　　　　　　（单位：分·秒）

加分	大一大二	大三大四
10	-35″	-35″
9	-32″	-32″
8	-29″	-29″
7	-26″	-26″
6	-23″	-23″

续表

加分	大一大二	大三大四
5	−20″	−20″
4	−16″	−16″
3	−12″	−12″
2	−8″	−8″
1	−4″	−4″

表 2-21　女生 800 米跑评分　　　　　　　　　（单位：分·秒）

加分	大一大二	大三大四
10	−50″	−50″
9	−45″	−45″
8	−40″	−40″
7	−35″	−35″
6	−30″	−30″
5	−25″	−25″
4	−20″	−20″
3	−15″	−15″
2	−10″	−10″
1	−5″	−5″

第三章 体育与职业适应

第一节 高职院校体育教育的目的与任务

一、体育在高等职业教育中的地位与作用

高等职业教育是我国高等教育的重要组成部分,担负着为国家培养高素质的专业技能型人才的重任。在高等职业技术院校里主要通过德育、智育、体育、美育和专业技能教育这几个方面对学生进行培养。"德智皆寄于体,无体是无德智也。"大量的科学研究材料与教育实践都证明,体质健康状况对一个人的情绪、智力、个性等都具有重要的影响。健康的身体、强健的体魄对于青年学生精力充沛地进行紧张的学习与丰富多彩的活动、朝气蓬勃地感知与认识世界、形成良好的个性都是十分重要的;体育教育是高职学生在将来的工作中有所作为的重要保证。

体育作为教育的重要组成部分,是学生感受人生、体验人生最深刻、最直接、最生动的活动。它在培养学生坚强的意志品质、勇于进取的拼搏精神、团结协作的团队精神等方面,以及对学生人生态度、情感、价值观的形成具有独特的、其他学科无法替代的作用。其作用主要表现在:

(1) 有利于完善学生的生长发育,巩固与提高已经获得的体能水平,保持与增进健康,实践证明高职学生在读书期间生长发育还未全部完成,在改善营养、卫生保健条件的同时,适当地进行一定的体育锻炼对完善学生的生长发育是十分必要的,也是非常有益的;

(2) 有利于学生个性的全面和谐发展,通过体育活动可以丰富高职学生的课余文化生活,沟通思想、调节感情,培养团结协作、顽强拼搏、自尊自信的精神,提高独立性、创造性、责任感、自制力;

(3) 通过体育活动可以提高学生思维的均衡性、灵活性、认知能力,发展学生的观察力、记忆力、想象力,提高学习潜力与学习效率,培养学生独立思考、发现问题、解决问题的能力;

(4) 促进学生身心的和谐发展,促进身体美、精神美、技艺美,提高审美情趣,培养学生欣赏美、创造美的能力。

二、高职院校体育教育的目的和任务

根据我国的教育方针和高等教育要面向现代化、面向世界、面向未来的要求,根据社会主义建设对现代人才培养的要求和高等职业教育的目的和任务,高职院校体育教育的目的

是：增强高职学生的体质，促进高职学生身心健康，培养高职学生的体育意识、能力和习惯以及良好的思想道德品质，使其成为德、智、体全面发展的社会主义建设者和接班人。要实现高职院校体育教育的目的，必须完成以下四项基本任务。

（一）增进学生身心健康，增强学生体质

通过体育的各种实践活动增进学生身体健康，增强体质，提高身体素质水平是大学体育的首要任务。体育作为促进学生身心健康发展最积极的、最有效的手段，通过体育教学、运动训练、课外体育活动和体育竞赛等一系列体育活动，使学生养成良好的锻炼习惯，不断提高健康水平和对环境的适应能力，增强对疾病的抵抗能力；通过体育理论的学习，使学生重视营养卫生，遵守合理的作息制度，积极参与体育实践，从而以强健的体魄和充沛的精力保证学业的完成，为走向社会打下坚实的基础。

（二）培养良好的体育意识，使学生掌握体育知识、基本技术和技能，养成自觉锻炼身体的习惯

通过体育教学，向学生传授体育知识、技术和技能，使其掌握科学的锻炼方法、手段，提高对体育锻炼的认识和意识。体育基本知识是指科学锻炼身体的原理、原则和方法，体育保健、自我监督和评价等。体育基本技术和技能是指参加运动的实践能力。通过体育教学培养运动能力，并通过课外锻炼和竞赛的反复实践，达到熟练掌握的程度。体育的意识和习惯的培养，一是对体育运动定义和价值的正确认识，二是对运动的兴趣与掌握的程度，三是形成稳固的锻炼习惯。

（三）培养良好的思想品德，注重学生个体道德素质提高

体育是对学生品德教育最活泼、最直接、最生动的形式。高职院校体育教育是一个有目的、有计划、有组织的教育过程，其特征体现在学生实践内容丰富，体育活动多采用竞赛形式等方面。既有强烈的竞赛气氛，又有严格的规则约束，而规则既是行为的准则，又是品德的规范。

（四）提高学生的运动技术水平，促进学校体育工作的开展

随着我国经济的发展，高等学校之间的体育交流活动日益增多，促进了校际和学生间的友好往来。充分利用高等学校的有利条件和高职学生在体能、智能以及实践能力上的优势，坚持系统和科学训练，不断提高运动技术水平。这样既可为高职院校培养体育骨干，又能进一步推动高职院校体育活动的开展，丰富高职院校的校园文化生活。

第二节 高职院校体育教育的组织形式

根据《学校体育工作条例》规定，学校体育工作是指体育课教学、课外体育活动、课余体育训练和课余体育竞赛。根据教育部新颁布的《全国普通高等学校体育课程教学指导纲要》规定，把有目的、有计划、有组织的课外体育锻炼、校外（社会、野外）活动、运动训练等纳入体育课程。形成课内外、校内外有机联系的课程结构。

体育课堂教学、课外体育活动、课余体育训练和课余体育竞赛是实现我国大学体育目的和任务的基本组织形式。

一、高职院校体育课程

(一) 高职体育课程性质

(1) 体育课程是大学生以身体锻炼为主要手段,通过合理的体育教育和科学的体育锻炼过程,以增强体质、增进健康和提高体育素质为主要目标的公共必修课程;是学校课程体系的重要组成部分;是高职院校体育工作的中心环节。

(2) 体育课是寓促进身心和谐发展,思想品德教育、文化科学教育、生活与体育技能教育于身体活动并有机结合的教育过程,是实施素质教育和培养全面发展人才的重要途径。

(二) 高职体育课程目标

1. 基本目标

基本目标是根据大多数学生的基本要求而确定的,分为五个领域目标。

(1) 运动参与目标:积极参与各种体育活动并基本形成自觉锻炼的习惯,基本形成终身体育意识,能够编制可行的个人锻炼计划,具有一定的体育文化欣赏能力。

(2) 运动技能目标:熟练掌握两项以上健身运动的基本方法和技能;能科学地进行体育锻炼,提高自己的运动能力;掌握常见运动创伤的处置方法。

(3) 身体健康目标:能测试和评价体质健康状况,掌握有效提高身体素质、全面发展体能的知识和方法;能合理选择人体需要的健康营养食品;养成良好的行为习惯,形成健康的生活方式;具有健康的体魄。

(4) 心理健康目标:根据自己的能力设置体育学习目标;自觉运用体育活动改善心理状态,克服各种心理障碍,养成积极乐观的生活态度;运用适宜方法调节自己的情绪;在运动中体验运动乐趣和成功的感觉。

(5) 社会适应目标:表现出良好的体育道德和合作精神;正确处理竞争与合作的关系。

2. 发展目标

发展目标是针对部分学有所长、学有余力的学生确定的,也可作为大多数学生努力的目标。

(1) 运动参与目标:形成良好的体育锻炼习惯;能独立制订适用于自身需要的健身运动计划;具有较高的体育文化素质和观赏水平。

(2) 运动技能目标:积极提高运动技术水平,发展自己的运动才能,在某个项目上达到或相当于国家等级运动员水平;能参加有挑战性的野外活动和运动竞赛。

(3) 身体健康目标:能选择良好的运动环境,全面发展体能,提高自身科学锻炼的能力,练就强健的体魄。

(4) 心理健康目标:在具有挑战性的运动环境中表现出勇敢顽强的意志品质。

(5) 社会适应目标:形成良好的行为习惯,主动关心、积极参加社区体育事务。

(三) 高职体育课程设置

高职院校的一、二年级必须开设体育课程(三个学期共计104学时)。修满规定学分、达到基本要求是学生毕业的必要条件之一。高职院校对没有体育课的年级开设体育选修课。

(四) 高职体育课程结构

根据《全国普通高等学校体育课程教学指导纲要》规定,应面向全体学生开设多种类型的体育课程,以满足不同层次、不同水平、不同兴趣学生的需求。

1. 理论课与实践课相结合

理论课是指在教室内讲授的体育基础理论知识的课程，内容包括：① 体育的基本概念和学校体育的基本知识；② 运动生理、心理、保健和卫生常识；③ 各种运动项目的基本知识、技术、战术理论以及规则与裁判法。实践课是指在运动场、馆内，按照体育教学大纲规定的内容和教学进度，进行以身体练习为主的课程。通过学习种种运动项目的技术、技巧，通过身体活动和思维活动的紧密结合，在反复的练习过程中，让身体承受一定的运动负荷，促使学生掌握运动技能，达到全面提高身体素质、增强体质的目的。

2. 学生主体和教师主导相结合

打破原有体育课程建制，倡导开放式、探究式教学。拓展体育课的时间和空间。在教师的正确指导下，逐步过渡到学生自主选择课程内容、自主选择任课教师以及自主选择上课时间，营造生动、活泼、主动的学习氛围。

3. 注重特殊群体学生的健康

对部分身体异常和病、残、弱等特殊群体学生，开设以康复、保健为主的体育课程。

二、高职院校体育教育的组织形式

高职院校体育教育的目的与目标从本质上讲是通过学校的一切教育活动来共同完成的。其主要途径是学校体育的各种组织形式：体育课堂教学、课外体育活动、课余体育竞赛、课余体育训练、校外与野外体育活动。应使体育课堂教学与课外、校外体育活动有机结合，学校与社会紧密联系、互相促进、共同发展。

（一）体育课堂教学

体育课堂教学是高职院校课程体系的重要组成部分，是实现高职院校体育教育目的与目标的重要组织形式，是保证全体学生学习与掌握体育与健康的知识技能、达到增进健康、增强体质和提高体育素养目标的中心环节；体育课堂教学是寓促进身心和谐发展、个性培养、科学知识教育、生活与体育技能教育于一体的教育过程。目前，我国高职院校的体育课程主要有以下几种重要类型。

1. 普通体育课（基础体育课）

普通体育课是为大学一年级学生开设的具有基础性的必修课。这种类型的体育课有利于大学生比较全面地学习与掌握体育的知识与技能。

2. 选项体育课（专项提高课）

选项体育课是根据学生个人的兴趣爱好和水平，选择某一运动项目或某一程度进行学习的必修课。这种类型的体育课有利于根据学生的原有水平，在某一专项中选择不同程度进行修学，提高学生从事某一项目的运动能力，形成一定的体育专长，充分体验体育运动带来的乐趣和成功的喜悦，培养对体育的兴趣和爱好。

3. 保健（康复）体育课

保健体育课是专门为身患残疾或慢性疾病等学生开设的必修体育课。这种类型的体育课有利于根据学生的残疾或疾病选择适宜的运动内容，主要目的是矫正某些身体缺陷，促进身体恢复健康，调节生理机能。

4. 体育选修课

体育选修课是为大学生开设的由学生自由选择修学的体育课程。这种类型的体育课是在学生完成体育必修课的基础上，为了更好地适应社会和个人的需要，根据个人的兴趣、爱好自主选择某些运动项目、同一运动项目的不同水平或体育与保健理论知识内容，进行专门的学习，形成一定的专长，提高专项运动水平，加深和拓宽体育与保健理论知识。

在体育教师的指导下，大学生具有自主选择体育课程内容、教师和时间的自由度，并可充分发挥自己的独立性、创造性，使体育课程真正成为既有很高的教育价值，又深受学生欢迎的课程。

（二）课外体育活动

课外体育活动是高校体育课的延续和补充。《学校体育工作条例》规定："普通高等学校除安排有体育课外，每天应当组织学生开展各种课外体育活动。"根据学校的实际情况和传统特点，因人、因时、因地制宜地开展多种形式的课外体育活动，对巩固和提高体育课的教学效果，增强学生体质，提高文化学习效率，丰富校园生活，增强集体凝聚力，促进精神文明建设等方面都会起到良好的促进作用。课外体育活动主要有以下一些形式。

1. 早操

早操是大学生作息制度中的重要组成部分，也是构建科学、文明、健康生活方式的基本因素。大学生坚持早操，是保持合理的生活作息制度，养成良好生活习惯的有效措施。早操可以提高学生大脑皮层的兴奋性，以良好的身心状态进入一天的学习生活，有利于提高学习效率。开展早操，对形成良好的校风、班风、学风，促进校园精神文明建设也有重要意义。根据场地条件和具体情况，早操可以采取集中做操或分散锻炼的形式。分散锻炼可以根据个人的兴趣爱好，每天坚持20~30分钟的活动，一般选择散步、健身跑、太极拳等锻炼内容，运动量不宜过大。

2. 课外体育锻炼

课外体育锻炼是指体育课程以外的，为了达到锻炼身心、娱乐休闲、丰富课余文化生活的目的，在课前、课间、课后进行的，学生个人、自发小群体、学生体协、学校组织、俱乐部等的内容丰富、形式多样、组织灵活的面向全体学生的体育活动。

（三）课余体育竞赛

课余体育竞赛是在课余时间进行的，有两个或两个以上的个人或团体，依据一定的规则和比赛规程进行的互相竞赛的体育活动。课余体育竞赛是推动大学群众性体育活动开展、丰富课余文化生活、提高课余运动训练水平的重要杠杆。大学的课余体育竞赛包括：校内体育竞赛，即校内各系科、各年级、各班级等之间进行的各种小型多样的、丰富多彩的，并有广泛群众性的竞赛活动，以及全校性的综合性或单项竞赛活动。通过校内体育竞赛，培养学生勇于拼搏、不断进取、团结协作的精神，陶冶学生的情操，锻炼学生的意志品质，提高学生的社会交往能力。校际运动竞赛，即学校组织少数运动员代表学校参加的学校与学校，或学校以上组织的各级各类体育运动竞赛。通过校际运动竞赛有利于促进不同学校之间的交流与沟通，增进理解与友谊，有利于形成大学生的集体荣誉感和归属感，有利于激发积极向上、敢于和善于竞争的精神，有利于提高学校的知名度。

（四）课余体育训练

课余体育训练是在课余时间对部分体育基础较好，有一定体育运动天赋的学生运动员进行系统的训练。大学的课余体育训练具有两重性：一是作为竞技体育的组成部分，培养竞技体育人才，为提高我国的竞技体育运动水平作贡献；二是作为学校群众性体育的组成部分，培养群众性体育的骨干,推动群众性体育活动的开展。随着我国教育与体育事业的迅速发展,竞技体育体制改革的深入,"体教结合"体制的进一步确立,以及大学课余运动训练水平的提高,高校作为我国培养高水平的竞技体育人才主要途径的作用必将日益显著,地位必将日益提高。

(五) 其他体育活动

1. 野外活动

野外活动是指个人或集体靠智慧和能力,在环境复杂的大自然中,从事郊游、远足、野营、登山、涉水、攀岩等活动。此活动本身就具有教育的功能,要求学生掌握多方面知识、技能和技巧。此活动本身还带有浓厚的探险色彩,可以培养学生的创造性思维和科学探险精神,倡导人与人的协作精神以及弘扬团队精神。更重要的意义在于,通过野外生存教育,使学生学会在遇到挫折或意外时的求助和救生方法,达到挑战自然、挑战自我的目的。

2. 体育节

体育节以其时代特点和独特的表现形式,成为校园文化的重要组成部分。体育节一般是结合有意义的节日或重大国际、国内的体育活动,利用"体育周"或"体育日"的形式,开展专题性的体育主题活动,进行体育教育和锻炼,如体育专题报告、体育讲座、体育知识竞赛、体育表演和体育比赛等。体育节活动能激发学生的体育兴趣,调动他们参与体育锻炼的积极性,对增强学生的体育意识、提高体育素养、扩大知识面、培养能力等方面都有重要意义。

第三节 高职学生的身心特点和体育

一、高职学生的生理特点和体育

高职学生的年龄在 17~22 岁,这个阶段学生的身体形态、生理机能、身体素质等发展日趋成熟,并且具有明显的年龄阶段性的特点。

(一) 身体形态

身高和体重是身体纵向和横向发育的基本标志。我国男大学生平均身高为 173 厘米,女大学生平均身高为 159 厘米。一般男生 19 岁、女生 17 岁以后,身高的增长已经十分缓慢,此时下肢长骨骨化已基本完成,身高的增长仅仅靠脊柱的缓慢发育而微量增长。身高的发育主要受遗传基因的影响,此外,还受环境因素、生活条件、营养状况和体育活动水平等影响。我国 18~25 岁的男生体重均值为 58.5 千克,女生体重均值为 51.5 千克。一般男生 20 岁、女生 18 岁后,体重的增长趋于稳定。大学生的其他形态指标,包括第二性征、胸围、头围、肩宽、骨盆宽等生长指标也基本趋于稳定。

高职学生年龄段已经处在青春后期,但仍保留青春期的一些特征,即发展的不平衡性和不稳定性,他们的生理可塑性还很强,因此,高职学生必须重视全面的身体锻炼。

(二) 生理机能

该年龄阶段,神经系统在生理发育上基本达到成人的水平。第二信号系统迅速发展,第一和第二信号系统的活动相互关系更为完善,第二信号系统逐渐占据主导地位。这个时期,学生神经系统的结构和功能均已达到最佳状态,表现为学生观察能力强、分析与综合能力迅速提高。但是，此年龄段由于内分泌活动活跃，性腺活动增强，神经系统的功能还不够稳定，表现为兴奋性高、容易疲劳、容易激动，但恢复较快。

高职学生心血管系统发育日趋完善，形态与功能接近成年人水平。心脏收缩能力提高，心血管功能不断增强，具有较强的代偿能力和适应能力，可以承受较大的运动负荷。

随着胸围、胸腔的扩大，肺活量增大，呼吸频率相对减少，高职学生的呼吸系统发育日益完善。一般女生19岁、男生21岁时肺活量增长趋于稳定。我国男大学生的肺活量一般为3 800～4 400毫升，女生为2 700～3 100毫升，具备了发展耐力的生理基础，可进行有氧耐力的练习，以增强心肺功能。

（三）身体素质

一般来说，到19岁以后，无论是男生还是女生，在力量、速度、耐力、灵敏性和柔韧性等方面的素质均已达到或接近人生的顶峰状态。大学生在此年龄阶段，仍应加强身体素质的全面锻炼，使身体各器官的功能在顶峰时期保持较长时间，减缓其因年龄增长而引起的自然下降，使自己拥有强健的体魄和旺盛的精力。

（四）性成熟

性成熟是青春期最重要的生理变化之一，它包括生殖器官的形态发育、功能发育和第二性征发育等。

男性的性成熟，主要表现在性器官——睾丸功能发育与成熟。睾丸的功能是产生精子和分泌雄性激素。睾丸发育在17岁前后达到正常水平。性功能发育成熟主要表现为遗精。第二性征发育的表现是开始长胡须、体毛多、喉结增大突出，音调变低、变粗，皮下脂肪减少，肌肉显得强健有力和富于弹性。

女性的性成熟，主要表现在性器官——卵巢功能的发育和成熟。卵巢的功能是产生卵子和分泌雌性激素。女性18岁左右，子宫等器官迅速发育。随着生殖器官的逐渐成熟，月经逐渐变得规律，通常有着稳定的周期。第二性征的发育表现为，随着乳腺的发育和脂肪的沉积，乳房逐渐隆起，乳头突出，声调变高，皮下脂肪增厚。

男女进入青春期后，虽然有了生殖能力，但身体尚未完全发育成熟，一般要到25岁才能发育完善。大学生在这个年龄阶段正处于性成熟时期，根据以上特点适时适度地参加各种体育活动，有助于促进身心健康发展。由于女性生理的特殊性，在经期应选择适宜的体育活动内容和运动量。

二、高职学生的心理特点和体育

由于年龄因素，高职学生心理以不成熟、不稳定、不平衡为主要特征，其中，自我意识的骤然增强是核心问题。围绕这一核心问题，高职学生的认识、情感、意志、个性等主要心理过程和心理特征处在一个动态的调节过程之中，并且由过去的被动性调节变为主动自我调节，因而其心理变化是一生中最复杂、波动最大的时期。其特点表现在如下几个方面。

（一）自我意识突出

由于开始走向大学生活，摆脱了对家庭、学校的依赖，强烈地要求重塑自我，增加了成人感、理智感和自信心。思维活动已经脱离了直接形象和直接经验的限制。有较强的抽象概括能力并能形成辩证逻辑思维，但发展水平参差不齐，有的表现为自负自尊，有的易受情绪左右。

（二）情绪激烈复杂

高职学生正处在风华正茂之时，是体验人生感情最激烈的年岁。男生存在好奇和好表现的心理特征，希望通过体育锻炼表现自己的勇敢精神和力量，使自己的体态更健壮，增加气度。女生的心理变化，从天真、纯朴、直率变得温柔、含蓄、好静、好美。她们不喜欢参加激烈和负重较大的运动。

高职学生已经逐渐学会了控制和调节自己的情绪，外部表现和内心体验不一致，表现出"闭锁性"和"掩饰性"，情感日臻丰富、复杂。

（三）意志力增强

高职学生的意志力明显增强，能主动、自觉地克服困难，在行动中清晰地意识到自己行动的目的性和社会意义。但在果断性和自制力发展上比较缓慢，表现出优柔寡断、动摇不定、分不清主次和事情的轻重缓急，或草率、武断，经不起心理挫折。

（四）性格基本形成

高等教育阶段学生的个性倾向日趋形成，自我意识不断发展，高职学生的性格基本形成并比较稳定。对待现实所持的一贯态度和较稳定的行为方式，是高职学生性格的主导方面。它突出体现高职学生个性的本质，在性格、意志、理智、情绪等特征方面，他们也表现得逐渐稳定并自觉地培养良好的性格。但是，高职学生的性格发展尚不成熟，性格结构的四个部分也不协调，所以，渴望成才的他们，还必须自觉地进行良好性格的自我教育和自我锻炼，为成才创造良好的主观条件。

体育教育不仅是发展高职学生体力的需要，而且是他们发展心理、实现自我完善的需要。针对高职学生年龄阶段心理不成熟、不稳定和不平衡的主要特征，以及在他们培养自我意识、情感、意志、性格等方面的需要，开展体育活动，组织高职学生参与或观赏各种形式的体育活动，在体育活动的人际交往中，在体育课教学、体育训练和比赛中的自我效果评价，在体育锻炼实践中的磨炼，以及通过各种体育传播媒介，高职学生不仅可以增强体质、增进健康，而且可以通过锻炼意志，陶冶情操，发展情感，完善自我，并在体育活动中拓宽视野，增长才智，正确处理个人与集体的关系，区分真伪丑美，提高思想境界，树立正确的价值观。因此，应有针对性地采用丰富多样的体育内容、方法和组织形式，吸引高职学生积极参与和观赏体育活动。

应该看到，在实施体育教育的过程中，既应强调高职学生的共性特点，又要十分重视不同专业的特殊性职业要求。例如，对航海、水利等专业学生突出培养游泳技能，对地质、采矿等专业学生重视登山、攀爬技能的培养等。因此，不同类别的高职院校，应当在认真贯彻教育方针，培养身心全面发展人才的前提下，结合各校不同专业人才培养的具体规格和特点，改革体育内容与方法，建立符合本专业实际的学校体育体系。

第四节 不同岗位群的体能训练

高职院校专业性较强，实际操作较多，各专业特点迥异，因此在实施体育教育过程中要有针对性，结合不同专业的生产实践特点有所侧重地进行教学和训练活动。

高职院校的专业大体分为以下类别：计算机、通信、电子工程类，汽车、机械类，航运、船舶、水利与港口管理类，车工、铣工、切削工、钻工、焊工类，木工、瓦工、粉刷、印刷、油漆工类，食品、酒店餐饮、物管类，旅游、环艺、广告、服装设计类，金融、税务、电算会计类，商场、物业管理、城市园林类及医务护理类等。

高职院校各类专业学生除了所具备的共同体质、体能外，针对其专业特点还应有特殊的要求。

不同岗位群的体能锻炼选择

（一）对计算机、通信、电子工程类的要求

发展一般性耐力素质，注重手指的协调性、动作的准确性、触觉的敏感性、注意力的专注意识及反应的速度。

可选择有氧类健身项目进行锻炼，如 1 000 米健身跑、跳绳、俯卧体后屈、相互间反弹传篮球、排球上手传球和乒乓球抓、捡、拍球等。

（二）对汽车、机械类的要求

发展上肢和下肢的协调性、上肢和肩带肌肉群的静止性耐力，培养反应能力、注意的转换能力。

可选择橡皮条缓冲装置性练习、哑铃、拉力器、健身骑马、加速运球和听信号急停、左右手同时运篮球、短跑听信号的专门性练习等。如有条件可模拟驾驶电动汽车、飞机、摩托车等。体操吊环项目对此类专业的上肢力量的发展大有益处。

（三）对航运、船舶、水利与港口管理类的要求

这些专业的特点是跟江、河、湖、海打交道，因而就更有必要侧重培训和发展学生自由驾驭水的能力，如游泳、潜泳、划船及水上救生技能等，同是要有适应较强风浪的平衡能力和抗眩晕的能力。

可选择秋千、浪木、轮滑、吊环、走钢丝、蹦床、水球、跳水等项目。

（四）对车工、铣工、切削工、钻工、焊工类的要求

发展肩带肌、躯干肌和脚掌肌的力量，注意平衡能力、下肢静立性耐力和上肢的协调、准确性、目测力、注意力的专注。

可选择重物投准、射击、射箭、乒乓球、台球、单杠、双杠等项目进行练习。

（五）对木工、瓦工、粉刷、印刷、油漆工类的要求

多进行发展上肢伸举力量的练习，提高前庭的稳定性、身体动作的灵敏性、高空作业能力及保持平衡的能力。

可选择推铅球、实心球、手倒立、爬绳、爬竿、平衡木、跳马等项目进行练习。此外，负重和对抗性的练习及技巧项目的训练也不可忽视。

（六）对食品、酒店餐饮、物管类的要求

多进行发展一般耐力性的体育素质项目及体育礼仪性的训练，对体育营养学要有一定的研究，懂得烟酒是运动的毒药的道理以及运动前喝糖水、运动后补充盐、酒后不宜运动等常识。

可选择健身跑、持拍托球跑、跨栏、独木桥平衡等体育项目以及提高平衡能力的练习。

（七）对旅游、环艺、广告、服装设计类的要求

发展一般耐力性素质。

可选择郊游远足、景点观光、体育欣赏、艺术体操、健身操等项目进行练习。对运动服

装品牌要有一定了解，以丰富艺术想象力，为职业体育特点不是很强的专业提供良好的思维空间，促进职业的发展。

（八）对金融、税务、电算会计类的要求

多进行发展小肌肉群力量的训练，达到快速反应、沉着、冷静、长时间保持较高注意力的目的。

可选择棋类和桥牌项目、乒乓球和各类训练反应的体育游戏，此外对比赛计时、查分的项目规则要了解掌握，以充分培养周密、细致的处事方式。

（九）对商场、物业管理、城市园林类的要求

发展一般的耐力素质和下肢力量，对各种体育器材性能有一定了解并能进行相应的维修，了解社区体育场地的规格并能进行科学的管理。同时，具有一定的体育组织能力。

可选择竞走、中长跑类项目进行练习。

（十）对医务护理类的要求

可开展一些锻炼心智的项目，如棋类、桥牌等棋艺项目，同时要了解运动生理学和心理学方面的相关知识。

第四章 体育运动与营养

第一节 运动中的能量代谢

一、运动时能量的来源

人体运动时，需要有能量供应，人体活动的直接能量源于三磷酸腺苷（ATP）的分解，而最终的能量源于糖、脂肪和蛋白质的氧化分解。

（一）糖

糖是人体内最主要的能源物质，主要以血糖和肝糖原形式存在，机体60%的热能都是由糖来提供的。短时间、大强度运动时，机体所需能量的绝大部分是由糖氧化供给的；长时间、低强度运动时，是由糖逐渐变成脂肪供给的。糖还有调节脂肪代谢和节约蛋白质供能的作用。脂肪在体内的完全氧化，必须有糖的参与才能完成。而在糖代谢受阻的情况下，由于脂肪大量分解以保证供能，会引起脂肪分解的中间产物（酮体）的大量堆积，严重时将导致中毒。所以，糖代谢正常时，可减少脂肪的分解；糖供应充足时，可减少蛋白质的分解供能。

（二）脂肪

脂肪是含能量最多的物质。人体内脂肪储量很大，脂肪最主要的功能就是氧化供能，也是长时间肌肉运动的主要能源。脂肪所提供的不饱和脂肪酸是细胞膜、酶、线粒体及脂蛋白的重要成分。另外，它还有促进脂溶性维生素的吸收和利用的作用。脂肪是脂溶性维生素A、D、E、K及胡萝卜素的溶剂。缺少食物脂肪的摄入会降低体内脂溶性维生素的含量。有可能导致此类维生素缺乏症。分布于皮下组织和内脏周围的脂肪起着热垫和保护垫的作用，既能防止散热，又能缓冲机械撞击，防止内脏和肌肉损伤。

（三）蛋白质

蛋白质是生命的基础，是修补、建造和再生组织的主要材料。一切酶都是由蛋白质组成的。肌肉收缩、神经系统的兴奋传递等都与蛋白质有关。蛋白质参与各种生理和机能的调节，分解时产生能量，是体内能量的来源之一。

二、人体运动时的三大供能系统

（一）磷酸原系统（ATP-CP系统）

磷酸原系统是由ATP和磷酸肌酸（CP）组成的供能系统。ATP在肌肉内的储量很少，若以最大功率输出仅能维持2秒左右。肌肉中CP储量为ATP的3~5倍。CP能以ATP分解的速度最直接地使之再合成。剧烈运动时，肌肉内的 CP 含量迅速减少，而 ATP 含量变化不大。ATP-CP 系统供能总量少，持续时间短，功率输出快，不需氧，不产生乳酸等物质。磷酸原系统是一切高功率输出运动项目的供能基础。数秒钟内要发挥最大能量输出的运动项目只能依靠 ATP-CP 系统。

（二）乳酸能系统

乳酸能系统是指糖原或葡萄糖在细胞质内无氧分解生成乳酸过程中，再合成 ATP 的能量系统。由于该系统产生乳酸，并扩散进入血液，所以血乳酸水平是衡量乳酸能系统供能能力的最常见指标。乳酸是一种强酸，在体内聚积过多，超过了机体缓冲及耐受能力时，会破坏机体内环境酸碱度的稳定，也会限制糖的无氧酵解，直接影响 ATP 的再合成，导致机体疲劳。乳酸能系统供能的意义在于保证磷酸原系统最大供能后仍能维持数十秒快速供能，以应付机体的需要。该系统是 1 分钟以内要求高功率输出运动的供能基础。

（三）有氧氧化系统

有氧氧化系统是指糖、脂肪和蛋白质在细胞内彻底氧化成水和二氧化碳的过程中，再合成 ATP 的能量系统。该系统是通过逐步氧化，逐步放能再合成 ATP 的。其特点是 ATP 生成总量很大，但速率很慢，需要氧的参与，不产生乳酸类的副产品。有氧氧化系统是进行长时间耐力活动的物质基础。

三、运动时对糖和水的补充

（一）糖的补充

运动时能量消耗多，运动前应以糖类食品作为膳食的主要成分。运动前 1.5~2 小时服糖的效果良好。因为这种服糖方式，在运动开始前已完成肝糖原合成过程，在运动开始后，肝糖原被动员进入血糖供给需要，保持较高的血糖水平。在长时间的运动中饮用低糖度的饮料对运动有利。

（二）水的补充

水主要储存在肌肉、皮肤、肝脏、脾脏等组织器官中。人在运动时会大量排汗，水就从这些组织器官中进入血液，保持水的平衡。但必须注意，运动员不能由于有渴的感觉而暴饮，这样会对心脏造成有害的影响。在人体运动时，水的补充量要大于平常的饮用量，并且还要在补充水中加入适量的盐和无机盐等，以维持体内的多种平衡，维持人体正常的生理机能。

第二节　平衡膳食

饮食是人最重要、最经常的一种行为，但有相当部分的学生缺乏科学的饮食知识。一部分学生对饮食不甚关注，抱着无所谓的态度；另一部分学生则过分讲究，片面理解一些格言，听信广告，结果顾此失彼，事与愿违；还有一部分学生经常纵欲进食，造成消化系统功能紊乱，影响了身体的正常生长发育。因此，要保证身体健康发展，必须培养良好的饮食习惯。

一、平衡膳食的概念及原则

平衡膳食是指膳食中的食物种类齐全、数量适当、营养素之间的比例合理，并且与身体消耗的营养素保持相对的平衡。因此，平衡膳食要求每日膳食中的各种营养素都应品种齐全、比例恰当；所提供的热量和各种营养素符合身体每天的生理、学习、劳动的需要，对于学生来说还包括生长发育的需要。那么，怎样才能做到平衡膳食要求呢？那就是要根据人体每天的生理、学习、劳动等的需要量，摄入相等数量的热量和蛋白质、脂肪、维生素、矿物质、水等各种营养素。概括来说，平衡膳食应具备以下原则。

（一）保持三大营养成分供热的最佳比例

每日饮食中三大营养成分所提供热量最佳比例为：50%的热量来自碳水化合物，20%应来自蛋白质，30%应来自脂肪。这条原则简称为50∶20∶30最佳热量来源比例原则。

（二）合理安排一日三餐

一日三餐的食物分配应与学习、运动和休息相适应，高蛋白质食物应在学习、运动和工作前摄取，不应在睡觉前摄取，这是因为蛋白质消化比较慢，会影响睡眠。

1. 早餐

热能摄入占全天的25%~30%，蛋白质、脂肪食物应多一些，以便满足上午学习、工作的需要。有些学生早餐分配偏低，仅占全日总热能量的10%~15%，甚至不吃早餐，这与上午学习、工作的热能消耗是很不适应的，既影响健康，又影响学习效果。

2. 午餐

热能摄入占全天的40%，糖、蛋白质和脂肪的供给均应增加，因为既补偿饭前的热能消耗，又储备饭后学习、运动和工作的需要，所以在全天各餐中热能应占最多。

3. 晚餐

热能摄入应占全天的30%~35%，以多供给含糖多的食物为宜。所以晚餐可多吃些谷类、蔬菜和易消化的食物，富有蛋白质、脂肪和较难消化的食物应少吃。大学生在晚餐后，仍有晚自习，用脑时间较长，所以晚餐不可减量。

（三）食物要力求多样化

因为任何一种食物都不能包含机体所需要的全部营养物质，为了保证营养充足、均衡，进食食物要力求多样化，而绝不能偏食。

（四）节食减肥不可压缩维生素的摄入

为减肥而节食，不要压缩含有丰富维生素的食物摄入，如水果和蔬菜。为了促进沉积脂肪燃烧和防止肌肉总量减少，同时还要参加运动锻炼。

（五）大运动量时的饮食

参加耐力性运动的人，当运动量较大时，可适当补充一些碳水化合物食品。一般的健身运动，则多加一杯低糖饮料即可。

二、大学生常见的不良饮食习惯

（一）纵欲式的进食方式

有时暴饮暴食，有时忍饥挨饿。饥饿多半是因为睡懒觉，错过了早餐时间空腹去上课，或夜间看书学习过久；暴饮暴食则多发生在亲朋聚会、过生日、野餐等场合。不吃早餐就去上课，随着大脑和其他器官机能活动所需能量的消耗，血糖就会下降。当血糖含量降低到每100毫升血液中不到45毫克时，就会严重影响脑组织的机能活动，全身乏力，注意力分散。暴饮暴食会使消化器官的功能发生紊乱，从而使机体代谢功能失去平衡，产生多种疾病。

（二）盲目节食

这种情况女大学生多于男大学生，她们的主要目的是减肥。限制饮食虽然可以使人消瘦，但体内的营养物质也随之越来越匮乏，势必出现种种功能障碍或疾病，轻则头昏眼花、四肢乏力，重则出现贫血、低血糖、月经失调等情况。有的学生明知道过分限制饮食对身体有害，但仍乐此不疲，甘愿付出巨大代价。这就不是单纯的缺乏知识，而涉及现代大学生的心态问题。如由于"肥胖恐惧"心理导致的饮食紊乱，其不良后果包括病理性肥胖及危险的体重过低，表现为神经性厌食和饥饿症。这些人对于形体瘦弱，表现为一种病理性的需要，他们摄入的热量仅能维持其生存，而不能满足生长的需要，还会严重影响其学业，造成终身遗憾。

（三）追求高蛋白、高脂肪饮食

许多学生盲目追求西餐高能、高蛋白饮食，大量食用牛奶、鸡蛋、面包，向欧美模式靠拢。其实东西方饮食习惯的差异历史已久，东方式饮食所含的能量和蛋白质，虽明显比西方饮食低，但东方人的体形和需求也小，体内酶含量和消化液分泌量已与饮食结构适应。如果我们盲目模仿，很容易造成消化不良和营养素的失衡。现在西方发达国家已经认识到，营养过剩会引起心血管病、结肠癌、糖尿病、胆结石病等许多所谓的"富裕病"。东西方饮食模式各有利弊，彼此可以取长补短，但需根据自身体质状况逐渐适应，并以科学的分析监测来指导，这样才能使饮食科学化、合理化。

（四）偏食

在一部分大学生中片面认定某些食物是高营养食物而长期偏食，导致营养摄取的不平衡和一些营养元素缺乏。如有的学生不肯吃肉，结果身体不能及时补充蛋白质，造成发育迟缓或发育不良。有的不吃蔬菜，引起多种维生素和矿物质的缺乏，这给成年后患高血脂、高血压、动脉硬化留下隐患。特别是一些女同学因为怕胖，很多食物不敢吃，结果面黄肌瘦，弱不禁风，学习时注意力不能集中，精力不充沛。

（五）偏爱营养补品

听信广告对营养补品作用的夸大，甚至以此代替食品，认为营养补品可以补救一切缺乏的营养。其实，营养补品仅仅提供一小部分营养素，而且只能对缺乏某些营养素的人起作用。至于补药，不是人人皆宜的强化剂，更不能替代食物。

第五章

高职学生体育锻炼与发展体能的方法

第一节 体育锻炼的原则和方法

一、体育锻炼的基本原则

体育锻炼的原则主要是体育锻炼客观规律的反映，是体育练习者从事体育锻炼实践、达到理想效果所必须遵循的基本原则。在体育锻炼的过程中，只有正确地理解和运用体育锻炼的原理，才能使体育锻炼获得最佳效果。

（一）自觉性原则

自觉性原则是指体育锻炼者应有明确的锻炼目的，要有"善其身者无过于体育"的思想认识，自觉积极地进行体育锻炼。毛泽东同志在《体育之研究》一文中指出："欲图体育之有效，非动其主观、促其对于体育之自觉不可。"也就是说，要想收到体育锻炼的预期效果，必须以主动积极的态度，自觉地坚持锻炼才行。

（二）循序渐进原则

循序渐进原则是指体育锻炼的内容、方法和运动负荷等，必须根据人对事物的认识规律、动作技能形成规律和生理机能的负荷规律，由小到大、由易到难、由简到繁、由低级到高级地逐步进行。在体育锻炼中，最忌急于求成，否则只能事与愿违，甚至还会造成伤害事故或给身体带来某些生理损伤。因此，进行体育锻炼时，学习动作要由易到难，运动量要由小到大，运动强度（刺激强度）要由弱到强。同时，还应根据年龄、性别、身体素质水平，因人而异地安排练习的内容，这样才能收到良好的效果。

（三）全面性原则

全面性原则是指身体锻炼应全面发展身体的各个部位、各器官系统的机能、各种身体素质和活动能力，追求身心的和谐发展。

体育锻炼，不仅应包括不同身体部位的活动，而且更重要的是应该包括多种项目和不同性质的活动，进行全面锻炼。身体各系统都是相互联系、相互制约的，身体某一方面的发展必然会影响到其他方面的发展。而全面发展，就能相互促进，共同提高。目前，大学生年龄多处在17~23岁，为身体发育逐渐成熟的阶段，具有一定的可塑性。因此，在体育锻炼中贯彻全面性原则尤为重要。

从体育项目对人体锻炼的作用来看，也是有所侧重的。如短跑主要是发展速度，投掷、举重主要是发展力量，长跑则侧重于发展耐力，球类则以发展灵敏性、协调性为主。所以，进行全面锻炼才能使身体素质获得全面发展，更快地掌握运动技术和技能，增强体质。

（四）经常性原则

经常性原则是指身体锻炼必须持之以恒，使之成为日常生活中的重要内容。

我们做什么事情都要有恒心，体育锻炼也是这样。运动技术的形成和提高，人体各组织系统机能的改善，是肌肉活动反复多次强化的结果。锻炼不经常，后一次锻炼时，前次锻炼的痕迹已经消失，失去了累积性的影响作用，因此效果也就很小，甚至不起作用。同时，运动技能的形成，人体结构、机能的改善，身体素质的提高，都受着生物界"用进废退"规律的制约。不经常锻炼，已取得的效果也会逐渐消退。俗话说，"拳不离手，曲不离口"，所揭示的就是这个道理。

上述锻炼身体应遵循的几项原则，是互相联系、互相制约的。只有科学地、有目的地、全面地贯彻这些原则，才能不断增强体质，取得预期效果。

二、体育锻炼的方法

体育锻炼方法是根据人体发展规律，运用各种身体练习，以提高人体的身体素质和基本活动能力的途径和方式，主要有重复锻炼法、间歇锻炼法、连续锻炼法、循环锻炼法、变换锻炼法、负重锻炼法。

（一）重复锻炼法

重复次数的多少不同，对身体的作用不同，重复次数越多，身体对运动反应的负荷量越大。如果重复次数不断地继续增加，可能使身体承受的负荷达到极点，乃至破坏有机体的正常状态，造成伤害。

运用重复锻炼法，关键是掌握好负荷的有效价值范围（最有锻炼价值负荷量下的心率），并据此调节重复次数。在重复锻炼中，对负荷如何控制、怎样去重复才能达到理想效果的负荷程度，应视实际情况而定。

（二）间歇锻炼法

人们认为体质增强的过程是在运动中实现的，其实体质内部增强过程主要是在间歇中实现的，是在休息过程中取得了超量恢复。若是离开在休息中取得超量恢复，则运动就变成对增强体质毫无意义的事，甚至起不了作用。间歇对增强体质的作用并不亚于运动本身。自古以来就有以静炼身的经验。在现代科学的基础上，人类更清楚地认识到在间歇时间内有机体的各种变化，认识到保持同化优势的重要性，所以把间歇作为一种健身的基本方法。

同重复锻炼法一样，间歇的时间也要依据负荷的有效价值标准去调节。一般来说，当负荷反应（心率）指标低于有效价值标准时，应缩短间歇时间；而高于价值标准时，则可延长间歇时间。通过适当的间歇，把负荷量调节到负荷有效价值范围，以追求良好的锻炼效果。实践中，一般心率在 130 次/分左右时，就应再次开始锻炼。间歇时，不要做静止休息，而应边活动边休息，如慢速走步、放松手脚、伸伸腰腿或做深而慢的呼吸等。因为轻微活动可使肌肉对血管起到按摩作用，帮助血液流回和排除代谢所产生的废物。

（三）连续锻炼法

从增强体质的良好效果出发，需要间歇就停一会儿，需要连续就接二连三地进行下去，所以不能仅讲究间歇，还要讲究连续。连续、间歇、重复都是在统一锻炼过程中实现的。连续、间歇、重复等因素各有其特有的作用。连续的作用在于持续负荷量不下降，维持在一定的水平上，使身体充分地受到运动的作用。

连续锻炼时间的长短，同样要根据负荷价值有效范围而确定。通常认为在140次/分左右心率下连续锻炼20~30分钟，可使机体的各个部位都长时间地获得充分的血液和氧的供应，因而能有效地发展有氧代谢能力。实践中，用于连续锻炼的主要是那些比较容易，并已为锻炼者所熟悉的动作，可以是跑步、游泳，也可以是跳迪斯科舞等。

（四）循环锻炼法

循环锻炼法由几个不同的练习点组成。当一个点上的练习一经完成，练习者就迅速转移到下一个点，下一个练习者依次跟上。练习者完成了各个点上的练习，就算完成了一次循环。循环锻炼法对技术的要求不高，且各项目都采用比较轻度的负荷练习，因此练起来既简单有味，又可获得综合锻炼，达到全面发展的良好效果。

（五）变换锻炼法

变换锻炼法可以有效地调节生理负荷，提高兴奋性，强化锻炼意向，克服疲劳和厌倦情绪，以达到提高锻炼效果的目的。如刚参加锻炼时，可多做些诱导性练习和辅助性练习。随着锻炼水平的提高，应加大练习的难度，如用越野跑代替在田径场的长跑等。由于锻炼条件的变化，可使锻炼者的大脑皮层不断地产生新异的刺激，提高兴奋性，激发锻炼的兴趣，从而提高机体对负荷的承受能力，提高锻炼效果。另外，不断地对锻炼的内容、时间、动作速率等提出新的要求，可有效地调节生理负荷，使机体不断产生适应性变化，达到更好地锻炼身体的目的。

（六）负重锻炼法

负重锻炼法是使用杠铃、哑铃、沙袋等重物进行身体运动来锻炼身体、增强体力的方法。负重的方法，既用于普通人为增强体质锻炼身体，又用于各项运动员进行身体训练，还可用于解决身体疾患的康复。一般情况下，人增强体质进行负重锻炼时，应该采用最大摄氧量和最大心输出量以下的负荷。

第二节　体育锻炼计划的制订与实施

制订身体锻炼计划，目的在于使自己的学习工作和锻炼有一个科学合理的安排，做到德、智、体全面发展，避免盲目性和片面性，同时也便于检查锻炼效果和总结锻炼经验。

一、制订体育锻炼计划的依据

第一，从实际出发。在制订计划时，要考虑主观因素和客观因素。如年龄、性别、体质、基础、场地、器材、气候、时间等因素，制订切实可行的计划。通过反复实践，不断修改充实，使计划更科学、更完善。

第二，全面锻炼、循序渐进。在制订计划时，必须根据自己的体质条件、素质水平和爱好等。既要注意全面发展，又要注意自己的特点和弱点；既要考虑自己的爱好，又要注意锻炼的效果。在整个计划的内容安排上应遵循由简到繁、由易到难的原则；在运动量的安排上应遵循从小到大、逐步增加的原则。锻炼计划要做到既科学又全面，既要达到增强体质的目的，又不能影响一天的学习与工作

第三，达标与体育课学习相结合。锻炼内容要与国家体育锻炼标准和体育课内容相结

合。这样既能通过一段时间的锻炼，达到国家体育锻炼标准，又能使体育课所学内容得以复习、巩固和提高。

第四，自我监督和医务监督。在制订和执行锻炼计划时，要注意自我监督和医务监督。最好能写锻炼日记，以便及时发现问题，并及时调整，使锻炼计划不断完善，锻炼效果不断提高。

二、体育锻炼计划的内容

体育锻炼计划一般可分为长远计划、阶段计划、每周计划和每次计划。对学生来讲，做到阶段计划、每周计划和每次计划就可以了。

（一）阶段计划内容

（1）确定阶段计划的时间。对学生来讲，最好以一个学期为一个阶段，这样便于安排和检查。

（2）任务和要求。根据每个人的情况，确定每个阶段的锻炼任务，如田径项目中的短跑、球类项目中的足球等，并明确要求，便于检查。

（3）内容和办法。根据自己的爱好和特长，结合各季节的气候特点，逐项进行安排，并提出具体的实施办法。

（4）锻炼时间。根据课表安排，确定在什么时间锻炼，并切实落实。

（5）检查措施。要制定切实可行的检查措施及成绩考核办法。

（二）每周计划内容

（1）本周锻炼的任务和要求。确定本周以发展某项身体素质为主及学习有关基本知识等。

（2）锻炼时间。确定早操与课外体育活动的次数及每次锻炼的时间。

（3）检查措施。星期六下午安排一定时间写锻炼日记。

（三）每次计划内容

（1）确定内容。根据每周计划确定每次的锻炼项目，拟订练习的具体动作和方法、练习的时间和重复次数等。

（2）科学分配和安排。在具体安排练习时，一般先安排重点项目。就身体素质而言，应先练提高速度和灵敏性的项目；就运动量而言，应先小后大；就技术而言，应先易后难；就锻炼部位而言，应上下肢搭配；如有类似项目，应间隔练习。

（3）写出实施办法。主要是写出每次锻炼计划表，包括准备活动、主要内容和整理活动三个方面，并在时间分配上做合理安排。身体锻炼得持久，体质也会逐步增强。因此，在主要锻炼内容的负荷安排上，也应逐渐增加，不能总停留在同一运动负荷上。

三、体育锻炼计划的实施

体育锻炼计划的制订是在不断地实施的过程中加以完善的。制订锻炼计划时，确定锻炼内容以后，应通过具体办法加以实施，然后根据实施情况加以修订，如此循环，以达到最理想的锻炼效果。

在对体育锻炼计划具体实施过程中应注意运动负荷的安排，应逐渐增加，不能总停留在同一运动负荷上。另外，准备活动应充分，尤其在冬季室外温度较低的情况下，一定要充分做好准备活动,避免身体受伤。每一次锻炼即将结束时,还应该安排一定内容的整理活动。整理活动的时间一般为5分钟。最后,在体育锻炼实施过程中,锻炼者还应注意自我监督和保护。

第三节 运动性疲劳的产生与消除

运动性疲劳,是指人体由于长时间或大强度运动后出现的一种组织器官甚至整个机体的工作能力暂时降低的现象。具体来说,就是机体生理过程不能在特定水平上持续其机能或机能不能维持预定的强度(以下简称"疲劳")。这是一种在运动训练过程中正常的普遍存在的生理现象,但如果不采取有效的方法尽快消除疲劳,就会影响训练效果,且易造成伤害事故,也会给运动员的学习和生活等带来不利影响。因此,了解疲劳产生的机制,并适时运用有效的方法,尽快消除疲劳,就显得非常重要了。

一、运动性疲劳的产生和分类

(一)运动性疲劳产生的生理机制

运动性疲劳产生的机制是一个极其复杂的问题,运动医学界对此进行了广泛而深入的研究。但对引起疲劳的原因和机理,在运动生理学上目前还没有取得完全一致的看法,仍众说纷纭。一般认为,生理和心理负担过重,必能引起体内机能的变化。开始是某些生理常数的变化,如呼吸、心率、血压等复杂的生理、生化变化。一旦这些变化不能及时恢复正常,最终将导致训练过度而产生疲劳。

自19世纪80年代以来,各国学者对于运动性疲劳的生理机制提出过几种假说。

"衰竭"学说理论认为:运动性疲劳的原因是体内能源物质的耗尽。最有力的证据是长时间运动中工作能力下降的同时常伴随血糖浓度的降低,补充糖后有一定程度的提高。

"堵塞"学说理论认为:运动性疲劳是由某些代谢产物在肌肉组织中堆积造成的。19世纪,兰克发现肌肉收缩期产生的某些物质的堆积使肌肉收缩能力下降。这些堆积物被判明为乳酸等。弗莱彻和霍普金斯发现肌肉疲劳的同时,血乳酸浓度升高。

"内环境稳定性失调"学说理论认为:血液pH值下降,细胞外液的水分及离子浓度发生变化,血浆渗透压改变等都可引起疲劳。如哈佛大学疲劳研究所研究人员发现,高温作业工人因出汗过多,迅速达到不能继续坚持劳动的严重程度,且给予饮水也不能缓解,必须饮用适当浓度的 NaCl 水溶液。

"保护性抑制"学说理论认为:按照巴甫洛夫学派的意见,无论是体力的或是脑力的疲劳,均是大脑皮质保护性作用的结果。

(二)运动性疲劳的分类

有关运动性疲劳的分类,目前尚无统一的标准。一般认为,运动性疲劳在人体中可分为躯体性疲劳和心理性疲劳。目前在躯体性疲劳方面研究成果较多,但能被人们接受的有以下几种区分方法:根据疲劳产生的部位不同,将其划分为阶段中枢疲劳、神经-肌肉接点疲劳和外周疲劳;根据疲劳发生时间的长短不同,将其划分为急性疲劳和慢性疲劳;根据疲劳发生性质的不同,将其划分为生理性疲劳和病理性疲劳;根据疲劳发生部位的大小,将其划分为全身性疲劳和局部性疲劳。

二、运动性疲劳的消除

由于导致运动性疲劳的原因是多种多样的，其消除方法与恢复手段也因人而异。常用的有以下几种方法。

充足睡眠：睡眠是消除疲劳的最好方法之一。运动者应保证充足的睡眠时间，并安排一定时间的午睡。

积极性休息：散步、听音乐、观看演出、下棋等积极性休息对肌肉、精神的疲劳有良好的缓解作用。

水浴解乏：淋浴和局部热敷是一种简易的消除疲劳的方法。研究表明，洗澡能增加血液循环，使大脑得到镇静，肌肉得到放松。水浴可降低血液中的乳酸浓度。此外，水浴对副交感神经有所刺激，可以起到镇痛作用，以缓解因疲劳引起的肌肉酸痛。淋浴时，水温不能过高，以温水浴（水温40 ℃左右）、时间以15~20分钟为宜。它有良好的镇静作用，能促进血液循环，放松肌肉。热敷能减少肌肉中酸性代谢产物的堆积，消除肌肉酸痛。其温度以47~48 ℃为宜，时间约为10分钟。

推拿按摩：按摩是一种简单易行的消除疲劳的方法。当运动极度疲劳时也可以进行全身按摩，但要按一定顺序进行。有条件的还可用器械按摩，这对放松肌肉、消除肌肉酸痛有较好效果。

饮食营养：运动后，应补充足够的蛋白质、维生素、无机盐。但有不少人常常采取加餐的方式，大量吃鸡鸭鱼肉，企图以此来加强营养、补养身体、解除疲劳。殊不知结果却是适得其反。因为人们在运动过程中，体内的糖、脂肪、蛋白质进行大量分解，释放能量的同时产生乳酸、磷酸等酸性代谢物质。这些酸性物质使人感到肌肉、关节酸痛和精神疲乏，人们需要把这些代谢的废物排出体外。仅单纯地食用肉类，会使人体血液更加酸性化，等于"火上加油"，对解除疲劳不利。专家指出，人在疲劳的时候，从食疗角度看，应该适当多吃一些碱性的食物，如各种新鲜蔬菜、水果、豆制品、乳类和含有丰富蛋白质与维生素的动物肝脏等。这些食物经过人体消化吸收后，可以迅速地使血液酸度降低，中和平衡达到弱碱性，消除疲劳。

第六章 体育运动与损伤

第一节 常见运动损伤

参加体育锻炼的目的是增强体能，促进身体健康，而运动损伤的发生往往会使锻炼者的身心都受到一定的损害，因此，应防患于未然。锻炼者应采取一些运动损伤的预防措施，使体育锻炼健康安全而富有成效。常见运动损伤如下。

一、软组织损伤

这类损伤可分为开放性损伤和闭合性损伤两类。前者有擦伤、刺伤、撕裂伤等，后者有挫伤、肌肉拉伤、肌腱腱鞘炎等。

（一）擦伤

1. 原因与症状

因运动时皮肤受擦致伤。如跑步时摔倒，体操运动时身体擦磨器械受伤，擦伤后皮肤出血或组织液渗出。

2. 处置

小面积擦伤，用红药水涂抹伤口即可；大面积擦伤，先用生理盐水洗净，后涂抹红药水，再用消毒布覆盖，最后用纱布包扎。

（二）撕裂伤

1. 原因与症状

在剧烈、紧张运动或受到突然强烈撞击时，会造成肌肉撕裂，其中包括开放伤和闭合伤两种。常见有眉际撕裂、跟腱撕裂等。开放伤顿时出血，周围肿胀；闭合伤触及时有凹陷感和剧烈疼痛。

2. 处置

轻度开放伤，用红药水涂抹伤口即可；裂口大时，则需止血和缝合伤口，必要时注射破伤风抗毒血清，以防破伤风症；如肌腱断裂，则需手术缝合。

（三）挫伤

1. 原因与症状

因撞击器械或练习者之间相互碰撞而造成挫伤。单纯挫伤在损伤处出现红肿，皮下出血，伴有疼痛；内脏器官损伤时，则出现头晕、脸色苍白、心慌气短、出虚汗、四肢发凉、烦躁不安等症状，甚至休克。

2. 处置

在24小时内冷敷或加压包扎，抬高患肢或外敷中药。24小时后，可按摩或理疗。进入恢复期可进行一些功能性锻炼。如果怀疑内脏损伤，则在临时性处理后，送医院检查和治疗。

（四）肌肉拉伤

1. 原因与症状

通常在外力直接或间接作用下，使肌肉过度主动收缩或被拉长时引起肌肉拉伤。特别是因准备活动不充分，动作不协调以及肌肉弹性、伸展性、肌力差者更易拉伤。损伤后伤处肿胀、压痛、肌肉痉挛，触诊时可摸到硬块。严重的肌肉拉伤使肌肉撕裂。

2. 处置

轻者可即刻冷敷，局部加压包扎，抬高患肢。2小时后可施行按摩或理疗。如果肌肉已大部分或完全断裂者，在加压包扎急救后，应立即送医院手术治疗。

二、关节、韧带扭伤

（一）肩关节扭伤

1. 原因与症状

一般因肩关节用力过猛以及反复劳损所致，也有因技术错误、违反解剖学原理而造成损伤。如投掷、排球扣球和大力发球时常出现这类损伤。其症状有压痛、疼痛，急性期有肿胀，慢性期三角肌可能出现萎缩，肩关节活动受限。

2. 处置

单纯韧带扭伤，可冷敷、加压包扎。24小时后可采用理疗、按摩和针灸治疗。出现韧带断裂时，应立即送医院缝合和固定处理。当肩关节肿胀和疼痛减轻后，可适当施行功能性锻炼，但不宜早活动，以防转入慢性。

（二）髌骨劳损

1. 原因与症状

髌骨具有保护股骨关节面、维护关节外形和传递股四头肌力量的作用，是维护膝关节正常功能的主要结构。髌骨劳损是膝关节长期负担过重或反复损伤累积而成的，也可因一次直接外力撞击而致伤，如篮球滑步急停，跳高和跳远时踏跳不合理或摔倒受击，都可导致这种损伤。

2. 处置

采用中药外敷、针灸、按捻等。平时加强膝关节肌群力量练习，如采用高位静力半蹲，每次保持3~5分钟即可。伤情好转时，可逐渐增加时间，每日进行1~2次。

（三）踝关节扭伤

1. 原因与症状

运动中跳起落地时失去平衡，使踝关节过度内翻或外翻致伤。在准备活动不充分、场地不平坦的情况下，更易造成这类损伤。主要症状为伤处疼痛、肿胀，韧带损伤处有明显的压痛，皮下淤血。

2. 处置

受伤后，应立即冷敷，用绷带固定包扎，并抬高伤肢。24小时后，根据伤情采取综合治疗，如外敷伤药、理疗、按摩等，必要时做封闭治疗。待伤情好转后，施行功能性练习。对严重者，可用石膏固定。

（四）急性腰扭伤

1. 原因与症状

运动时，身体重心不稳定或肌肉收缩不协调，引起腰部扭伤。多数因腰部受力过度，或脊柱运动时超过了正常生理范围。例如，挺身式跳远时，展体过大；举重上挺时，过分挺胸塌腰；跳水时，下肢后摆过大，都有可能造成腰部扭伤。

2. 处置

腰部急性扭伤后，让患者平卧，一般不应立即搬动。如果剧烈疼痛，则用担架抬送医院诊治。处理后，应卧硬板床或腰垫一枕头，使肌肉韧带处于放松状态。可针灸、外敷伤药或按摩。

三、关节脱位

1. 原因与症状

因受外力作用，使关节面失去正常的连接关系，叫关节脱位（或称脱臼）。严重的关节脱位，伴有关节囊撕裂。关节脱位后，常出现畸形，与健肢对比不对称，因软组织损伤而出现炎症反应，局部疼痛、压痛和关节肿胀，并失去正常活动功能，甚至发生肌肉痉挛等现象。

2. 处置

用长度和宽度相称的夹板固定伤肢。如果没有夹板，可将伤肢固定在自己的躯干或健肢上，防止震动，随后及时送医院治疗。必须指出，如果没有把握做整复处置时，切不可随意做整复处置，以免再度增加伤害。

四、骨折

1. 原因与症状

运动中，身体某部位受到直接或间接的暴力撞击时，造成骨折。例如在踢足球时，小腿被踢，造成胫骨骨折；摔倒时手臂直接撑地引起尺骨或桡骨骨折等。骨折是比较严重的损伤，但发病率很低，骨折分不完全性骨折和完全性骨折两种。常见的骨折有肱骨骨折、前臂骨骨折、手骨骨折、大腿骨骨折等。骨折发生后，患处立即出现肿胀，皮下淤血，有剧烈疼痛（活动时加剧），肢体失去正常功能，肌肉产生痉挛，有时骨折部位发生变形，移动时可听到骨摩擦声。严重骨折时，伴有出血和神经损伤、发烧、口渴，直至休克等全身性症状。

2. 处置

若出现休克时，应先进行处理，即点按人中穴，并进行口对口人工呼吸或心脏胸外按摩；若伴有伤口出血，应同时实施止血和包扎。骨折后暂勿移动患肢，应用夹板或其他代用品固定伤肢，及时护送医院检查和治疗。

五、脑震荡

1. 原因与症状

脑震荡是指头部受外力打击后，使大脑管理平衡的膜半规管、椭圆囊、球囊等感受器机能失调，直至引起意识和机能的一时性障碍。在体育锻炼时，两人头部相撞，或撞击硬物，或从高处跌下时头部撞地，都可造成脑震荡。致伤时，神志昏迷，脉搏徐缓，肌肉松弛，瞳孔稍大但能对称，神经反射减弱或消失；清醒后，患者常有头痛、头晕、恶心呕吐感；平时情绪烦躁，注意力不易集中，耳鸣、心悸、多汗、失眠、记忆力减退等。

2. 处置

立即让患者平卧，头部冷敷。若有昏迷，即指压人中、内关、合谷穴；若呼吸发生障碍，立即进行人工呼吸。上述处理后，出现反复昏迷或耳、鼻、口出血，两瞳孔放大，又不对称时，表明病情严重，应立即护送医院治疗。在运送途中，要让患者平卧，头部固定，避免颠簸。脑震荡一般都可自愈，无须住院治疗，但要注意休息和必要的药物治疗，保持情绪安定，减少脑力劳动。在恢复过程中，可定期做脑震荡平衡试验，以检查病况进展。其方法是闭目、单腿站立、两臂平举。如果能保持平衡，表明脑震荡已基本治愈。这时，可适当参加体育锻炼，但要避免滚翻或旋转性动作。

第二节　常见运动损伤疗法小常识

一、腰肌劳损

腰肌劳损是由腰部肌肉细小损伤的积累或急性腰扭伤长期不愈所致。药物治疗效果不佳，按摩、理疗虽有效但疗程太长。体疗效果较好。具体方法如下。

1. 抱膝滚动

仰卧，屈膝，屈髋，大腿贴胸，双手抱膝，前后滚动 10~20 次。

2. 直腿抬高

仰卧，双腿交替进行直腿抬高各 10~20 次。

3. 两头起

仰卧，两手后背置于腰部，背、腰、臀、腿部肌肉同时用力，将上肢和腿同时抬起，停留一会儿，再还原，反复做 10~20 次。

4. 倒行按穴

双手叉腰，拇指向后按压大肠俞穴，每倒行 1 步，双手按压 1 次穴位，连续倒行 5 分钟。

二、肥胖症

一般认为，超过自身标准体重 10% 以内为正常体重，高于标准体重 10% 为超重，超过标准体重 20% 为肥胖。

另外，还有两种简单标准体重（千克）的评价方法。

（1）身高>165 厘米：身高（厘米）-100。

身高<165 厘米：身高（厘米）-105（男）；
　　　　　　　身高（厘米）-100（女）。

（2）（身高-150）（厘米）×0.6+50。

肥胖症可分为外源性肥胖和内源性肥胖两种。外源性肥胖是由过多饮食，引起体内脂肪沉积过多所致。内源性肥胖是由分泌功能失调引起，如甲亢、脑垂体病变、性腺机能不足等。

体育运动对外源性肥胖和部分内源性肥胖有很好的治疗效果。

三、神经官能症

神经官能症是由于中枢神经系统调节功能紊乱而引起的功能性疾病。其发病常与过度紧张、精神负担过重有关，也与个人的神经类型或工作性质有关。

神经官能症除可适当应用药物（镇静剂）治疗外，采用体育疗法对调节大脑的兴奋抑制状态、改善情绪、分散对疾病的注意力是很有益处的。

四、糖尿病

糖尿病是胰岛素分泌不足而引起的机体代谢紊乱，血糖增高。主要症状是"三多一少"，吃得多、喝得多、尿得多，体重减少。糖尿病的治疗主要是饮食和胰岛素治疗，目前已经把体育治疗作为糖尿病治疗的重要手段。中度和轻度糖尿病患者适宜于体育治疗。主要方式有气功、太极拳、慢跑、自行车、游泳、乒乓球等运动。

在运动中应注意运动量应由小到大，循序渐进。每天 1~2 次，每次不超过 30 分钟，避免过度疲劳。另外，体育治疗应与药物治疗相结合。运动时间在早、午饭后进行为宜。

运动可起到降低血糖的作用。但重度患者不宜进行体育疗法。

五、胃、十二指肠溃疡

慢性溃疡病的形成和发展均与胃酸及蛋白酶的消化作用有关。体育医疗能改善中枢神经和植物神经的紧张度，改善胃肠道的吸收与分泌功能。同时，加强腹肌和膈肌的运动，刺激胃肠蠕动，反向性地影响中枢神经系统的功能，从而可减少胃内食物的淤积。此外，体育医疗能改善腹腔内的血液供应，从而提高胃黏膜的抵抗力，促进胃溃疡的恢复。

体育医疗的方法如下。

1. 气功、太极拳

以内养气功疗效较好，用侧卧式和坐式，每日 2~3 次，每次 20~30 分钟。太极拳锻炼每天 2 次，有利于调整胃肠道功能。

2. 腹部自我按摩

用中等强度的力度揉、搓和按摩穴位，常用穴位有足三里、脾俞、胃俞等。

3. 其他运动

如慢跑、行走、骑自行车以及加强腹肌锻炼的各种保健操，对溃疡愈合均有一定效果。

症状严重的应注意避免体育运动可能引起的溃疡并发症，如穿孔、出血等。

六、肩周炎

肩周炎又称"冻结肩"，多见于 50 岁左右的中年人，是由急慢性劳损或其他原因所致的肩关节囊和关节周围软组织的退行性病变、钙盐沉着及慢性非特异性炎症。

主要症状：急性期为肩部痛、钝痛，尤以肩关节外展上举时的酸痛明显，严重者不能活动。急性期过后可能发生粘连而造成肩关节运动障碍。采用体育医疗的方法既简单易行又行之有效，方法如下。

1. 主动运动

肩关节向各方向做主动运动，从小幅度开始，逐渐加大幅度，要注意在禁止耸肩的前提下，做前屈、后伸、内旋、外旋及绕环动作。每次 10 分钟，早晚各 1 次。

2. 松动粘连

在主动外展或内、外旋或前平举至最大限度时，借助肋木、吊环、门框等，在维持最大活动限度的情况下，主动、缓慢地用力加大活动范围至稍有疼痛、尚能坚持的程度，不可用力过猛、过大，否则会造成再度出血。

第七章

小型竞赛的组织与方法

第一节 小型运动会组织工作

一、小型体育比赛的特点

比赛项目少（一次只进行一项或两三项比赛），但内容广泛多样。例如，可以是体育课学过的球类、田径等单项或部分项目的比赛；也可以是学生喜闻乐见的、经常参与的其他体育比赛；还可以结合季节气候特点，进行越野跑、民族传统体育、拔河等项目的比赛等。

群众性强，可以吸引较多人参加，还可以进行系部间、年级间、班级间和校际的比赛，比赛活动分布在平时的课外和节假日时间，既能丰富课余生活，又有助于调节紧张的学习节奏。

二、小型体育竞赛的常规组织工作

体育组织工作的好坏是进行竞赛活动成功与否的关键。一般来说，各项体育竞赛的组织工作大同小异。一般小型体育竞赛的常规组织工作有如下几点。

（一）宣传工作

（1）宣传工作的途径。可结合各项竞赛，于赛前、赛中、赛后的整个过程，利用墙报、广播等形式进行宣传。

（2）宣传工作的内容。主要有：

① 国家有关体育与健身的方针政策；

② 结合竞赛项目宣传竞赛办法和竞赛规则等；

③ 宣传本单位各协会、各年龄层次体育锻炼的先进经验和先进事迹等；

④ 宣传体育卫生和体育锻炼的科学知识与方法。

（二）竞赛的组织工作

1. 成立竞赛的组织机构

（1）竞赛组织委员会。一般是由行政单位牵头，委托某个协会（与比赛项目相关的协会）骨干，成立一个组织委员会。一般下设竞赛组、宣传组、裁判组、后勤组、治保组及医疗组。

（2）仲裁委员会。一般由有竞赛项目专业知识的人员或专家组成。其职责是对比赛有异议的内容（如资格、规则运用等问题）进行最后裁决。

2. 做好竞赛的物质准备工作

（1）各种费用的预算，包括开幕式、奖品、裁判费用、需要添置的器材等。

（2）在预算的基础上，做好经费的筹集工作。

（3）准备好场地、器材等竞赛设施。

3. 做好竞赛协调工作

（1）协调比赛时间。因参赛人员的组成可能来自不同系部（年级），学习时间并不统一。

（2）协调组织委员会下设机构的组织工作。

（3）协调一切与比赛有关的琐碎事项，如印发秩序册，召集会议，制订工作计划，组织好开、闭幕式等。

4. 竞赛部分的工作内容

（1）编排比赛日程表。

（2）召集领队、教练员会议。该会议一般在秩序册印发后进行。其主要目的是纠正打印错误，解释新（特定）规则，解答领队、教练员有关问题，提出组委会要求事项，传达各项通知，进行抽签等。

（3）训练裁判员（包括学习新规则、统一裁判尺度、训练裁判仪态等）。

（4）秩序册。竞赛秩序册是竞赛活动的具体操作性文件，应包含如下基本内容。

① 封面，包括竞赛名称、秩序册、主办单位、协办单位、比赛时间及比赛地点等；封面可印社区或行政单位的宣传图片或赞助单位广告等；

② 目录；

③ 组织委员会名单；

④ 仲裁委员会名单；

⑤ 工作机构及人员名单；

⑥ 竞赛规程；

⑦ 精神文明评奖办法（如体育道德风尚奖等）；

⑧ 裁判员守则；

⑨ 运动员守则；

⑩ 裁判员名单；

⑪ 运动员名单；

⑫ 竞赛日程（包括成绩记录等）；

⑬ 竞赛分组名单；

⑭ 场地平面示意图；

⑮ 田径比赛必须附地区（或单位）原成绩的最高纪录；

⑯ 封底（可附赞助单位等宣传内容）。

在学校，除了规模较大、项目较多的综合性体育比赛（如田径运动会、体育节等），平时还经常开展各种小型多样的年级间、班级间的体育比赛活动。

第二节　竞赛规程

竞赛规程是竞赛工作的依据，主要包括以下内容。

（一）竞赛名称

根据总任务确定比赛名称。名称要显示是什么性质的比赛，哪一年（或第几届）的比赛。运动会的名称一般用全称。例如，中华人民共和国第五届大学生运动会、1999年全国足球甲级队联赛、1999年某市第一中学篮球比赛。在赛会期间的文件、会标、宣传材料等方面，名称要统一。

（二）目的任务

根据举行本次竞赛活动总的要求，简要说明此次竞赛的目的和任务。例如，进一步贯彻落实全民健身计划，增强学生整体素质；普及体育运动，增强人民体质；提高某项运动水平；选拔组织某项运动代表队，准备参加高一级的比赛；总结交流教学训练工作经验，增进团结和友谊等。

（三）竞赛时间、地点和举办单位（或承办单位）

竞赛时间应写清预赛、决赛开始和结束的年、月、日，举行比赛的地点和举办竞赛的单位（包括主办和协办以及承办单位）也应写清。

（四）竞赛项目和组别

举办赛会所设置竞赛项目及组别（一般指综合性运动会和田径运动会），单项比赛的规程写明各组别的各个竞赛小项目。

（五）参加单位和各单位参加的人数

按有关规定的顺序写明参加比赛的每个单位，以及各单位参加男、女运动员人数，领队、教练及工作人员人数，每名运动员可参加的项目数，每项限报人数，以及参赛的其他有关规定。

（六）运动员资格

运动员资格是指参赛运动员的条件标准，包括运动员健康状况、代表资格等。

（七）竞赛办法

（1）确定比赛所采取的竞赛办法，如淘汰法、循环法、混合法及其他特殊的方法，比赛是否分阶段进行，各阶段采用的竞赛方法是否相同，各阶段比赛的成绩如何计算和衔接等。

（2）具体的编排原则和方法。

（3）确定名次及计分办法。

（4）对运动员（队）违反规定的处罚方法（如弃权等）。

（5）规定比赛使用的器材（如比赛用球的品牌等），运动员比赛服装、号码等。

（八）竞赛规则

提出竞赛采用的规则和有特殊的补充及竞赛规则以外的规定或说明。

（九）录取名次与奖励

（1）规定竞赛录取的名次，奖励优胜者的名次及办法。例如，对优胜者（队）分别给予奖杯、奖旗、奖状、奖章及奖金等。

（2）设置体育道德风尚奖或破纪录奖的奖励办法等。

（十）报名办法

规定各单位运动员（队）报名的人数、时间和截止报名的日期，书面报名的格式和投寄的地点，以及违反报名规定的处理办法。

（十一）抽签日期和地点

凡属需要抽签进行定位和分组的竞赛项目，应在规程中规定抽签的日期、地点和办法。

（十二）其他事项

（1）有关未尽事宜的补充，如经费、交通、住宿条件等。

（2）注明规程解释权归属单位。一般应归属主办单位的有关部门。

第三节　常用的竞赛方法

竞赛编排工作是根据运动项目特点和规程规定的比赛方法进行的。下面介绍几种常用的编排方法。

一、淘汰法

淘汰法是通过比赛逐步淘汰失败者的一种简单的比赛方法，在参赛队（人）多而时间少的情况下采用。

淘汰法又可分为单淘汰法和双淘汰法两种。下面介绍单淘汰法的编排过程。单淘汰法是失败一次即失去继续比赛机会的方法，最后只取一名冠军，因此也称"冠军比赛法"。其编排方法一般要经过以下步骤。

（一）确定参赛队（人）号码位置数

采用单淘汰法时，应根据参赛队（人）数，选择最接近较大的2的乘方数作为号码位置数。如常用的号码位置数有：$2^2=4$，$2^3=8$，$2^4=16$，$2^5=32$，等等。

（二）计算比赛场数和轮次

场数：参赛队（人）数减1。

例如，16队（人）参赛，需赛：16-1=15（场）。

轮数：所确定号码位置数2的乘方数。

例如，16队（人）参赛，需赛：$2^4=16$，所以赛4轮。

编排比赛秩序（以8队参赛为例）：

（三）计算轮空数

淘汰赛第一轮合适的位置数目应为 2 的乘方数。如果参赛队（人）不是 2 的乘方数（如 5、6、7、9、10、12 等），则在第一轮比赛中设置必要数量的轮空。其计算方法如下。

轮空数：等于或稍大于参赛队数 2 的乘方数减去参赛队数的差数。

例如，12 队（人）参赛，轮空队数：

$$16（即 2 的 4 次方）-12 = 4 队（人）$$

编排秩序表时，如有一个轮空队，一般排在最后的位置上；如有几个轮空队，一般分别排在各组的最后，使各组轮空机会尽可能均等。

（四）安排"种子"

如果有的项目（如乒乓球）参赛人数多，为避免强者过早相遇而被淘汰，一般先把强者确定为"种子"，把其均匀地安排在若干个相对等的区内，使他们在最后几轮中相遇。

二、循环法

循环法又分为单循环、双循环和分组循环等形式。下面介绍两种常用的编排方法。

（一）单循环法

单循环法是指所有参赛队（人）在竞赛中都要轮流相遇一次，最后根据各队（人）全部比赛的得分评定名次的方法。单循环法的编排步骤如下。

1. 计算比赛场数和轮数

$$比赛场数 = 队数 \times （队数-1）/2$$

例如，8 队参赛，需赛：

$$8 \times (8-1)/2 = 28（场）$$

轮数：参赛队（人）各赛一场（包括轮空）为一轮。

若参赛队（人）数为偶数时，则轮数=队（人）数-1。

例如，8 队参赛，则轮数为：

$$8-1=7（轮）$$

若参赛队（人）数为奇数时，则轮数=队（人）数。

编排比赛秩序（以 6 队参考为例）：

第一轮	第二轮	第三轮	第四轮	第五轮
1—6	1—5	1—4	1—3	1—2
2—5	6—4	5—3	4—2	3—6
3—4	2—3	6—2	5—6	4—5

2. 第一轮排法

把参赛队（人）平分为左右两部分，前一半队的号数由 1 自上而下写在左边，后一半号数自下而上写在右边。然后用横线把相对的号数连接起来，即是各队第一轮比赛顺序。

3. 第二轮排法

1 号位固定不变，其余号数按逆时针方向依次移动一个位置，再用横线连接起来。依此类推，即可排出其余各轮比赛的顺序。

不论参赛队（人）数是偶数还是奇数，一律按照偶数排表。如果是奇数，则应在最后一个数的后面加"0"，使之成为偶数。遇到"0"的队即是轮空。

轮次排完后进行抽签,按签号填写队(人)名。然后把比赛秩序编成比赛日程表。

(二) 分组循环法

分组循环赛是把参赛队(人)先分成若干组分别进行单循环赛,各组排出名次后,再按规程规定的办法进行下一阶段的比赛。通常是把比赛分为两个阶段:第一阶段为单循环赛;第二阶段是把第一阶段各小组相同名次重新编排,进行决定名次的比赛。

例如,15队(人)参赛,在第一阶段分三组单循环赛后,第二阶段仍用单循环法。由各组第1名决出第1~3名;各组第2名决出第4~6名,依此类推。也可以各组第1、2名决出第1~6名,第3、4名决出第7~12名,依此类推。

表7-1为16个队分4组比赛安排。

表7-1　16个队分4组比赛安排

第一组	第二组	第三组	第四组
1	2	3	4
8	7	6	5
9	10	11	12
16	15	14	13

三、常见体育比赛的计分方法和名次评定方法介绍

(一) 计分和评定名次的方法

由于项目不同,计分和评定名次的方法也不完全相同,但在规程中必须有明确规定。

1. 篮球计分和评定名次的方法

(1) 胜一场得2分,负一场得1分,弃权一场为0分,按积分决定名次。

(2) 如遇两队积分相等,两队相互比赛胜者列前。

(3) 如遇三队或三队以上积分相等,按各队相互比赛胜负场数多少决定名次;如再相等,则按他们之间比赛净胜分数决定名次;如还相等,则按他们之间比赛得失分率(得分之和/失分之和)决定名次;如仍相等,则按他们在全组内所有比赛场次总得失分率决定名次。

2. 足球计分和评定名次的方法

(1) 胜一场得3分,平一场得1分,负一场或弃权为0分,按积分决定名次。

(2) 如遇两队或两队以上积分相等,按他们在同一循环赛中的净胜球数决定名次;如再相等,则按同一循环赛中进球总和决定名次;如还相等,可抽签决定名次。如在分组循环赛第二阶段踢成平局,可进行加时赛;如仍平,应以罚点球决定胜负。

3. 排球计分和评定名次的方法

(1) 胜一场得2分,负一场得1分,弃权一场为0分,按积分决定名次。

(2) 如两队或两队以上积分相等,按全赛胜负局比值(胜局总数/负局总数)决定名次,比值高者列前;如再相等,则按全赛总得失分的比值(得分总数/失分总数)决定名次,比值高者列前。

4. 乒乓球计分和评定名次的方法

（1）循环赛按获胜次数决定名次。

（2）如遇两队（人）胜次相同，则按他们之间的胜负决定名次。

（3）如遇两队（人）以上胜次相同，则按他们之间的胜负比率［胜／（胜+负）］决定名次。评定时，先按次数；如相等则按场数；再相等则按局数；仍相等则按分数。

（二）赛后总结

在比赛结束、评出名次后，应及时公布比赛结果，奖励优胜和宣传比赛中涌现的高尚体育道德作风，整理、总结比赛成绩和经验，并报学校存档。赛后工作切忌草率从事。

第二篇

实践篇

第一篇

總 論

第八章 田径

第一节 田径运动概述

　　田径运动起源于人类的生产、生活和军事活动。远古时代，人类为了生存的需要经常出没于崇山峻岭、悬崖峭壁间，天长日久在生活、劳动中逐步形成了走、跑、跳、投的技能。随着社会的发展，这些技能逐渐脱离了原始的活动形式，演变为一种定期的比赛活动。随着阶级的产生和战争的出现，这些技能经过提炼后又成为锻炼士兵的手段和对下一代进行教育的内容，以及竞赛娱乐的方式，形成了田径的雏形，这就是田径运动的基础。

　　田径运动这个名词起源于英国。第一届古代奥林匹克运动会于公元前776年举行，发源地在希腊首都雅典西南的奥林匹克。到公元393年，一共举行了293次。后因罗马帝国入侵希腊后废止了该项运动。

　　1896年在雅典举行了第一届现代奥运会，此后奥运会每4年举行一次。

　　田径运动是由田赛、径赛、公路赛、竞走和越野赛组成的运动项目。

第二节 跑

跑是周期性运动。包括快速跑、耐久跑、马拉松、跨栏跑、接力跑等项目。

一、跑的基本要领

跑从技术分为起跑、起跑后加速跑、途中跑和终点跑四个部分。

跑的基本动作如图8-1所示。

图8-1 跑的基本动作

（一）快速跑技术动作

快速跑技术动作如图8-2所示。

图 8-2 快速跑技术动作

（二）耐久跑与快速跑动作的主要区别

耐久跑与快速跑的主要区别如图 8-3 所示。

图 8-3 耐久跑与快速跑的主要区别

（三）练习方法

（1）跑的专门性练习：小跑步、高抬腿跑、后蹬跑、车轮跑、原地摆臂练习等；
（2）各种距离的中速跑、加速跑、重复跑；
（3）蹲踞式起跑和起跑后加速跑；
（4）听信号做各种姿势的起跑反应练习；
（5）较长距离的越野跑或自然地形跑。

二、接力跑

接力跑是田径运动中由快速跑和传接棒技术组成的集体项目。接力跑技术包括快速跑技术和传接棒技术两部分。接力跑的成绩取决于各棒队员的速度和传、接棒技术以及传接棒队员传接棒的时机。接力跑项目包括男、女 4×100 米和 4×400 米等。

（一）起跑

持棒起跑如图 8-4 所示，接棒人起跑如图 8-5 所示。

图 8-4 持棒起跑　　　　　　　图 8-5 接棒人起跑

（二）传、接棒的方法

传、接棒的方法从传棒队员传棒路线和接棒队员接棒方式的角度分为上挑式、下压式、混合式。如图 8-6 所示。

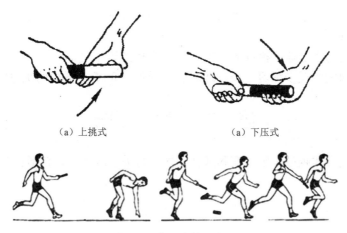

图 8-6 传、接棒的方法

（三）技术要领

起跑时机适宜，加速果断、迅速；接棒人听到传接人信号后，立即做出约定接棒动作及手型；传、接棒人在保持较高跑速的行进中，在适宜的区间内完成传、接棒动作。

（四）练习方法

（1）单人集体听口令做"上挑式"和"下压式"传、接棒练习。
（2）两人配合，集体听口令在原地做"上挑式"和"下压式"传、接棒练习。
（3）四人成队连续在走动或慢跑中，听传棒人信号做"上挑式"或"下压式"传接棒练习。
（4）4×100 米接力跑教学比赛。

三、跨栏跑

跨栏跑是在快速跑的过程中，依次跨过规定数量、有一定高度的栏架以及栏间距离固定的短跑项目。

（一）跨栏跑技术

跨栏包括起跨、过栏和下栏三个部分：起跨腿用前脚掌快速着地起跨；摆动腿积极、果断攻栏；摆动腿过栏后积极下压，迅速向前提拉起跨腿过栏。两臂配合摆动，保持身体平衡，如图 8-7 所示。

图 8-7 跨栏跑技术动作

（二）练习方法

1. 跨栏步技术

走步中做"鞭打"动作；摆动腿的"攻摆"练习；起跨腿的"提拉"练习；原地摆腿过栏练习。

2. 栏间跑技术

跑过不同距离的实心球或横放的栏架；一定距离的若干（3个、4个或5个为一组）组实心球，组与组间做跨栏步练习；步点准确后，做跨过3~5个低栏的练习；全程跑练习。

第三节 跳　　跃

跳跃是以一定方式越过一定高度和远度的体育行为。跳跃项目包括：跳高、跳远、撑竿跳高和三级跳远。

一、跳远

跳远是人体通过快速助跑和积极起跳，采用合理的腾空姿势，使身体腾跃并水平位移一定距离的项目。跳远按腾空姿势分为：蹲踞式、挺身式、走步式。

（一）跳远的技术要领

跳远的技术要领如表8-1所示。

表8-1　跳远的技术要领

助跑	开始姿势：站立式或行进中开始起动。助跑步数12~16步。助跑技术：自然放松、高速度、快节奏，踏板意识强，脚着地动作富有弹性
起跳	助跑最后一步起跳腿积极主动着地，快速上板，先脚跟落地并迅速滚动至全脚掌，上体保持正直，身体迅速前移。并迅速充分地伸展起跳腿，摆动腿约与地面平行，两臂用力上摆
腾空	身体起跳后进入腾空中的姿势，有蹲踞式、挺身式、走步式，但起跳动作基本是相同的
落地	小腿前伸，两臂向体后摆动。脚接触沙面后屈膝，上体前倾
蹲踞式	
挺身式	

续表

走步式	

（二）练习方法

（1）腾空步练习：连续4~6步助跑，腾空后落入沙坑；
（2）原地模仿起跳练习；
（3）短程、全程助跑蹲踞式跳远练习；
（4）短距离助跑挺身式跳远、走步式跳远；
（5）全程助跑挺身式跳远。

二、跳高

跳高是人体通过快速助跑和有力起跳，采用合理的过杆姿势和动作，使身体越过垂直障碍物的运动项目。跳高必须采用单脚起跳的方式。比赛多采用"背越式"跳高。

（一）背越式跳高

人体通过助跑、起跳，以背对横杆的姿势越过横杆的方法叫背越式跳高，技术要领如表8-2所示。

表8-2 背越式跳高技术要领

助跑	首先丈量助跑距离。可采用走步法或先跑直线后跑弧线的方法助跑，直线段助跑加速积极、动作放松。弧线段助跑身体向圆心方向倾斜，步幅开阔，节奏快
起跳	用远离横杆的脚起跳，迈步放脚，身体保持向心倾斜，起跳腿向助跑切线方向插放以全脚掌快速滚动落地。支撑腿蹬伸起跳，摆动腿和两臂同时前上摆，伸展起跳腿
腾空过杆	身体背向横杆，抬头、肩下潜、展腹挺髋、两腿分开、膝放松、小腿自然下垂，身体成背弓形。身体重心移过横杆后，及时含胸收腹、屈髋，使臀部过杆。最后伸膝上举小腿过杆
落垫缓冲	以肩、背落入海绵包缓冲
技术要领	

（二）练习方法

（1）沿直径10米的圆周做加速跑。
（2）圆圈上跑进时，每跑3步或5步做一次起跳动作。
（3）弧线助跑，起跳时用摆动腿同侧臂摸高。
（4）垫上做"桥"。
（5）背对海绵包，做原地挺髋、倒肩练习。
（6）原地双脚起跳，背越过杆。
（7）3~4步弧线助跑、起跳、做"背桥"练习。
（8）做短距离助跑起跳过杆练习。
（9）做全程节奏跑起跳过杆练习。

第四节 投 掷

投掷是人类生产和生活活动中的常用动作。投掷还可以发展人的爆发力和准确性等。田径运动中的投掷项目包括推铅球、投标枪、掷铁饼、掷链球等。

一、推铅球

推铅球技术包括持球、预备姿势、滑步、最后用力与维持身体平衡四个部分。

（一）侧向滑步推铅球

侧向滑步推铅球如表8-3所示。

表8-3 侧向滑步推铅球

持 球	预备姿势
滑 步	最后用力与维持身体平衡

（二）背向滑步推铅球（右手为例）

背向滑步技术包括预备姿势、滑步、最后用力与维持身体平衡三部分，如表8-4所示。

表 8-4 背向滑步推铅球

预备姿势	滑　　步	最后用力与维持身体平衡

（三）练习方法

（1）侧向滑步推铅球：持球向下推，体会手指拨球动作；前抛球、后抛球，体会推铅球的用力顺序；原地侧向推铅球体会身体超越器械动作；徒手或持轻铅球侧向滑步练习（摆、蹬、收、落）；用标准铅球在投掷圈内进行完整技术练习。

（2）背向滑步推铅球：后撤步推球练习；交叉步推球练习；用实心球做各种掷远练习（见侧向滑步部分）；徒手背向滑步练习；持轻铅球做原地背向推铅球练习；用标准铅球进行背向滑步完整技术练习。

二、掷标枪

掷标枪技术由握法、持枪、助跑、投掷步、最后用力与缓冲几个连续动作结合组成。

（一）技术要领

（1）握法。将标枪线把斜放在掌心上，用拇指和中指握在线把末端第一圈上沿，食指自然握在标枪上，无名指和小指握在线把上，如图 8-8 所示。

（2）持枪。多采用肩上持枪，如图 8-9 所示。持枪臂自然放松，持枪于右肩稍高于头，枪尖略低于尾。

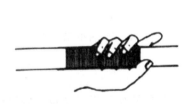

图 8-8　掷标枪握法　　　　　　　　图 8-9　持枪动作

（3）助跑。第一阶段预跑：15~20 米；第二阶段投掷步（五步）：第一步、第二步完成引枪动作，第三步交叉步，第四步投掷步与最后用力的衔接步，第五步缓冲步，如图 8-10 所示。

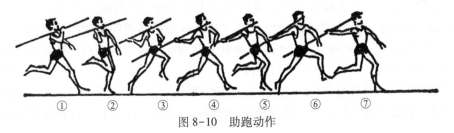

图 8-10　助跑动作

(4）最后用力与缓冲，如图 8-11 所示。

图 8-11　最后用力与缓冲

（二）练习方法

（1）原地侧向投枪。

（2）交叉步投枪。

（3）短程助跑、中程助跑和全程助跑投掷标枪。

三、掷铁饼

目前在比赛中大多采用旋转式投掷技术。旋转式投掷铁饼技术分为持饼及预摆、旋转、最后用力、出饼及缓冲。

第五节　田径比赛规则

田径竞赛是有计划有组织的田径比赛，是学校体育工作的重要组成部分之一。它包括组织工作和裁判工作两大类。

一、田径竞赛的组织工作

田径竞赛的组织工作要有组织、有计划，认真合理地去筹备和组织。包括组织方案、制定竞赛规程、成立组织机构等方面。

二、田径竞赛的裁判工作

田径竞赛的裁判工作是田径竞赛的一个重要组成部分。包括竞赛前准备工作、基本比赛规则以及裁判工作方法等。

（一）赛前准备工作

组织和培训裁判员队伍；召开裁判员工作会议；做好裁判器材和用具准备；做好比赛场地和器材的检查。

（二）基本比赛规则

1. 径赛基本规则

（1）起跑。发令员首先要保证运动员的起跑姿势正确，然后喊一声"各就位"和"预备"，最后发令枪响。400 米及 400 米以下的项目，运动员必须使用蹲踞式起跑，发令员使用"各就位""预备""鸣枪"三个口令；800 米及 800 米以上的项目，运动员是站立式起跑，发令员使用"各就位""鸣枪"两个口令。

（2）计时。计时应从发令枪发出的烟或闪光开始，直到运动员躯干（不包括头、颈、臂、手、脚）的任何部分抵达终点线后沿垂直平面的瞬间为止。手计时和全自动电子计时均是正式的计时方法。凡在跑道上举行的各项人工计时成绩，都要进位换算成 1/10 秒。部分或全部在场外举行的径赛人工计取的成绩应换算成整秒。

（3）跑道规则。运动员在所有短跑比赛、110 米跨栏和 4×100 米接力赛中自始至终都必须留在自己的跑道里；800 米和 4×400 米接力赛起跑是在自己的跑道里，直到运动员通过标志可以串道的分离线才能离开自己的跑道；接力跑时，运动员必须手持接力棒跑完全程，传接棒要在接力区内完成。

（4）犯规。运动员在做好最后预备姿势之后，只能在接收到发令枪或批准的发令装置发出信号之后开始起跑。如果发令员或召回发令员认为有任何人在发令枪或发令装置发出信号之前开始起跑，都将判为起跑犯规。除全能项目外，任何起跑犯规的运动员将被取消该项目的比赛资格。在分道跑的比赛中，运动员应自始至终在自己的分道内跑进，如果有关裁判长确认了一位裁判、检查员或其他人员关于某运动员跑出了自己的分道的报告，则应取消运动员的比赛资格。如果运动员由于受他人的推、挤或被迫跑出自己的分道，不应取消其比赛资格。

2. 田赛基本规则

（1）在远度项目的比赛中，以运动员全部试掷（跳）中之最佳成绩计算名次。遇上最佳成绩相同时，应以次佳成绩定胜负，如此类推。若仍无法定出胜负而又涉及竞逐第一名时，则成绩相同者须依原来顺序进行比赛，直至分出胜负为止。

（2）在高度项目的比赛中，每位运动员在任何高度上都有 3 次试跳机会，如遇请求免跳的运动员，则不准在此高度上恢复试跳，运动员在最后跳过的高度则为运动员的最后成绩。若遇上最佳成绩相同时，以最少试跳次数成功越过最后高度之参赛者应获排较前的位置。如仍未分胜负，则全场比赛中试跳失败次数最少（包括最后跳过之高度）之运动员应获排较前的位置。

（3）有关规定。若田赛运动员无理延误试掷或试跳，便算一次失败，如再次延误比赛，会被取消继续比赛的资格，但之前所创之成绩则仍被承认。在正常情形下，每次试掷或试跳的时间不得超过 1 分 30 秒，当跳高比赛只剩下 2 人或 3 人时，此时限应增至 3 分钟。若只剩下 1 人时，此时限应增至 5 分钟。

（4）田赛项目成绩的记录是以 1 厘米为最小单位，不足 1 厘米不计。

（三）裁判工作方法

裁判是竞赛规则的执行者，也是比赛场上的法官，田径比赛一般需要设总裁判长一名，下设径赛裁判组和田赛裁判组，径赛裁判组包括检查组、计时组、终点组、发令组、检录组。田赛裁判组包括掷部和跳部裁判组。

第九章 排球

第一节 排球运动概述

一、世界排球运动的起源

据史料记载，排球运动于19世纪末始于美国。1895年，美国马萨诸塞州霍利奥克市基督教男子青年会体育干事威廉·摩根（Willian Morgan）认为当时流行的篮球运动过于激烈，于是创造了一种比较温和的、老少皆宜的室内游戏。1896年，美国普林菲尔德市立学校的艾特哈尔斯戴特博士把摩根游戏起名为Volleyball，并沿用至今。1896年在斯普林费尔德体育专科学校举行了世界上最早的排球比赛。1897年，摩根制定了排球比赛规则，它有力地推动了排球运动的发展。1905年排球运动传入中国，1906年一名美国军官约克把排球带到了古巴，1908年传到日本，1910年传入菲律宾。亚洲最早的排球比赛是在1913年在菲律宾马尼拉举行的。1947年，排球运动世界性组织——国际排球联合会成立。随着技术水平的不断提高，规则也逐步完善。1964年排球被列为奥运会正式比赛项目。

沙滩排球在20世纪20年代初在加利福尼亚州圣莫尼卡海滩兴起。1930年，圣莫尼卡举行了第一场双人配合的沙滩排球赛，并形成了现在最普及的打法。1996年沙滩排球首次成为奥运会的比赛项目。

二、我国排球运动发展概况

排球运动在20世纪初就传入我国广东等地。1913年第一次远东运动会；1914年列为全国性比赛项目。1921年女子排球在广东运动会上出现。中华人民共和国成立以后，排球运动和其他运动项目一样，有了较快的发展。下面按排球运动发展的情况和规则演变的规律，分为6个阶段加以叙述。

（1）继承学习阶段（1951—1956年）。主要是继承我国9人排球的技术、战术打法，特别是继承了9人排球的上手传球、大力勾手发球、正面及勾手扣球、快球和快攻等技术、战术。1950年我国男排学习了苏联的高打强攻、倒地防守等技术和"两次球"进攻战术。

（2）探索发展阶段（1957—1965年）。各省、市、自治区队，根据各自的特点，开始发展各自不同的风格和打法。在1959年的第一届全运会上，广东男排发展了快攻，上海男排体现了战术的灵活多变，解放军女排发扬了勇敢顽强的作风，北方各队发展了高打强攻。20世纪60年代初，学习了日本队的训练经验，提出了"三从一大"（从难、从严、从实战出发，坚持大运动量训练）等号召。我国男排创造了"盖帽"拦网的技术和"平拉开快球"

扣球的技术，推动了我国排球运动的发展。

(3) 低潮阶段（1966—1972年）。这个阶段由于我国的排球运动受到10年浩劫的严重干扰，运动技术水平普遍下降，运动队伍出现了青黄不接的现象。

(4) 恢复阶段（1972—1978年）。1972年恢复了排球比赛，建立了漳州排球基地。男排创造了前飞、背飞、拉三拉四的打法；女排发展了快速反击的打法，运动水平有了进一步的提高。

(5) 高峰阶段（1979—1988年）。1979年年底，我国男、女队双获亚洲冠军，并取得了参加奥运会的资格。1981—1986年，我国女排五次荣获世界冠军，实现了中华人民共和国运动员的愿望。

(6) 坦途曲折阶段（1988年至今）。1988年汉城奥运会失利之后，比赛成绩有所影响。男排未进入决赛圈。

第二节　排球运动的基本技术

排球基本技术是指运动员在比赛中采用的各种合理击球动作和为完成击球动作必不可少的其他配合动作的总称。

发球、垫球、传球、扣球和拦网是排球运动中五项完整的击球动作，又称有球技术。凡是没有触及球的各种准备姿势、移动、起跳以及前仆、滚翻、鱼跃、倒地等均为配合动作，或称无球动作。合理的击球动作和配合动作，首先要符合规则的要求，符合人体解剖学和运动生物力学的原理，同时要结合个人的特点。完成动作时要做到协调、轻松、正确、省力，能够充分发挥人的体能和技能，能充分运用时间和空间的变化。

一、准备姿势和移动

（一）准备姿势和移动的作用

准备姿势和移动是排球基本技术之一，是完成发球、垫球、扣球和拦网等各项击球技术的前提和基础。准备姿势的作用是为及时地移动和完成击球动作做好准备。移动的作用是为了及时接近球，调整人与球的位置关系，便于完成击球动作。

（二）准备姿势和移动步法

(1) 准备姿势：准备姿势分半蹲准备姿势、稍蹲准备姿势和低蹲准备姿势三种，如图9-1所示。

① 半蹲准备姿势：两脚左右开立稍比肩宽，一脚在前，两脚尖稍内收，两膝弯曲成半蹲。脚跟稍提起，身体重心稍前倾，两臂放松，自然弯曲，双手置于腹前。身体适当放松，两眼注视来球，两脚始终保持微动。

② 稍蹲准备姿势：稍蹲准备姿势比半蹲准备姿势身体重心稍向前移，两膝弯曲程度小于半蹲准备姿势。动作方法与半蹲准备姿势基本相同。

③ 低蹲准备姿势：两脚左右、前后开立的距离比半蹲准备姿势更宽一些，两膝弯曲的程度更大一些，身体重心更低、更靠前，膝部的垂直线超过脚尖，两手臂置于胸腹之间。

(2) 移动步法：排球比赛中使用最多的是短距离移动。常用的移动步法如下。

① 滑步：当来球距离身体较近、弧线较高时，可采用滑步。其动作方法是向右滑步

图 9-1　准备姿势

时，右脚先向右迈出一步，左脚迅速并上，落在右脚的左面。连续做并步即为滑步。向前滑步时，前脚先向前迈出一步，后脚迅速跟上落在前脚之后，如此连续做。滑步主要用于完成传球、垫球、拦网等。

②交叉步：当来球距身体 2 米左右时，可采用交叉步移动。其动作方法是向右移动时，上体稍向右转，左脚从右脚前面向右迈出一步，右脚再迅速向右迈出一步落在左脚的右边，同时身体向来球方向转动，做好击球前的准备姿势。交叉步主要用于完成防守、一传、拦网等。

③跨步：当来球较低且距身体较近时，可采用跨步。首先向移动方向跨出一大步，同时屈膝，上体前倾，身体重心移至跨出的腿上。跨步可向前、向侧或向侧前方。

④跑步：采用跑步移动时，两臂要配合摆动，应根据来球的方向，边跑边转身。

⑤综合步法：将以上各种步法结合起来综合运用。如跑步之后再滑步，滑步之后再交叉步或跨步等。

（三）学习准备姿势和移动技术注意事项

（1）准备姿势要自然放松，便于及时起动和移动。

（2）准备姿势和移动相结合进行练习。

（3）移动步法要轻松自然，身体重心不能起伏，以免影响移动速度。

（4）以短距离的移动练习为主。

（5）以视觉信号反应进行准备姿势和移动的练习。

（6）准备姿势和移动与其他技术结合进行练习。

二、传球

（一）传球技术在比赛中的作用

传球是排球运动中最基本、最重要的一项技术。它的主要作用是把防起的球传给前排队员进攻。传球的好坏直接影响着全队的战术配合质量，因此，各队越来越重视二传队员的培养。

（二）传球技术的动作方法

（1）正面传球。正面传球可从以下几点加以描述。

①准备姿势：看清来球，迅速移动到球的落点，对正来球，两脚左右开立，约同肩宽，左脚稍前，后脚脚跟稍提起，两膝微屈，上体稍前倾。两臂弯曲置于胸前，两肘自然下垂，

两手成传球手型,眼睛注视来球方向。

② 击球点:击球点在额前上方约一球距离处。

③ 传球手型:当手触球时,手腕稍后仰,两手自然张开,手指微屈成半球状。两拇指相对成"一"字形或"八"字形,两拇指间的距离不能过大,以防漏球,如图9-2(a)所示。

④ 击球用力:当来球接近额前时,开始蹬地、伸膝、伸臂,两手微张迎球,以拇指内侧,食指全部,中指的二、三指节触球的后下部,无名指和小指触球两侧。手触球时,指腕保持适当紧张,以承担球的压力。用手指的弹力、手臂和身体协调的力量将球传出,如图9-2(b)所示。

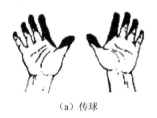
(a) 传球

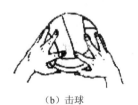
(b) 击球

图9-2 传球、击球手型

（2）背传。向后上方的传球,称为背传。背传的准备姿势比正传时稍直立,身体重心在两脚之间,不要前倾,双手自然抬起,放松置于脸前。当判断一传来球之后,迅速移动到球下,双手抬起,手触球时,手腕适当后仰,掌心向上,在额上方击球的下部。传球时,用蹬地、展腹、抬臂、向后翻腕及手指的弹力把球向后上方传出。

（3）跳传。跳起在空中传球叫跳传。跳传的起跳最好是向上垂直起跳,要掌握好起跳的时间,起跳过早或过晚都会影响传球的质量。根据一传球的高低,及时起跳,两手放在脸前,当身体上升到最高点时,靠伸臂动作和手指手腕的弹击力量将球传出。由于在空中无支撑点,用不上蹬地力量,只有靠伸臂动作将球传出,因此,必须在身体下降前传球出手,才能控制传球力量,如图9-3所示。

图9-3 跳传动作

（4）传球技术中易犯错误与纠正方法如下。

① 传球手型不正确,手型不成半球状,影响传球效果。

纠正方法:

示例一:一抛一接轻实心球,接住时自己检查手型。

示例二：对墙 40 厘米左右连续传球，并不断检查手型。

② 击球点过高或过低。击球点过高是因为传球时两臂近似伸直；击球点过低主要是肘关节过于外展所致。

纠正方法：

示例一：反复做原地抛接球练习，逐渐体会正确手型和正确击球点，练习熟练以后，将球抛离身体，通过快速移动，人至球下将球接住。

示例二：多做自传、平传、平传转自传、自传转平传。

③ 上下肢传球时用力不协调。

纠正方法：

示例一：多做简单抛传动作，体会传球正确动作和全身协调用力。

示例二：传球时固定击球点后，肘关节应自然下垂。

示例三：多观察别人动作，改进自己动作。

④ 传球时臀部后坐，用不上蹬地力量。

纠正方法：讲解协调用力的重要性；一人手压球，另一人做传球的模仿练习。

⑤ 传球时身体后仰。

纠正方法：两人对传，球出手后，立即用手触及地面。

⑥ 传球时有推压或者拍打动作。

纠正方法：多做原地自传或对墙传球，增加指腕力量，体会触球感觉。

⑦ 背传翻腕太大，身体过多后仰。

纠正方法：自传中穿插背传，距墙 3 米左右，自抛自做背传练习，近距离背传过网。

⑧ 起跳过早或过晚。

纠正方法：多做跳起接球练习。

⑨ 侧传时身体侧倒太大。

纠正方法：多做三人三角传球，有意练习侧传。

（5）传球技术的运用。传球技术在比赛中的运用主要体现在二传。所谓二传是把一传接起来的球传到网前一定的高度，供其他队员扣球进攻。由于来球的方向不定，又对传出球的落点要求较高，因此，二传难度大。

① 一般正面二传。一般正面二传是二传中最简单、最常用的技术。这种传球的动作与正面传球基本相同，只是传球前身体不要正对来球，也不要正对传球方向，而要边迎球边转身，将击球点放在靠传球方向一侧，身体随传球动作边传边向传球方向转动。

② 调整二传。将一传不到位、离网较远的球传给扣球队员进攻，这种传球叫调整二传。调整二传与正面传球动作相同。当传球距离较远时，要充分利用蹬地、伸臂和手指手腕等全身协调力量。调整二传时，应注意选择传球的方向，传球方向与网的夹角越小越有利于扣球，尽量避免垂直向网前传球。调整二传球应比一般传球稍高，不要太拉开，这样有利于扣球队员观察和上步扣球。

③ 背向二传。背向二传能充分利用网的全长，增加进攻点，具有很大的隐蔽性、突然性。传球前要移动插到球下，背对传球方向，要明确身体所处的位置及离标志杆的距离。传球时，要利用向后上方展体、抬臂伸肘动作将球传出。

④ 传快球。传出的球弧线低、节奏快，这样的传球叫传快球。传快球主要是依靠手指

手腕的弹击动作和适当的伸臂动作来控制传球力量。要传好快球,二传队员必须主动与扣球队员配合,要根据一传的弧线、速度和扣球队员的助跑速度、起跳时间、击球点的高度和挥臂速度等情况,来决定传球的速度、高度、距离和出手时间,把球主动送到扣球队员手上。

⑤ 传短平快球。传出的球速度快、弧线平,落点距二传手2~3米处,这种球叫短平快球。传球时,击球点应保持在脸前或额前,上体前倾,充分利用伸肘和压腕动作,传出快速的平弧线球。

⑥ 传平拉开球。传出的球速度快、弧线平,落点距二传手6~7米处,这种球叫平拉开球。平拉开传球与短平快传球动作基本相同,但要充分利用蹬地、伸臂、压腕伴随动作将球传出。如果来球低,要稍屈膝,降低重心,使击球点保持在脸前。如来球较高,可采用跳传。传球时,利用伸肘和主动加大屈指、屈腕的力量把传球路线压平。

三、垫球和发球

(一)垫球

1. 正面垫球

正面垫球姿势如图9-4所示。

图9-4 正面垫球姿势

(1)准备姿势:正面对正来球方向,两脚开立稍宽于肩,一脚在前,两脚跟提起,前脚掌着地,两膝弯曲微内收,重心稍前倾,双臂自然弯曲置于腹前。

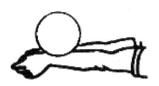

图9-5 手型、击球点和触球部位

(2)手型、击球点和触球部位:当球接近腹前时,两手重叠,掌根靠拢,合掌互握,两拇指平行朝前,手臂伸直,手腕下压,用前臂旋外形成的颊靠近手腕的部分击球后下方。击球点在腹前一臂左右距离,便于控制用力大小并可根据垫球的方向,调整手臂的角度,如图9-5所示。

(3)击球用力:两臂靠拢前伸插入球下,靠手臂上抬力量增加球的力,同时配合趴地跟腰动作,使身体重心向前上方移动。击球时,两臂要形成一个平面,身体和两臂要有自然的随球伴送动作,以便控制球的落点和方向。

垫球时,还应根据来球的力量控制手臂的动作,垫轻球时采用上述动作。垫中等力量的来球时,由于来球有一定速度,因此,垫球时的抬臂动作要小,速度要慢,主要靠来球本身所造成的反弹力将球垫起。垫重球时,应采用收腹含胸的动作,手随来球屈肘、手臂随球后撤,并适当放松,缓冲来球力量,控制垫球的距离。球距离身体稍远、击球点较低时,手臂在缓冲用力过程中,要采用屈肘翘腕的动作把球垫在手腕部位的虎口处。

2. 侧面双手垫球

当球向左侧飞时,右脚前脚掌内侧蹬地,左脚向左跨出一步,左膝弯曲,重心随即移至左脚上,两臂夹紧向左伸出,右肩微向下倾斜,用向右转腰和提左胯的动作,使两臂击球面截住球的飞行路线,垫击球的后下部,如图9-6所示。侧垫时,不要随球伸臂,这样会造成球触臂后向侧方飞出。应使两臂先伸向侧方截击来球,还应注意两臂不要弯曲,以保持手臂击球,颊避免因手臂动作影响垫球效果。

图9-6　侧面双手垫球姿势

3. 背垫球

背垫球就是背向垫出球方向,从体前向背后的垫球。当球飞出较远而又无法进行正面调整传球时,或第三次被动击球过网时采用。背垫时,判断好球的飞行方向,先要迅速移动到球的落点处,背对出球方向,两臂夹紧伸直,插在球下。击球时,蹬地抬头挺胸,展腹后仰,直臂向后上方摆动抬臂。在背垫低球时,也可以有屈肘、翘腕动作,以虎口处将球向后上方垫起。

4. 跨步垫球

队员向前或向体侧跨一步的垫球称跨步垫球。跨步垫球主要运用在接发球和防守中。

(1) 前跨垫球:当来球低而远时,看准来球落点,向前跨出一大步,屈膝深蹲,重心落在跨出腿上,上体前倾,臀部下降,两臂前伸插入球下,用前臂垫击球的后下方,如图9-7所示。

图9-7　跨步垫球姿势

74

（2）侧跨垫球：当来球至右侧时，右脚向右侧跨出一大步，屈膝制动，重心移至跨出腿上，上体前倾，臀部下降，两臂插入球下，用前臂垫击球的后下部。

5. 单手垫球

当来球低、速度快、距离远，来不及用双手垫球时，可采用单手垫球方式。这种垫球动作快，手臂伸得远，可扩大控制范围，但由于手臂击球面积小，不容易控制球。当球在右侧向右跨出一大步，上体向右倾斜，重心移至右腿上，右臂伸直，自右后方向前摆动。用前臂内侧、掌根或虎口处垫击球后下部。

6. 易产生错误及纠正方法

（1）击球时屈肘，两臂并不拢。原因是动作概念不清楚。

纠正方法：

示例一：徒手模仿练习。压其手腕做双臂上抬练习，体会抬臂用力动作。

示例二：多击固定球练习。

示例三：自垫。要求直臂向上抬。

（2）移动慢，对不正来球，击球点不在两臂之间。原因是概念不清，注意力不集中，动作过度紧张。

纠正方法：

示例一：做移动的模仿练习。做集中注意力，提高起动意识的练习。

示例二：对墙自垫，或向上自垫。

示例三：做好准备姿势，由另一人向他手上抛球，让他向前垫，使其对正来球。

示例四：抛来不同角度、不同距离的球，要求判断移动对准球击球进行练习。

（3）两臂用力不当，蹬腿抬臂分解，身体不协调。原因是动作不熟练，身体协调性差。

纠正方法：

示例一：离墙4~5米的对墙自垫或向前移动的自垫。

示例二：接不同弧度的来球，垫到规定的目标。

示例三：利用固定球进行垫球动作的练习，来体会协调用力。

（4）垫击球的时间不准。原因是垫击球的时间过早或过晚。

纠正方法：

示例一：多做有信号的垫击练习，也可一人在身旁帮助掌握时机，加以体会。

示例二：多做垫固定球找垫击点的练习，两人一组一抛一垫，互相纠正垫球练习。

示例三：结合球对墙有抬臂角度的垫击练习，认真体会击球时机。

（5）侧面垫球时容易使球垫飞。原因是没有形成迎击球的斜面。

纠正方法：

示例一：多做徒手向左右两侧伸臂的练习，并随时检查迎击球的平面是否合适。

示例二：多做快速平球的截击侧面垫球练习。

（6）背垫球用力不协调，击球不准。原因是下肢没蹬地，全身用力不协调，击球部位不准。

纠正方法：

示例一：模仿练习。反复体会背垫球技术动作要领，使全身用力协调、连贯。

示例二：击固定球练习。反复体会动作要领，认真对准击球部位，做背垫球击球动作。

示例三：教师抛球，学生做背垫球练习。要求动作规范，随时指导，纠正。

7. 垫球技术的运用

垫球技术在比赛中主要运用于接发球、接扣球和接拦回球等。

（1）接发球垫球：接发球垫球是比赛的重要环节，是组织一攻的基础。比赛中接发球主要采用正面双手垫球，但根据各种发球的性能不同，接发球的动作方法稍有不同。

① 接大力发球：大力发球的特点是力量大、速度快、球旋转力强，但球运行轨迹较固定，容易判断。接这种球时，要对准来球，迅速降低身体重心，手臂插入球下保持不动，让球自己弹起。如击球点低时，也可用翘腕动作击球。

② 接飘球：飘球的特点是飞行速度快、不旋转、飞行轨迹飘忽不定，接发球时很难判断球的落点。接这种球时，首先要判断好来球落点，快速移动取位，对准来球，主动伸臂插入球下击球。击球时，要配合蹬地、提肩、送臂的全身协调力量将球击出。

③ 接侧旋球：侧旋球的特点是球的飞行轨迹呈弧线，落点偏向旋转方向一侧。接这种球时，要快速移动，对正来球，重心要靠向球旋转飞行的一侧，用前臂控制球的旋转方向。如接左侧旋球，要靠向右侧，右臂抬，以便截住球向右侧的飞行路线，控制球的反弹方向。

④ 接高吊球：高吊球的特点是弧线高，球从空中垂直下落，速度快。接这种球时，首先要判断好球的落点，两臂要向前平伸，等球下落到胸腹间再垫击，击球点不要太低。击球时，抬臂动作要适当，主要靠球自己的反弹力量将球击出。

（2）接扣球垫球：接扣球是防守反攻的基础，防守反攻又是得分的主要手段。比赛中接扣球的次数最多，根据来球不同，接扣球防守动作也有所不同。

① 接重扣球：采用半蹲或低蹲准备姿势，两手臂放在腹前，手型和正面垫球相同，只是击球时的动作有所不同。要利用含胸收腹动作，帮助手臂随球屈肘后撤，并适当放松以缓冲来球力量，以手臂和手腕动作控制垫球的方向和角度。如击球点稍高并靠近身体时，同样可用前臂垫击；如击球点较低又距离身体较远时，可利用屈肘翘腕的动作把球垫在手腕部位的虎口处。

② 接轻扣和吊球：已做好接重扣球的准备姿势，当对方突然改用轻扣和吊球时，往往来不及向前移动，这时可采用原地前扑垫球或鱼跃垫球。

③ 接快球：快球因速度快、线路短，一般落点靠前。取位应适当靠前，重心要降低，手臂不要太低，要做好高球挡、低球垫的准备。

④ 接拦网触手的球：拦网触手的球，由于改变了原来的扣球路线、方向，落点变化不定。接这种球时，要做好向各个方向移动的准备，根据来球的高低、远近，采用不同的击球手法。

（3）接拦回球：接拦回球也叫"保护"。拦回球的落点多数在扣球人附近，因此，取位应适当靠前场区，采用低蹲姿势，手臂插入球下，接球的动作要小，以翘腕或屈肘抬臂动作将球垫起。

（二）发球

1. 正面下手发球

这种发球动作简单易学，但球速慢、力量小、攻击性较弱，适用于初学者，如图9-8所示。

图 9-8　正面下手发球姿势

（1）准备姿势：发球前，面对球网，两脚前后开立，左脚在前，两膝微屈，上体前倾，重心偏后脚，左手持球于腹前，右臂自然下垂。

（2）抛球：左手将球平稳地抛在体前右侧，离手一球多的高度。

（3）在抛球的同时，右臂伸直，以肩关节为轴向后摆动。击球时，右腿蹬地，身体重心随着右手向前摆动前移，在腹前用掌根击球的后下部。重心随击球动作前移，迅速进场比赛。

2. 正面上手发球

这种发球由于面对球网站立，便于观察对方，容易控制球的落点，如图 9-9 所示。

图 9-9　正面上手发球姿势

（1）准备姿势：面对球网站立，两脚自然开立，左脚在前，左手持球于体前。

（2）抛球：左手将球平稳地垂直抛于右肩的前上方，高度适中，抛球的同时，右臂抬，并屈肘后引，肘与肩平行，手掌自然张开，上体稍向右侧转动，抬头、挺胸、展腹、身体重心移到右脚上。

（3）挥臂击球：击球时，利用蹬地上体向左转动，迅速收腹带动手臂向前上方挥动，伸直手臂在右肩前上方的最高点，用全手掌击球的后中部。手触球时，手指自然张开与球吻合，手腕要迅速向前做推压动作，使击出的球呈上旋飞行，如图 9-10 所示。击球后，随重心前移，迅速进场比赛。

3. 正面上手飘球

这种发球不旋转，但球不规则地向前飘晃飞行，使接发球队员难以判断球的飞行路线和落点。这种发球由于面对球网站立，便于观察对方，控制发球方向。上手发球的成功率高，攻击性强，在各种水平的比赛中普遍采用，如图 9-11 所示。

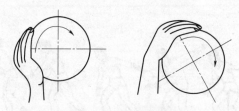

图 9-10 挥臂击球手型

图 9-11 正面上手飘球姿势

（1）准备姿势：同正面上手发球，但抛球的高度稍低并靠前。

（2）抛球：同正面上手发球，但抛球的高度稍低并靠前。

（3）挥臂击球：击球时，利用蹬地，向左转体和收腹的力量，带动手臂向前做直线运动，身体重心随之从右脚过渡到左脚。手触球时，五指并拢，手腕稍后仰，用掌根颊击球后中下部，作用力通过球体重心。击球瞬间，手指手腕保持紧张，手型固定，用力要突然、短促。击球结束，手臂要有突停动作，如图 9-12 所示。击球后，迅速进场比赛。

图 9-12 挥臂击球手型

4. 勾手发飘球

这种发球与正面上手发飘球一样，发出的球不旋转而在空中飘忽不定，给接球队员造成错觉，同样具有较强的攻击性。发球队员由于侧面站立，可充分利用腰部扭转带动手臂加速挥动，如图 9-13 所示。这种发球比较省力，但动作较复杂。

图 9-13 勾手发飘球姿势

（1）准备姿势：左肩对网，两脚自然开立，左手持球于体前。

（2）抛球：将球平稳地抛在左肩前上方约一臂多高。抛球的同时，上体顺势向右倾，身体重心右移，右臂自然向侧后摆动。

（3）挥臂击球：击球时，右脚蹬地，上体向左转动发力，身体重心向左脚偏移，同时带动伸直的手臂向左上方挥动，手臂做直线运动。手触球时，五指并拢，手腕稍后移，并保持紧张，用掌根或半握拳击球的后中下部。击球用力短促、突然，并通过球的重心。击球后，迅速进场比赛。

5. 勾手大力发球

这种发球力量大、速度快、弧线低、球的旋转力强，如图9-14所示。

图9-14　勾手大力发球姿势

（1）准备姿势：左肩对网，两脚自然开立，两膝微屈，左手持球于体前。

（2）抛球：左手将球平稳地抛在左肩前上方约一臂高度，抛球的同时，两腿弯曲，上体向右倾斜，重心移至右脚上，右臂向右侧后方摆动。

（3）挥臂击球：随着右腿用力蹬地，利用转体动作带动手臂做直臂弧形挥动，在右肩前上方手臂的最高点击球。击球时，手指自然张开抱住球，利用手腕的推压动作，用力击球的后中下部，使球向前上旋飞行。

6. 跳发球

跳发球是利用助跑起跳在空中击球的一种发球方法。这种发球可提高击球点，加大发球力量，增强发球的攻击性。

队员面对球网，距端线3~4米处站立。利用双手或单手将球抛向前上方，抛球的高度可根据自己的起跳高度而定。抛球的同时向前助跑（两步或三步）起跳，利用收腹转体动作带动手臂挥动，在身体升至最高点时以全手掌击球的中下部。击球时，手腕要有推压动作。

四、扣球和拦网

（一）扣球

1. 正面扣球

正面扣球是扣球中的一种基本方法。正面扣球应面对球网，便于观察，准确性较高，运动员可根据对方防守布局，随时改变扣球路线和力量，有利于控制击球落点，因而是最好的进攻方法。

（1）准备姿势：站在离网 3 米左右处，两脚自然开立，两膝微屈，上体稍前倾，两臂自然下垂，观察二传来球，随时准备向各个方向助跑起跳。

（2）助跑：助跑是为了获得一定的水平速度，增加弹跳高度，并且选择适当的起跳点。助跑的时机、方向、步法、速度、节奏是根据来球的方向、速度和弧线来决定的。因此，要全面熟练掌握一步、两步、三步及多步助跑的步法。

以两步助跑为例，助跑时，左脚先向前迈出一步，接着右脚再迅速跨出一大步，左脚及时并上，落在右脚侧前方，两脚尖稍内收准备起跳。

助跑的第一步要小，目的是对正上步的方向，使身体获得向前的水平速度，第二步要大，目的是接近球和提高助跑的速度，右脚落地支撑点在身体重心之前，有利于制动。

（3）起跳：在助跑跨出最后一步的同时，两臂绕体侧向后引，左脚在落地制动的过程中，两臂自后积极向前摆动，随着双腿蹬地向上起跳，两臂配合起跳用力上摆，如图 9-15 所示。

图 9-15 起跳姿势

（4）空中击球：起跳后，挺胸展腹，上体稍向右转，右臂向后上方抬起，身体成反弓形。挥臂时，以迅速转体、收腹动作发力，依次带动肩、肘、腕各部位关节成鞭甩动作向前上方挥动。击球时，五指微张成勺形并保持紧张，用全手掌包满球，以掌心为击球中心，击球的后中部，同时主动用力屈腕屈指向前推压，使扣出的球加速上旋。击球点在起跳和手臂伸直最高点的前上方，如图 9-16 所示。

（5）落地：空中完成击球动作后，身体自然下落，为了避免腿部负担过重，应用双脚的前脚掌先着地，同时顺势屈膝，缓冲身体下落的力量。

2. 快球

快球是扣球队员在二传传球前或传球同时起跳，并迅速把球击入对方场区的扣球方法。快球是我国传统的打法，它的特点是速度快、突然性大、牵制能力强，有利于争取时间和空间，达到突然袭击的目的。

（1）近体快球：在二传队员附近约 50 厘米处扣的快球，叫近体快球。近体快球主要是进攻速度快，常常使对方来不及拦网和防守。近体快球不但进攻效果好，而且具有较强的掩护作用，是副攻手必须掌握的技术。

图 9-16　空中击球姿势

近体快球的助跑路线一般同网的夹角保持在 45°左右为宜，助跑时要随一传传出的球同时到网前，当球落在二传队员手上时，扣球队员应在二传手体前约一臂距离处迅速起跳，快速挥臂，将刚传出网口（球网上沿）的球扣过网。击球时，利用含胸收腹动作带动前臂和手腕迅速挥动，以全手掌击球的后上方，如图 9-17 所示。

图 9-17　近体快球姿势

（2）半快球：半快球是在二传队员附近起跳，扣超出网口两个半球高度的球。半快球比一般扣球速度快，比快球速度慢，队员可利用高点看清对方拦网者的手，以便改变扣球手法和扣球路线。半快球的助跑路线一般同球网夹角呈 45°左右，起跳一般在二传出手后快速跳起。击球动作与近体快球基本相同，主要利用前臂和手腕加速甩动去击球。

（3）短平快球：扣球队员在二传手体前 2 米左右，扣二传队员传过来的平快球，叫短平快。这种球由于速度快、弧线平，因而进攻节奏快，在网上进攻点多，有利于避开对方拦网，具有较强的牵制和掩护作用。扣短平快球的助跑路线与球网的夹角应小于 45°，要在二传出手的同时起跳，在空中挥臂截击平飞过来的球。击球时，要迅速地以含胸动作带动前臂和手腕加速挥动，以全手掌击球的上方。可根据对方拦网手臂的位置，在球平飞过程中寻找击球点。

（4）平拉开扣球：扣球队员在 4 号位标志杆附近，扣二传队员传来的长距离的平快球。这种扣球，二传球弧线低而平，飞行速度快，因而进攻的突然性大，进攻区域宽，容易摆脱

81

对方的集体拦网。平拉开扣球的助跑路线应采用外绕助跑,在二传球出手后,在标志杆附近起跳,在空中截击球。击球动作与短平快扣球基本相同。根据击球部位的不同,可扣出小斜线球或直线球。

(5)调整快球:在一传不到位、离网较远时,二传把球调整到网口进行快球进攻,叫调整快球。调整快球要根据二传的位置和传球的方向、出手的时间,选择好助跑的角度、路线和起跳时间。应边助跑边观察,助跑的路线与球网的夹角要小,以便观察球的飞行路线和落点,使起跳点与二传球的飞行路线形成交叉点。起跳时,左肩斜对网,右臂随来球顺势向前追击球。击球时,利用含胸收腹动作,带动手臂向前上方挥动,以全掌击球的后上方。手触球时,手腕要有明显的推压动作,使球上旋。

3. 自我掩护扣球

自我掩护扣球是扣球队员用扣各种快球的假动作来掩护自己第二个实扣的半高球进攻。这种扣球有"时间差""位置差"和"空间差"三种。

(1)"时间差"扣球:扣球队员做扣快球或短平快球的助跑和摆臂起跳动作,但实际并不跳起,以欺骗对方拦网队员起跳,在拦网队员下落时,再迅速原地起跳扣半高球或弧线低的球,造成自己扣球与对方拦网时间上的明显差异,这种扣球称为"时间差"扣球。"时间差"扣球运用的关键在于假动作要逼真,为了骗取对方拦网队员起跳,有时可把摆臂起跳动作做得夸大逼真一些。

(2)"位置差"扣球:扣球队员在助跑后假做起跳,但并不跳起,待对方拦网队员起跳时,扣球队员突然向体侧跨出一步,用双脚或单脚起跳扣球,造成自己扣球与对方拦网位置上的明显错位,这种扣球称为"位置差"扣球,也称"错位"扣球。

"位置差"扣球的变化很多,常用的有:短平快球向3号位错位扣,近体快球向2号位或3号位错位扣,背快球向2号位错位扣等。

① 短平快球向3号位错位扣:扣球队员假做扣短平快球助跑,但助跑后不起跳,等对方队员起跳拦网时,扣球队员突然向右侧跨步起跳扣近体半快球。若采用单脚错位起跳时,在假跳动作之后,左脚向右跨出一大步起跳,右腿积极向上摆动配合起跳,并向左转体挥动手臂击球。

② 近体快球向2号位错位扣:扣球队员假做扣近体快球助跑,助跑后不起跳,等对方队员起跳拦网时,扣球队员突然向右跨步到二传手身后起跳扣背传半高球。若采用单脚错位起跳时,在假跳动作之后,右脚先向二传手侧面跨出一大步,左脚再向二传身后跨步起跳,右腿积极向上摆动配合起跳,同时向左转体挥动手臂击球。

③ 近体快球向3号位错位扣:扣球队员假做扣近体快球助跑,助跑后不起跳,等对方队员起跳拦网时,扣球队员突然向左侧跨出一步起跳,扣弧线稍高、速度稍慢的短平快球。

④ 背快球向2号位错位扣:扣球队员假做扣背快球助跑,助跑后不起跳,等对方队员起跳拦网时,扣球队员突然向右侧跨步起跳,扣背传低平球。若采用单脚错位起跳,在假跳动作之后,左脚向右跨出一步起跳,右腿积极向上摆动配合起跳,并向左转体手臂击球。

(3)"空间差"扣球:扣球队员利用助跑的向前冲跳技术,使身体在滞空中有一个位移过程,将起跳点和击球点错开的扣球,称为"空间差"扣球,也称空中移位扣球和冲飞扣球。它是中国运动员创新技术。这种扣球不仅速度快，而且有较强的掩护作用。

常用的"空间差"扣球有：前飞、背飞、拉三、拉四等。

① 前飞：队员假打短平快球，突然利用向前冲跳，"飞"到二传手前扣半高球，这种扣球叫"前飞"，如图 9-18 所示。

图 9-18　前飞姿势

助跑右脚起跳的前飞扣球，助跑路线与球网的夹角很小，接近顺网助跑，右脚最后一步前脚掌着地，身体重心仍继续前移，左脚跟着落在右脚之前 60~80 厘米处，有明显的制动动作。踏跳同时，两臂由后经体侧用力向前上方摆动，随之右脚先蹬离地面，左脚再蹬离地面，由于起跳动作的向前冲力，使身体腾空后有明显的位移，当身体接近球时，已摆脱了对方的拦网。击球时，利用向左转体和收胸动作带动手臂挥动击球。

助跑单脚起跳的前飞扣球，可以充分利用助跑速度，加速助跑的最后一步跨出左脚蹬地，同时右腿和两臂配合向前上方摆动，使身体向前上方冲跳。击球时，利用向左转体动作带动手臂挥动击球。击球后，双脚同时落地，以缓冲身体下落的力量。

② 背飞：扣球队员假打近体快球，突然冲跳飞二传手背后标志杆附近和背传平快球，这种扣球叫"背飞"，如图 9-19 所示。

图 9-19　背飞姿势

背飞扣球的动作与前飞相同，只是步点在二传手的体侧。击球时，在空中有随球飞行的感觉，击球区域较宽，可选择有利的突破口。

③ 拉三：队员按扣近体快球助跑，而二传手将球向 3 号位传得稍拉开一些，扣球队员侧身向左起跳追球，在左前方扣快球，这种扣球叫"拉三"扣球。

拉三扣球的助跑起跳，右脚要有意识地踏在靠右侧一点，身体重心随之向左倾斜，两脚用力向右下方蹬地，使身体向左上方腾起，利用向左转体、转腕动作，将球从对方网手右侧击过网。

④ 拉四：队员在扣短平快球的位置上起跳，而二传手将球向 4 号位传得拉开一点，

83

扣球队员侧身向左起跳追球，在左侧前方扣短平快球。起跳方法和扣球动作与"拉三"相同。

（二）拦网技术

1. 准备姿势

面对球网，两脚平行开立约同肩宽，距网30~40厘米，两膝微屈，两臂自然弯曲置于胸前。随时准备起跳或移动。

2. 移动

为了对准对方进攻点，拦网队员需要及时移动。常用的移动步法有以下几种。

（1）并步移动：这种移动适合于近距离使用。动作方法是单脚向右（左）迈一步，另一脚并步靠拢，如图9-20所示。

图9-20 并步移动

（2）滑步移动：相距2米左右可采用滑步移动，连续的并步移动即是滑步。

（3）交叉步移动：这种移动速度快，制动能力强，移动范围大，适用于中、远距离。动作方法是：向右移动时，身体稍向右转，重心移向右脚，接着左脚从右脚前面向右交叉一大步，然后右脚再向右边跨出一步，右脚落地时，脚尖内转，使两脚平行站立，身体正对球网。移动时，也可右脚先向右迈一小步，其他动作与上述相同，如图9-21所示。

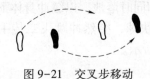

图9-21 交叉步移动

（4）跑步移动：移动距离较远时采用。动作方法是：向右移动时，身体先向右转，左肩对网，顺网跑至起跳点时，左脚跨出一步制动，右脚再向前迈出一步，同时脚尖内转，尽量和双脚保持平行，接着屈膝起跳。

3. 起跳

起跳时，重心降低，两膝弯曲，弯曲程度因人而异，两脚用力蹬地，两臂在体侧划小弧用力上摆，带动身体向上垂直起跳。起跳后稍收腹，控制身体平衡。

拦网起跳的时间必须掌握好，应根据对方二传球的高低、远近、快慢以及扣球队员的起跳时间和动作特点来决定。拦高球时，一般应比扣球队员晚跳；拦快球时，可以和扣球队员同时起跳或提前起跳。

4. 空中击球

起跳同时，两手从额前贴近并平行球网，向网上沿的前上方伸出，两臂伸直，前臂靠近网，两手肘伸向对方上空接近球，两手自然张开，屈指屈腕呈"勺"形。两手之间距离不能超过一个球，以防止球从两手间漏过。当手触球时，两手要突然紧张，手腕要用力下压盖住球的上方。站在靠近边线的拦网队员，为了防止对方打手出界，外侧手掌心在拦击球时要内转。

拦远网扣球时,要尽量向上伸直手臂,不要采用压腕动作,以提高拦击点,如图9-22所示。

图9-22 拦远网扣球姿势

5. 落地

如已将球拦回,则面向对方,屈膝缓冲,双脚落地。如未拦到球,在身体下落时要随球转身向着球飞出的方向准备做接应救球。

6. 拦网的判断

判断是拦网技术的关键环节,在拦网的全过程中都要贯穿着判断能力。应从以下几个方面进行判断:判断对方的战术打法;判断对方一传情况;判断对方二传的方向、弧线、速度和落点;判断对方扣球队员的助跑方向、起跳的时间以及起跳后人与球的关系和空中挥臂击球动作。同时,还要判断对方扣球队员的个人技术特点。

7. 集体拦网的配合

集体拦网有双人拦网和三人拦网。集体拦网的目的是扩大拦网的截击面。集体拦网除按个人拦网技术的要求外,更重要的是拦网队员之间的配合。集体拦网配合时应注意以下几个问题。

(1) 集体拦网要确定以谁为主,密切协同配合,防止各行其是。

(2) 主拦队员确定拦网中心,配合队员要及时选好起跳点,起跳时应避免互相冲撞和干扰。

(3) 起跳后,手臂在空中要保持适当距离,尽量扩大拦击面,但手与手之间距离不要过大,以免造成漏球。

(4) 不同身高的队员要加强起跳时间的配合,一般来说,高个子队员起跳时间应稍晚于矮个子队员。

(5) 把身材高、弹跳力强、拦网好的队员换到3号位或换到对方扣球威力大的位置上,以加强本方拦网的威力。

第三节　排球运动的基本战术

一、集体战术

集体战术是指两个或两个以上队员之间有组织、有目的的集体协同配合,任何集体进攻战术的变化都建立在进攻阵形和进攻打法的基础之上。

（一）进攻战术

1. 进攻阵形

进攻阵形,就是进攻时所采用的基本阵形。合理地选择进攻阵形是各种进攻变化的基础。

（1）中二传进攻阵形及其变化。中二传是指由一名前排或后排队员在前排中间位置做二传，其他队员参与进攻的阵形。中二传进攻阵形是最基本的进攻阵形，其特点是二传队员在中间，一传容易到位，战术可简可繁，适合不同战术水平的球队。其站位及其变化如下。

大三角站位，如图 9-23 所示。

五边形站位，如图 9-24 所示。

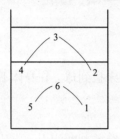
图 9-23　大三角站位

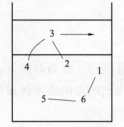
图 9-24　五边形站位

这是最基本的站位方法，其变化主要以 2 号、4 号位进攻为主，辅以后排进攻等。

换位成中二传进攻阵形，如图 9-25 所示。

插上成中二传进攻阵形，如图 9-26 所示。

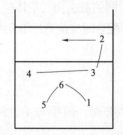
图 9-25　换位成中二传进攻阵型

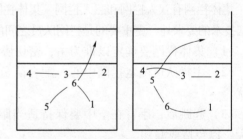
图 9-26　插上成中二传进攻阵形

（2）边二传进攻阵形及其变化。边二传是指由一名前排或后排队员在前排 2 号位做二传，其他队员参与进攻的阵形。边二传进攻阵形也是基本的进攻阵形，其特点是二传队员在边上，对一传的要求较高。折中阵形的战术比中二传进攻阵形变化得多，战术可简可繁，同样适合不同水平的球队。

边二传阵形：2 号位队员站在网前担任二传，3 号、4 号位前排进攻，其他队员参与后排进攻，如图 9-27 所示。

反边二传阵形：4 号位队员站在网前做二传，其他队员参与进攻，如果 3 号位队员是左手扣球，采用这种阵形比较有利，如图 9-28 所示。

换位成边二传阵形：通常采用反边二传换位成边二传。插上成边二传阵形，后排队员都可以插上做二传。如 1 号位队员从 2 号位队员右侧插上成边二传阵形，其他队员分别进行前排或后排进攻，如图 9-29 所示。

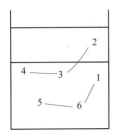 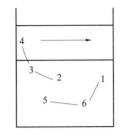 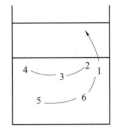

图 9-27　边二传阵形　　　　图 9-28　反边二传阵形　　　　图 9-29　换位成边二传阵形

2. 进攻打法

进攻打法是指二传队员与扣球队员之间所组成的各种配合。

（1）强攻：在无掩护或掩护较小的情况下，主要依靠个人力量、高度和技巧等强行突破对方的拦防。

集中进攻：在 2 号、4 号位组织比较集中的高球进攻，或在 3 号位扣一般高球。这种打法易掌握，也易被拦，适用于初学者或水平较低的球队。

围绕进攻：围绕跑动换位是为了发挥自己的扣球特长，避开对方拦网的有效区域。进攻队员从二传队员前面绕到后面或从后面绕到前面去扣球，称为围绕进攻。

（2）调整进攻：当一传或防起的球不到位，球的落点离限制线较远时，由二传队员或其他队员，把球调整到网前有利于扣球的位置进行强攻的打法称为调整进攻。调整进攻在反击中运用较多，并占有比较重要的地位。

（3）两次攻：当一传接起的球直接垫到了限制线附近，而且比较平稳，适合进攻队员扣球，可以不经过二传，直接进行进攻。

（二）防守战术

（1）接发球阵形。一般采用 1-2-2 阵式主二传突出靠网前，以左右两点（人）进攻为主，后排两点（人）进攻为辅，如图 9-30 所示。该阵式进攻位置清楚，二传给球有规律、易掌握，为大多数所采用。

（2）后排防守阵形。与对方扣球队员相对应位置队员拦网的防守阵形或固定 3 号位队员拦网的防守阵形，如图 9-31 所示。

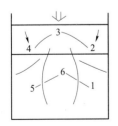 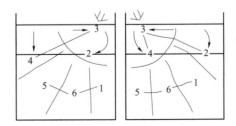

图 9-30　接发球阵形　　　　　　　　图 9-31　后排防守阵形

（3）双人拦网时防守阵形及其变化，如图 9-32、图 9-33 所示。

① 活跟：在对方扣球路线变化多，而且打吊结合的情况下，应采取活跟。

② 后排跟进：根据实际情况，后排 1 号、5 号位跟进。

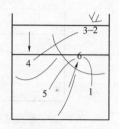
图 9-32 双人拦网时防守阵形

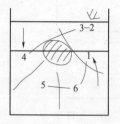
图 9-33 双人拦网时防守阵形变化

二、个人战术

个人战术是队员根据临场比赛的情况，有目的、有针对性地运用个人技术的过程。

（一）发球个人战术

（1）攻击性发球。尽量地发出速度快、力量大、旋转强、弧度平的攻击性发球以及发出轻、重、平冲、下沉等飘度大的飘球。

（2）控制落点的发球。找薄弱区域发球：将球发到对方前区、后区、两个队员之间的连接区、三角地区、一传差的队员。

（3）变化性的发球。突然加快发球的节奏，使对方措手不及或突然放慢发球节奏，如发高吊球，利用球体下落的速度变化，使对方不适应，还可以时而发长线球，时而发短线球，调动对方。

（二）二传个人战术

（1）隐蔽传球。二传队员尽可能地以相似动作，传出不同方向的球，使对方难以判断传球的方向。

（2）高复二传。二传队员在跳起的最高点直臂传球，以提高击球点，加快进攻速度。

（3）选择突破点。根据对方拦网的部署，避开拦网强的区域，选择薄弱环节作为突破口，在局部地区造成以多打少、以强攻弱的优势。

（三）扣球个人战术

（1）路线变化。扣球时，运用转体、转腕动作扣直线、斜线或小斜线的球，避开对方的拦网。

（2）轻重变化。扣球时，重扣强行突破与轻扣打点有机结合。

（3）超手和打手。充分利用弹跳力，采取超手扣球，从拦网队员手的上面突破，还可以利用平扣、侧旋扣球、推打等手法，造成拦网队员的打手出界。

（4）打吊结合。在对方严密的拦网下，先佯作大力扣杀，突然由扣变吊，将球吊入对方空当。

（四）一传个人战术

（1）组织快攻战术。一传的弧度要平、速度稍快，以加快进攻的节奏。

（2）组织两次球进攻战术。一传弧度要高，接近垂直下落，以利于两次进攻或转移。

（3）组织交叉进攻战术。3号、4号位交叉，一传落点要靠近球网中间；2号、3号位交叉，一传点要落在2号、3号位之间。

（4）组织突袭战术。比赛中，如发现对方场区有较大空当或对方队员无准备时，一传可直接用垫、挡等动作将球击向目标区域，突袭对方。

（五）拦网个人战术

（1）假动作。拦网队员可灵活地运用站直拦斜、站斜拦直、正拦侧堵，迷惑对方。

（2）变换手型。拦网队员起跳后，根据进攻队员的动作随机应变地改变拦网手型。

（3）撤手。在发现对方要打手出界或平扣球时，可在空中及时将手撤回，造成对方扣球出界。

第四节　排球比赛规则

一、比赛规则

（一）发球规则

必须在发球区内将球抛起后，用一只手臂将球击出，运动员不得踏出发球区，在8秒内将球发出，发出的球也必须由标志杆组成的网上过网区进入对方场区。

（二）4次击球犯规

一个队连续触球4次（拦网除外）为4次击球犯规。

（三）持球和连击犯规

没有将球击出，使球产生停滞，为持球犯规。同一人连续击球为连击犯规，但拦网时的连续触球以及全队第一次击球时同一动作击球产生的球连续触及身体部位除外。

（四）过网击球犯规

在对方空间触击球为过网击球犯规，但拦网在对方进攻性击球后触球除外。

（五）过中线犯规

比赛进行中队员整只脚和手掌、身体的其他任何部位越过中线接触对方场区，为过中线犯规。

（六）触网犯规

比赛进行中，队员触及9米以内的球网和标志杆、标志带为触网犯规。但队员未试图进行击球而轻微触网和被动触网除外。

（七）拦网犯规

（1）从标志杆外进行拦网并触球。

（2）当对方队员击球前或击球时，在对方场区空间内触球或妨碍对方击球。

（3）后排队员参加拦网并起到拦网作用，包括球触及前排队员。

（八）进攻性击球犯规

（1）后排进攻犯规：后排队员在3米限制区内或踏及进攻线及其延长线，将整体高于球网的球击入对方场区。

（2）过网击球犯规：在对方场区空间内击球。

（3）击发球犯规：在3米限制区内对发来的、整体高于球网的球进攻性击球（如扣发球等）为犯规。

（4）自由人进攻性击球犯规：在3米限制区内用上手传球方式进行二传球，进攻队员将此高于球网的二传球击入对方场区，或自由人在3米线后的场区内将高于球网的球击入对方场区，均为自由人进攻性击球犯规。

二、辅助性体育游戏

（一）喊号接球

只需一个排球就可以。所有学生围成一圈，依次报数，大家记住自己的号。出来一个学生把球垂直往空中抛，同时喊出一个数字，被喊得那个学生马上出来接球，如果接住继续喊别的数字，如果没接住必须把球捡起，其间其他学生可以任意跑动，目的就是不要让捡球的学生捡到球以后打到自己。当捡球的学生捡到球以后，挑选一个目标，用球去打对方，（只要球碰到对方即可）。要是没碰到，则捡球的学生做俯卧撑；被捡球的学生打到的那个学生，做俯卧撑。

全体学生按逆时针行走，1~4报数后，每人记牢自己的数字。当教师喊2时，所有的2数学生立即向前跑去，追赶前面一个2数的同伴，跑一圈后仍回原位。具体规则如下。

（1）追跑时一律在圈外1~2米内进行，不得在圆内或穿梭跑，不得跑向远方。

（2）手触到前者的任何部位都算捉到，但不得对同伴猛击。

要求：不是追赶的学生，仍保持一定距离，不干扰别人追赶。

（二）播种

在排球或篮球的场地上，在两半场内中心处和四角处，画直径为1米的圆圈5个。

小沙包8个，每4个一组分别放在两个中圈内。教师可将学生分成人数相等的两个队，各成纵队面向场内，分别站在两条端线中心点的线外。游戏开始，听到教师发令后，排头跑至中间圆圈拿起1个沙包，用垫步加跨步的跑法把沙包放入1号圈内；然后回到中心圈再拿1个沙包，照前方法将沙包放入2号圈内，以此类推把4个沙包放完后要跑进中心圈再返回本队，拍第2人手后站至队尾。第2人依前顺序依次将沙包一个一个收回中心圈后，跑回本队，全队依次将沙包分开和收回，最后先完成的队获胜。具体规则如下。

（1）沙包必须放入圈内，不准抛掷，如未能放入，必须放好后，才准继续向下进行。

（2）每次拿、放沙包时，必须有一只脚踩到圈内。

（3）换人时，必须在击掌后，第2人才准起动。

（三）蛇战

根据学生的人数，平均分成几个组，使每组有5~10人。每组站成一排，后面的人抱住前面人的腰组成一个整体。游戏开始的命令下达后，各组之间相互混战，如有一组排头抓到另一组蛇尾时，被抓到的一组立刻淘汰出局。最后，没有被抓到尾巴的一组，即是优胜者。

规则：被抓尾巴时，则淘汰出局。蛇腰脱节时，排头抓到另一组排尾无效。

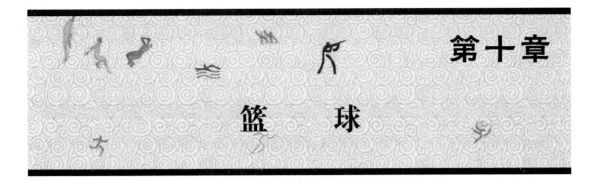

第十章 篮球

第一节 篮球运动概述

篮球运动在学校有着广泛的群众基础,是深受广大学生喜爱的运动项目之一。篮球运动是一项技能类同场对抗的集体运动项目,其基本活动方式是围绕着悬于离地面3.05米、直径0.45米的篮筐,以周长75~78厘米、重为600~650克的球展开空间和时间的争夺,运用多种方法和手段力求将其投中对方篮筐,并极力阻止对方投篮,从而展开激烈的攻守对抗的一项体育活动。

一、篮球运动的起源

1891年冬,美国的马萨诸塞州斯普林菲尔德市基督教青年会训练学校的教师詹姆士·奈史密斯博士,根据学校指示要设计一个冬季可以在室内运动的体育活动。受儿童向桃子筐内投石游戏的启发,詹姆士·奈史密斯发明了篮球游戏。

詹姆士·奈史密斯先生找来了两只桃篮,分别钉在健身房内看台的栏杆上,桃篮上沿距离地面的高度10英尺①(约为3.05米),用足球作为比赛工具,将全队分成两组进行比赛,向篮内投掷,投球入篮得一分,按得分多少决定胜负。以后逐步将竹篮改为活底的铁质球篮,后又在球篮上挂了线网。到1893年,形成了近似现在的篮板、篮圈和篮网。因起初使用的是桃篮和球,遂取名为"篮球"。

经过几次在体育课试验后,1891年12月25日圣诞节之夜,詹姆士·奈史密斯博士将培训班的18名学生分成两队,用足球作游戏工具进行了表演比赛,并把游戏介绍给观众。从此,篮球运动诞生了。

二、篮球的传播与发展

篮球运动产生后,很快传播起来,先是在美国许多地方开展,1892年传入墨西哥,1893年传入法国,1895年传入英国、中国,1896年传入巴西,1897年传入捷克斯洛伐克等国。1904年第三届夏季奥运会在美国圣路易斯举行,美国青年会男子篮球队首次进行了表演。此后,篮球运动逐步在中美洲、亚洲、欧洲和大洋洲开展起来。

篮球运动在向世界传播的同时,美国人不仅极力寻找篮球技术、战术的发展,而且在篮球市场的开拓上进行着尝试和努力。1898年,美国新泽西州特伦顿的一支球队用25美元租

---

① 1英尺=0.304 8米。

用了当地的礼堂进行比赛并向观众售票。赛后队长库伯首先领到 1 美元,然后每名队员都分到了 15 美分。这场"有偿篮球赛"被不列颠大百科全书认定为第一场"职业篮球赛",而库伯则成为第一个从篮球比赛中得到收入的"职业选手"。

1932 年 6 月 18 日在瑞士的日内瓦成立了"国际业余篮球联合会"(简称国际篮联,FIBA),由葡萄牙、阿根廷等欧美的 8 个国家组成,现已发展到 213 个成员国,遍布五大洲。1936 年第十一届夏季奥运会将男子篮球列入正式比赛项目。

1946 年 6 月 6 日,由美国 11 家冰球馆和体育馆的老板们共同发起成立了一个全美篮球协会(Basketball Association of America,BAA)。其目的,一是使体育馆在没有冰球比赛的时候不至于空闲;二是争夺当时由成立于 1937 年的、最好的职业篮球联盟——国家篮球联盟(National Basketball League,NBL)占据的职业篮球市场。BAA 在经营不到两年的时间里终于合并了 NBL,更名为"国家篮球协会"(National Basketball Association,缩写为 NBA)。如今,NBA 已经家喻户晓,风靡世界,无论是 NBA 的技术和战术,还是 NBA 的经营理念都为当今篮球的发展树立了楷模,领导着篮球运动的发展潮流,使篮球运动成为最受人喜爱的体育运动项目之一。

第二节 篮球运动的基本技术

篮球技术是篮球比赛所必需的专门动作方法的总称,它是完成战术配合质量的重要因素。篮球技术分为进攻和防守两大部分。它们包括脚步动作、传球、接球、投篮、运球、突破、防守对手、抢球、打球、断球、抢篮板球等。

一、脚步动作

篮球的基本脚步动作包括以下几种。

(1) 基本站立姿势和起动,如图 10-1 所示。

(a) 基本站立姿势　　　　(b) 向前起动　　　　(c) 向侧起动

图 10-1　基本站立姿势和起动

(2) 跑和跳,如图 10-2 所示。

(3) 急停和转身,如图 10-3 所示。

图 10-2　跑和跳

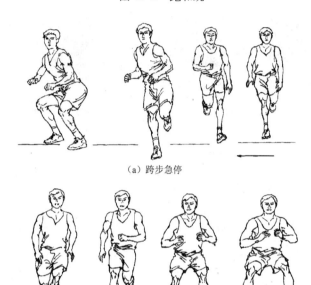

（a）跨步急停

（b）跳步急停

（c）前转身

图 10-3　急停和转身（一）

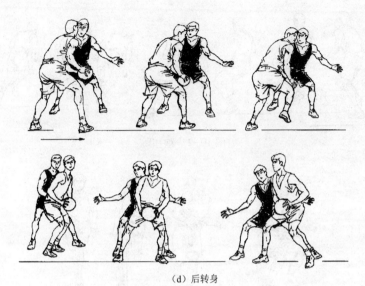

（d）后转身

图 10-3　急停和转身（二）

（4）防守步法：滑步和后撤步，如图 10-4 所示。

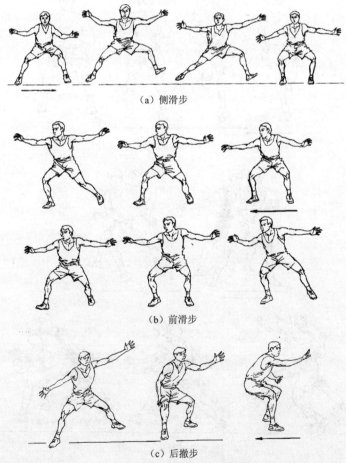

（a）侧滑步

（b）前滑步

（c）后撤步

图 10-4　滑步和后撤步

二、传、接球

篮球双手胸前传、接球是最基本、最实用的传球方法,在高水平的篮球比赛中也比较常用,是学习打篮球必须要掌握的传球技术。

持球时,两手五指自然分开,拇指相对成八字形,如图 10-5 所示,用指根以上部位握球的侧后方,手心空出,两肘自然弯曲于体侧,将球置于胸前。肩、臂、腕肌肉放松,两眼注视传球目标,身体成基本姿势。传球时,如图 10-6 所示,后脚蹬地,身体重心前移,同时两臂前伸,手腕由下向上翻转,同时拇指用力下压,食、中指用力弹拨,将球传出。出球后手心和拇指向下,其余手指向前。

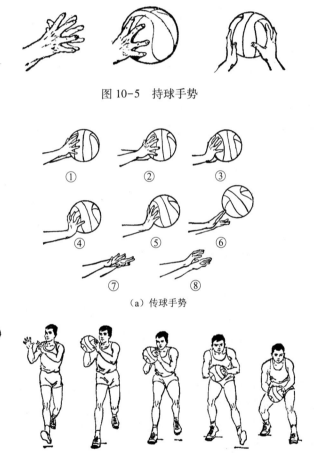

图 10-5 持球手势

（a）传球手势

（b）传球动作

图 10-6 传球

双手胸前传、接球易犯错误和纠正方法如下所述。

易犯错误：在传球时手腕翻腕时,两肘支起。

原因：手腕力量不够,两手用力挤压球。

现象：影响传球的准确性。

纠正方法：增强手腕力量,多做传球练习。

手指戳伤：因手指受到强烈的冲击而产生。

预防方法：要充分地做好手指的准备运动。手指的戳伤，依程度可分5种：扭伤、脱臼、骨折、腱断裂、挫创伤（皮肤裂开）。若发生扭伤，其治疗方法同其他部位的扭伤一样，先进行冷敷，2~3天之后，则在该部位保温，同时按摩。脱臼时要能忍受疼痛，让医疗人员将手指拉直，恢复原状，然后和前法相同处置。至于手指严重的戳伤、骨折、腱所裂则不许乱动，迅速前往医院医治。

三、投篮

投篮的方式多种多样，要提高投篮命中率就必须了解投篮的技术结构，正确掌握投篮技术。在学习投篮技术时，必须注意掌握以下技术要素。

投篮技术动作包括两个方面：其一是投篮时的身体姿势；其二是持球手法。

原地投篮时，要两脚前后自然开立，两膝微屈，上体稍前倾，重心落在两脚之间。这样，既便于投篮集中用力，也利于变换其他动作。移动中接球跳投、运球急停跳投或行进间投篮时，跨步接球与起跳动作既要连贯衔接，又要迅速制动，使身体重心尽快移到支撑面的中心点上，以保证垂直起跳。身体姿势正确就能保证身体重心移动与投篮出手的方向一致，就能保持身体平衡。控制身体平衡是保证出球方向准确的基本条件。

投篮时，无论是单手还是双手，持球时五指都应自然张开，掌心空出，用指根及指根以上部位触球，增大对球的接触面积，以保持球的稳定性，控制球的出手方向原地投篮。

原地投篮是最基本的投篮方法，是行进间投篮和跳起投篮的基础。原地投篮易于保持身体平衡，便于全身协调用力，比较容易掌握。一般在中、远距离投篮和罚球时运用较多。

（一）原地双手胸前投篮

这种投篮虽然出球点较低，但出手前稳定性好，出手力量大，便于与传球、突破相结合，多用于远距离投篮。

双手持球基本同双手胸前传球。两肘自然下垂，将球置于胸前，目视瞄准点。两脚前后或左右开立，两膝微曲，重心落在两脚之间，如图10-7所示。

投篮时，两脚蹬地，腰腹伸展，两臂向前上方伸出，两手腕同时外翻，拇指稍用力压球，食指、中指拨球，使球从拇指、食指、中指指端飞出。球出手后，脚跟提起，身体随投篮出手方向自然伸展。注意：投篮时，蹬伸踝、膝、髋，双手用力均匀，手腕外翻，手指拨球。

图10-7 原地双手胸前投篮

（二）原地单手肩上投篮

由双手持球开始，然后将球引至右肩前上方，右臂屈肘，肘关节稍内收，上臂与肩关节约成水平，前臂与上臂大约成90°。右手五指自然张开，手腕后屈，掌心空出，用手掌外缘和指根以上部位托住球的后下方，左手扶球的左侧。单手肩上投篮时，随着下肢蹬伸和腰腹伸展，投篮臂向前上方抬肘伸臂，最后力量集中到手腕和手指上，由手腕前屈和手指拨球的动作，使球通过食指、中指的指端柔和地飞出。出手后，全身随球跟送，手臂自然伸直，如图 10-8 所示。通常距离越近，身体其他部分用力越小，多以手腕和手指用力为主；投篮距离越远，身体协调用力越大，对手腕、手指调节力量的能力要求也越高。

图 10-8　原地单手肩上投篮

（三）行进间单手肩上投篮

行进间单手肩上投篮又称行进间单手高手投篮，是在比赛中切入篮下时，常用的一种投篮方法。以右手投篮为例，右脚向前跨一大步时接球，接着上左脚蹬地起跳，右腿屈膝上抬，同时双手举球于右肩前上方。腾空后，上体稍后仰，当接近了高点时，向前上方抬肘伸臂，用手腕前屈和手指拨球力量将球投出。跨步一大二小向上跳，节奏要清楚。出手时，腕、指用力要柔和，如图 10-9 所示。

图 10-9　行进间单手肩上投篮

（四）行进间单手低手投篮

行进间单手低手投篮是在快速跳动或运球超越对手后，在篮下的一种投篮方法。它具有伸展距离远和出球平稳的优点。以右手投篮为例，右脚向前跨出一大步的同时接球，左脚跨第二步时用力蹬地向前上方起跳，右腿屈膝自然上提。腾空到最高点，右手五指自然张开，掌心向上，托球的下部，右臂向前上方伸展。接近球篮时，用手腕上挑和手指的拨动，使球向前旋转进入球篮。腾空时身体向前上方充分伸展，举球后保持托球的稳定，腕、指上挑动作柔和协调，如图 10-10 所示。

单手肩上投篮易犯错误和纠正方法如下所述。

易犯错误：单手肩上投篮时手臂容易外展。

图10-10　行进间单手低手投篮

原因：手指手腕力量不好，手腕柔韧度不好。

现象：影响投篮的准确度。

纠正方法：上臂与肩关节约成水平，前臂与上臂大约成90°。右手五指自然张开，手腕后屈，对照镜子多做徒手的投篮模仿练习。

四、运球

（一）高运球

运球时，球反弹的高度在腰、胸之间叫高运球。它是在没有防守队员阻挠的情况下，为了加快向前推进的速度或在进攻中调整进攻速度和攻击位置时，所采用的一种运球方法。上体稍前倾，抬头看前方，以肘关节为轴，用手拍按球的后上方，把球的落点控制在身体侧前方，如图10-11（a）所示。手脚协调配合，使球有节奏地向前运行。注意：手拍按球的部位正确，手脚协调配合。

（二）低运球

运球时，球反弹的高度在膝关节以下的运球叫低运球。当受到对手紧逼或接近防守队员时，常采用这种运球方法保护球和摆脱防守。两膝迅速弯曲，重心降低，抬头看前方，上体前倾，靠近防守队员一侧，用上体和腿保护球，如图10-11（b）所示。同时，用手腕、手指力量短促地拍按球，以便更好地控制球和摆脱防守，继续前进。注意：两膝弯曲迅速，降低重心，上体前倾；拍按球短促有力，手脚协调配合。

（三）运球急停急起

运球急停急起是运球时利用速度的突然变化来摆脱防守的一种方法。多用在对手防守较紧的情况下，在快速运球中突然停止前进，迫使防守队员被动减速停住，趁其重心不稳时，再突然加速起动运球，摆脱防守。运球急停时，用手快速拍按球的前上方，同时，两脚做跨步急停，并转入低运球，用臂、上体和腿保护球，如图10-11（c）所示。运球急起时，后脚用力蹬地，同时拍按球的后上方加速超越对手。注意：拍按球部位正确，停得稳、起得快。

五、持球突破

持球突破是持球队员运用合理的脚步动作与运球技术相结合，快速超越防守队员的一

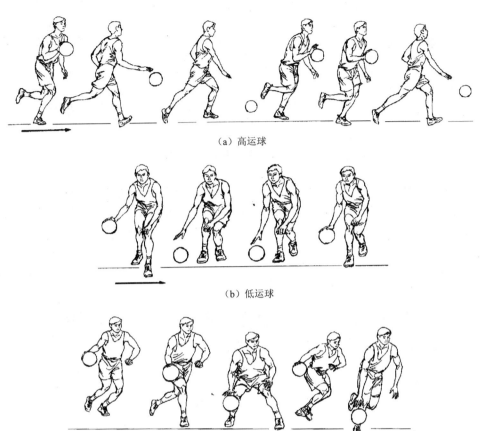

(a) 高运球

(b) 低运球

(c) 运球急停急起

图 10-11 运球

项攻击性很强的进攻技术。在比赛中，及时地把握突破时机，合理地运用突破技术，是直接切入篮下得分的重要手段。持球突破还可打乱对方的防御部署，为同伴创造更多更好的投篮机会。突破若能巧妙地与投篮、传球等结合运用，使突破技术灵活多变，就能更好地发挥突破技术的攻击力。根据持球突破采用的步法，可分为交叉步突破和同侧步突破两种。

(一) 原地持球同侧步突破

原地持球同侧步突破也称顺步突破，如图 10-12 所示，其优点是突破时起动突然，初速度快，但球暴露较多，容易被对手将球打掉。以左脚做中枢脚从防守队员左侧突破为例。突破时，上体积极前倾的同时，右脚迅速向右前方跨一大步，同时上体右转，左肩积极下压。左脚内侧用力蹬地，在左脚离地前，用右手推按球于右脚外侧前方，然后左脚迅速跨步抢位，加速运球超越对手。注意：起动要突然，跨步、运球要快速连贯，中枢脚离地前球要离手。

(二) 原地持球交叉步突破

原地持球交叉步突破这种突破方法的优点是跨步后与防守队员接触面较小，能更好地利用跨步抢位保护球。以右脚做中枢脚从防守队员左侧突破为例。突破时，左脚向左侧前方迈

图 10-12 原地持球同侧步突破

出一小步,把防守队员引向自己左侧的同时,用左脚前掌内侧迅速蹬地,向右侧前方跨一大步,上体稍右转,左肩向前下压,重心向右前方移动,将球推引至右侧,用右手推按球于左脚右侧前方,接着右脚蹬地加速超越对手。注意:积极蹬地,起动突然;转体探肩应与跨步相连;推按球离手必须在中枢脚离地之前;跨步脚尖指向突破方向。整个动作协调连贯,如图 10-13 所示。

图 10-13 原地持球交叉步突破

练习前以胶布(绊创膏、绷带)缠绕脚踝,可预防扭伤。然而最有效的方法是:做脚踝准备操,一脚侧踢球运动,同时也能强化该部位肌肉。若不幸扭伤,先对伤患部位冷敷,再施加适当的压力。冷敷时只可用冰水,加压时则先垫以海绵,再从海绵上方用具有弹性的绷带包扎。

六、防守对手

防守对手,是防守队员合理地运用脚步移动和手臂动作积极抢占有利位置阻挠和破坏对手投篮、传接球、突破等进攻意图以争夺控球权,转守为攻。防守对手包括对无球队员的防守和有球队员的防守。

（一）防无球队员

根据对手、球、球篮，选择有利位置，有球紧，无球松；近球紧，远球松；积极移动，控制对手。

要做到球、人、区兼顾，与同伴协同防守，破坏对方进攻配合，加强防守的集体性。

防守时应以人（各自防守的对手）为主，人球兼顾，时刻注意人、球、对手、篮圈等的方位，随时调整自己的防守位置，并注意协助同伴防守，干扰和破坏自己附近的球和进攻队员。

全队要有良好的配合意识，思想统一，配合默契，前后呼应，行动迅速，积极抢占有利位置，争取在气势上占据主动。

防守无球队员时，以防止或减少对手接球为主，特别要防止对手在有威胁的区域内接球，人球兼顾，及时准备补防和断球。

（二）防守持球队员

首先要防止对手的投篮和突破，干扰其传球。对手运球时，要迫使其向边、角方向移动并使其停球。对手停球后，要立即贴近进行紧逼防守，封堵传球。在整个防守有球队员的过程中，要积极利用抢、打、封、抹、盖等技术和各种假动作，破坏和夺取对方的控球权，如图10-14所示。

（a）打掉原地持球队员手中的球　　（b）打掉运球队员手中的球　　（c）打掉上篮队员手中的球

图10-14　防守持球队员（一）

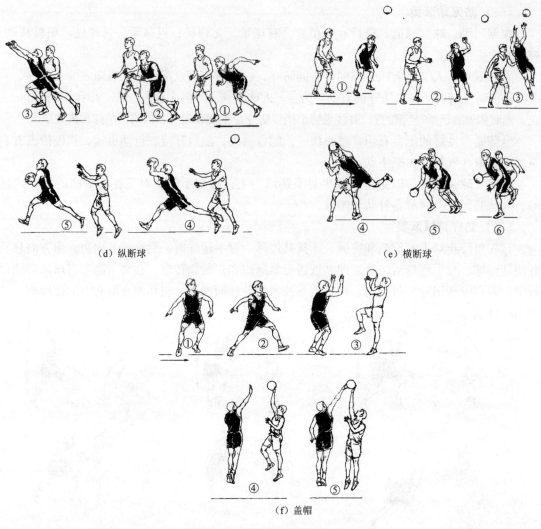

(d) 纵断球　　　　　　　　　　　　(e) 横断球

(f) 盖帽

图 10-14　防守持球队员（二）

七、抢篮板球

抢篮板球分为抢前场篮板球和抢后场篮板球，如图 10-15 所示。抢篮板球时注意以下几点。

（一）抢占位置

要设法抢占在对手与球篮之间的有利位置上。抢进攻篮板球时要判断球的落点，利用各种假动作冲抢；抢防守篮板球时要注意用转身挡人的动作先挡人后抢篮板球。不论抢进攻还是防守篮板球，都要抢占在对手与球篮之间的位置上。

（二）起跳动作

起跳前两腿微屈，重心降低，上体稍前倾，两臂屈肘举于体侧，重心置于两脚之间，注意观察判断球的反弹方向，及时起跳。起跳时两脚用力蹬地，同时两臂上摆，手臂上伸，腰腹协调用力，充分伸展身体，并控制身体平衡。

图 10-15 抢篮板球

(三) 抢球动作

分双手、单手和点拨球。双手抢篮板球时,指端触球瞬间,双手用力握球,腰腹用力,迅速将球拉入胸腹部位,同时两肘外展,以保护球。单手抢篮板球,跳起达到最高点时,指端触球后,迅速屈指、屈腕、屈肘收臂,将球下拉,另一只手扶球护球于胸腹部位。点拨球是在跳起到最高点时,用指端点拨球的侧方、侧下方或下方。进攻抢到篮板球时或补篮或投篮,或迅速传球给同伴重新组织进攻;防守抢到篮板球,或在空中将球传出或落地后迅速传出或运球突破后及时传给同伴。

第三节 篮球运动的基本战术

篮球运动的基本战术是比赛中队员的个人技术的合理运用和全体队员相互协调配合的组织形式和方法。一切战术的目的都是争夺控球权而投篮得分。篮球战术对比赛胜负有重要作用,战术对发挥本队专长、抑制对手之短有积极作用,它可以掌握主动,去争取比赛的胜利。篮球战术基础配合是在篮球比赛中队员两三人之间有目的、有组织、协调行动的简单攻守配合方法。进攻战术基础配合：在篮球比赛中，进攻队员两三人之间有目的、有组织、相互协同行动的配合方法。进攻基础配合包括传切、掩护、策应和突分配合。防守战术基础配合：篮球比赛中两三人之间为了破坏对方进攻配合所组成的简单配合。防守战术基础配合包括挤过、穿过、绕过、关门、夹击、补防和交换防守配合等。

一、进攻战术的基本配合

（一）传切配合

进攻队员之间利用传球和切入技术所组成的简单配合。它包括一传一切和空切配合。切入队员首先要掌握切入时机，根据对方的防守情况，利用假动作摆脱、及时、快速切入篮下，并随时准备接球。传球队员要利用假动作吸引、牵制对手，并采用合理的传球方法及时、准确地将球传出，如图10-16所示。

（二）突分配合

持球队员持球突破后，主动地或应变地利用传球与同伴配合的方法。队员突破时要快速、突然，在突破过程中要随时观察场上攻守队员位置的变化，及时准确地传球。接球队员要把握时机，及时摆脱对手，迅速抢占有利位置接球投篮，如图10-17所示。

图10-16 传切配合

图10-17 突分配合

（三）策应配合

策应配合是指进攻队员背对篮筐或侧对篮筐接球，由他作枢纽，与同伴空切相配合而形成的一种里应外合的方法。策应队员要及时抢位要球，两手持球护于胸前或头上，接球后结合转身、跨步等动作协助同伴摆脱防守或个人进行攻击。外围传球队员要根据策应者的位置和机会，及时准确地传给策应队员，做到人到球到，传球后迅速摆脱对手切入篮下，创造进攻机会，如图10-18所示。

（四）掩护配合

掩护队员采用合理的行动，用自己的身体挡住同伴防守者的移动路线，使同伴借以摆脱防守，或利用同伴的身体和位置使自己摆脱防守的一种配合方法。掩护要符合规则的规定，掩护队员动作要突然，被掩护队员要用假动作吸引自己的防守队员，不让对方发现同伴的掩护意图。掩护时同伴之间的配合时机非常重要，掩护配合时队员配合要默契，注意动作果断，并根据临场变化，争取第二次机

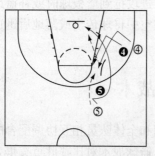

图10-18 策应配合

会，如图 10-19 所示。

图 10-19　掩护配合

二、防守战术的基本配合

（一）夹击配合

两名防守队员有目的地同时采取突然的行动，封堵和围夹持球者的一种配合方法。首先要选择好夹击的位置和时机。运用夹击时，贴近对方身体要适度，不能犯规。

已形成夹击后，其他队员要随时轮转补位，严防对方近球区队员接球，远球区的防守队员要以少防多，选好断球位置，如图 10-20 所示。

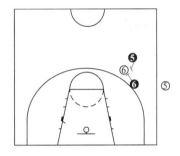

图 10-20　夹击配合

（二）关门配合

两名防守队员靠拢协同防守突破的配合方法。防守队员应积极堵截突破的移动路线，临近突破一侧的防守者要及时向同伴靠拢进行关门，不给突破者留有空隙，如图 10-21 所示。

（三）挤过配合

防守者在掩护队员临近自己时，要积极向前跨出一步，贴近自己的防守对手，从掩护者前面挤过去，继续防住自己的对手。抢过时要贴近对手，向前抢步要及时，动作要突然，防掩护的队员要相互提醒，如图 10-22 所示。

图 10-21　关门配合　　　　　图 10-22　挤过配合

（四）穿过配合

当进攻队员进行掩护时，防守去做掩护的队员要及时提醒同伴并主动后撤一步，让同伴及时从自己和掩护队员之间穿过，以继续防住各自的对手。运用穿过时，要及时提醒同伴并主动让路，调整防守位置和距离，如图10-23所示。

（五）当进攻队员进行掩护时，防守做掩护的队员主动贴近对手，让同伴从自己的身旁绕过，继续防住各自的对手，如图10-24所示。

图10-23　穿过配合

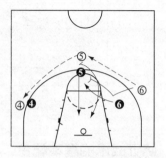

图10-24　绕过配合

三、快攻

快攻是由防守转入进攻时，进攻队以最快的速度，最短的时间，将球推进至前场，争取造成人数上和位置上的优势，以多打少，果断合理进行攻击的一种进攻战术。快攻可分为：发动与接应、推进、结束三个阶段。它可分为以下三种形式。

（1）长传快攻：队员在后场获球后，立即把球长传给迅速摆脱对手的快下队员。

（2）短传（结合运球推进快攻）：防守队员获球后，立即以快速的短距离传球的方式，直逼对方篮下进攻的一种快攻形式。

（3）运球突破快攻：防守队员获球后，利用运球技术超越防守，自己投篮得分或传球给比自己投篮机会更好的同伴进行攻击的方法。

快攻发动的时机是抢到后场篮板球时发动快攻、掷后场界外球发动快攻、抢、断球后发动快攻、跳球时发动快攻。

四、防守快攻

防守快攻是在攻守转换过程中，队员有组织地运用个人战术行动和几个人之间的协同配合，主动堵截对手，积极抢断，破坏其快攻战术，力争控制对手转攻的速度，以达到稳定防守，迅速组织起各种不同形式的全队防守战术的目的。

防守快攻是由攻转守的刹那间，快速抢占有利的防守位置，利用强有力的个人防守行动和配合，达到限制对手的速度、破坏对方攻击，使对方转入阵地进攻的一种防守战术。最根本的方法是提高本队进攻的成功率，减少对方发动进攻的机会，减少不必要的失误，组织拼抢篮板球，以利于本队部署防守。

防守快攻战术是一个有机的整体，必须根据快攻攻势的展开，有针对性地去防守，力求延缓对方进攻的速度，打乱对方进攻的节奏，推迟对方进攻攻击时间，以利迅速组织阵地防守。

防守快攻常用的方法和手段如下。

（1）提高进攻成功率，防守快攻首先应提高进攻成功率，要特别注意减少进攻中的失误和违例,这是控制对手进攻速度,减少其发动快攻机会的重要手段。

(2) 积极拼抢前场篮板球,比赛实践证明,当进攻投篮不中时,有组织地积极拼抢前场篮板球,是控制对手抢篮板球发动快速反击的最有效的方法。即使防守队获得篮板球,由于近篮区攻守人员密集,攻守争夺激烈,所以不容易发动快攻。

(3) 封堵一传和截断接应,有组织地堵截快攻的第一传和接应,是制止对方发动快攻的关键。破坏对方发动快攻的路线也取决于封堵一传和接应。当对手获球转攻时,邻近的防守队员,要迅速紧逼积极封堵一传;与此同时,其他防守队员要主动迫使接应队员改变预定的接应区,截断其联系,从而延缓其发动快攻的时间,使同伴迅速抢占有利位置,以便更好地按照规定的防守战术要求进行防守。

(4) 退守时要"堵中卡边",防止长传快攻,防守快攻除积极拼抢篮板球,堵截一传和接应外,还应在退守过程中防止对方从中路突破,并要防守快下队员。

(5) 以少防多的能力,赛中,由于攻防变换频繁,情况复杂多变,等对方快攻推进时,往往形成以少防多的局面,出现以少防多的情况时,防守队员应积极移动,选择和占据有利的防守位置,保护篮下,并运用假动作来干扰,给进攻队员制造错觉和困难,迫使对手在传球中出现失误。在此基础上延缓其进攻速度,为同伴争取退防的时间,以便重新组织起阵地防守战术。

五、人盯人防守

人盯人防守是指以盯人为主兼顾球位,做到人球兼顾,每名防守队员都积极盯住自己的进攻对手,并与同伴进行共同协防的全队防守战术。人盯人防守根据双方队员身高、位置和技术水平合理进行防守分工。由攻转守,迅速找人,积极抢断、夹击补防。防守有球队员紧逼,积极防其运突传投。防守无球队员,要近球贴近防守,切断对方传球路线,远球要回缩防守,始终保持人球兼顾,如图10-25所示。

图10-25 人盯人防守

六、区域联防与进攻区域联防

(一) 区域联防

区域联防是由进攻转入防守时,防守队员退回后场,每个队员分工负责防守一定的区域,严密防守进入该区域的球和进攻队员,并与同伴协同防守,用一定的队形,把每个防守区域有机地联结起来,组成区域联防战术。

1. 区域联防的基本要求

(1) 每个队员必须认真负责自己的防区,积极阻挠进入该防区的进攻队员的行动,并联合进行防守。

（2）要以防球为重点，随球的转移而经常调整位置，做到人球兼顾，不让持球队员突破和传球给内线防区。

（3）对进入罚球区附近或穿过罚球区的进攻队员，必须严加防守，切断其接球路线，不让其轻易接球、传球或投球、加强篮下区域防守。

（4）每个防守队员要彼此呼应，随时准备协防、换位、越区、"护送"等，相互帮助，加强防守的集体性。处于远离球的后线防守队员，要起指挥防守的作用。

2. 区域联防的形式和特点

（1）区域联防的站位队形有"2-1-2""2-3""3-2""1-3-1"等，图中黑线区为联防的薄弱区。下面主要介绍"2-1-2"区域联防，如图10-26所示；"2-3"区域联防，如图10-27所示。

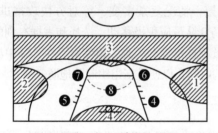

图10-26　"2-1-2"区域联防

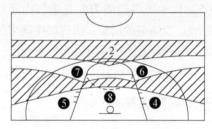

图10-27　"2-3"区域联防

（2）"2-1-2"区域联防的优缺点：五个防守队员分布比较均衡，移动距离近，便于相互协作，并能根据进攻队员的特点防守位置，变换防守队形，所以它是区域联防的基本形式。这种防守队形便于控制篮下，有利于抢篮板球和发动快攻。但有薄弱地区，不利于防守这些区域内的中远距离投篮，不利于在球场底角进行"夹击"防守配合。

（3）区域联防的方法。

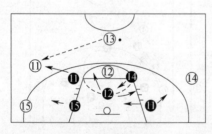

图10-28　区域联防方法（一）

示例一：球在外围左侧时的防守移动的配合，如图10-28所示。⑬传球给⑪，⑪上⑪，⑬稍向下移动，协助⑫防守，⑫站在⑪的侧后方，切断⑪与⑫的传球路线，并防⑫向篮下空切。⑮站在⑮的侧前方，注视⑪与⑮的传球路线，减少⑮接球。⑪稍向球区移动，既要协助防守篮下，又要堵⑭背插，还要准备断⑪给⑭的横传球。当⑪投篮时，⑫、⑪、⑮拼抢篮板球。

示例二：堵截后卫向中锋传球移动的配合，如图10-29所示。⑥正要向⑤传球时⑤和⑦围守⑤，不让其接球，④向罚球线中间移动，防⑧空切，⑧向罚球区内移动，防④横插和溜底线，保护篮下。

示例三：防左前锋中投与供中锋球结合的移动配合，如图10-30所示。当⑧持球时，⑧上前防⑧，④和⑦围守④，不让其接球，⑥向罚球区移动，防⑥空切和保护禁区腹地，⑤移动到篮下，防⑤空切和溜底线并保护篮下。

图 10-29　区域联防方法（二）

图 10-30　区域联防方法（三）

（二）进攻区域联防

进攻区域联防是针对区域联防的特点、队形、方法和变化所采用的进攻战术。

1. 进攻区域联防的基本要求

（1）由防守转入进攻时，应首先争取快攻。趁对方立足未稳，尚未组织好防守之前进行攻击。

（2）根据对方区域联防队形，采用针对性落位队形，组织对薄弱地区的攻击。

（3）运用传球转移、中远距离投篮等进攻技术，通过"人动""球动"打乱对方防守队形。运用声东击西、内外结合、以多打少等方法，创造投篮机会进行攻击。

（4）要组织拼抢篮板球，争夺二次进攻机会，同时还要保持攻守平衡，准备及时退防。

2. 进攻区域联防的方法

（1）进攻区域联防的队形。常用的进攻阵式有："1-3-1""2-1-2""2-2-1""1-2-2""1-4"等。

（2）进攻区域联防的方法。"1-2-2"进攻方法：这种队形，队员分布面广，攻击点多，便于内外联系，左右配合，有利于组织抢篮板球和保持攻守平衡。

示例一："1-2-2"落位进攻"2-3"区域联防，如图 10-31 所示，⑥、⑧互相传球吸引❻、❼上来防守，⑤插至罚球线准备接球，防守❽也跟上防守，底线拉空，⑥突然将球传给⑦，这时有三个攻击点，第一个是⑦本身投篮，若❹上防⑦，❹就是空档，⑦可传给④投篮，同时，⑧从背后插入罚球区，形成⑦、④、⑧进攻❹、❽的以多打少的有利局面，⑦根据情况决定自己投篮或传球给④或⑧投篮。

"2-1-2"进攻方法：这种队形，队员站位有针对性，利用进攻"1-3-1"，便于内外联系，有利于突破和外线。

示例二："2-1-2"阵形落位进攻"1-3-1"区域联防，如图 10-32 所示，⑦、⑥相互传球，吸引防守，当❻上防⑥时，⑥将球传给⑧；⑧接球后转身投篮。若❽上防，⑧将球

图 10-31　进攻区域联防（一）

图 10-32　进攻区域联防（二）

传给底线的④，④接球后投篮，若❺上来防守，⑧迅速切入篮下，准备接球进攻，同时，⑤插入罚球区，④根据防守情况，将球传给⑤或⑧投篮。

第四节 篮球竞赛规则简介

一、场地器材

（一）篮球场地

篮球场是一个长方形的坚实平面，无障碍物。对于国际篮联主要的正式比赛，球场尺寸为：长28米，宽15米，篮球的丈量是从界线的内沿量起。对于所有其他比赛，国际篮联的适当部门，如地区委员会对地区或洲的比赛，或国家联合会对所有国内的比赛，有权批准符合下列尺寸范围内的现有球场：长度减少4米，宽度减少2米，只要其变动互相成比例。天花板或最低障碍物的高度至少7米。篮球场照明要均匀，光度要充足。灯光设备的安置不得妨碍队员的视觉。所有新建球场的尺寸，要与国际篮联的主要正式比赛所规定的要求一致：长28米，宽15米。篮球场线条及其尺寸：篮球场线条要用相同颜色画出，宽度为0.05米（5厘米），如图10-33所示。

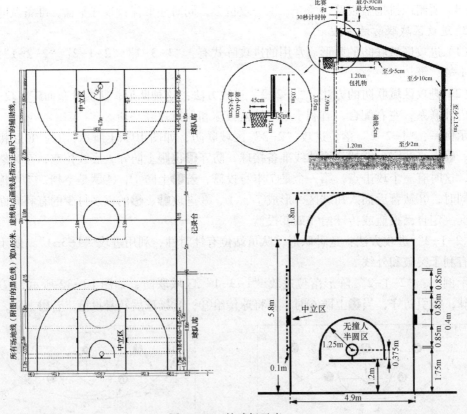

图10-33 篮球场示意

（二）篮板

篮板横宽1.80米，竖高1.05米，篮板下沿距地面2.90米。

（三）比赛用球

充气后，使球从 1.80 米的高度落到地面上，反弹高度不得低于 1.20 米，也不得高于 1.40 米。

二、篮球比赛规则

（一）一般规则

（1）比赛人数。每场篮球比赛由两个队参加，每队出场 5 名队员，目的是将球投入对方球篮得分，并阻止对方获得球或得分。

（2）比赛时间。分为四节，每节 10 分钟。每节之间和每节决胜之前休息 2 分钟。两半时之间休息 15 分钟。如第四节结束时比分相等，则打若干个决胜期直至决出胜负。

（3）暂停。第一、二节每节准予二次暂停，第三、四节准予二次暂停。每一决胜期准予一次暂停。

（4）换人。每当死球时停表，停表即可换人。如果是甲队发生违例则甲队不能换人，而如果此时乙队先换人，也可以给予甲队换人。换人的次数没有限制。

（二）常见的违例

违例是指队员违犯了比赛中关于时间或技术等方面规则的行为。

（1）3 秒。场上控制活球的队的队员在对方限制区内停留了超过 3 秒。

（2）5 秒。罚球时，每次罚球均不得超过 5 秒；掷界外球时，不得超过 5 秒；在场上，持球队员一旦被对方严密防守并停步时开始计算，须在 5 秒内出手，否则违例。

（3）8 秒。每当一名队员在他们的后场控制活球时，他的队必须在 8 秒内使球进入他们的前场，否则为违例。

（4）24 秒。每当一名队员在场上控制活球，他的队需在 24 秒内投篮，否则为违例。

（5）球回后场。当某队在前场控制球时，不能使球回后场，否则为违例。

（6）带球走。篮球技术的特殊特点之一是队员一旦持球，就必须确立中枢脚。中枢脚离地后再次落地前，球必须离开队员的手，否则是"带球走"。

（7）两次运球。队员在一次运球结束后不得再次运球。

（8）罚球时的违例。罚球时，罚球队员除了需遵守 5 秒规则外，还有脚不得触及限制区（罚球线是限制区的一部分）和投出的球必须触及篮圈以及不得做假动作。

（三）常见的犯规

犯规包括有身体接触的侵人犯规和没有身体接触的技术犯规两大类。

（1）侵人犯规。常见的有拉人、推人、撞人、阻挡、背后非法防守、非法用手、非法掩护等。

（2）没有身体接触的技术犯规如下。

① 违反体育道德的犯规。当裁判员判断某队员不是在规则的精神和意图范围内合法地去抢球而发生的侵人犯规，则判为"违反体育道德的犯规"。取消比赛资格的犯规是一种恶劣的违反体育道德的犯规。无论是队员、替补队员，还是教练员、随队人员，裁判员均有权判罚。双方犯规是两个队的两名队员同时的相互间的犯规。罚则是不判给罚球。

② 队员技术犯规。当一名队员不顾裁判员的警告或与裁判员、记录台人员、技术代表、对方队员交涉时没有礼貌；使用冒犯或煽动观众的言行；戏弄对方；阻碍掷界外球的迅速进行；等等，将被判技术犯规。

第十一章 足球

第一节 足球运动概述

足球运动的发展源远流长，有关史料记载，古代足球最早出现于中国，早在公元前的殷代，中国就有了用脚踢球的游戏，到了战国时代（公元前475—前221年）我国就有了足球运动的文字记载。

我国古代的足球运动称为"蹴鞠"或"蹋鞠"，"蹴"和"蹋"都是踢球之意，"鞠"是用皮革做的一种足球。汉朝时"蹴鞠"开展得比较普遍，到了唐代，我国的"蹴鞠"在场地器材方面也逐渐完善。开始有了"充气的门"的设立，并发展到以射门为目标的两队对抗性比赛。到了宋、元、明三个朝代，逐渐建立起球会的组织，宋代民间的球会称为"齐云社"。清朝时我国古代的足球运动已把它作为专门训练王室军事的体育活动之一。

现代足球起源于19世纪的英国。有关资料记载，1857年英国成立了第一个足球俱乐部。1863年10月26日在伦敦成立了第一个足球运动组织——英格兰足球协会，制定了现代世界足球史上第一部较为统一的足球竞赛规则，后来足球界把这天定为现代足球运动的诞生日。

当前，世界上规模最大、水平最高的足球比赛是奥运会足球赛和世界足球锦标赛（世界杯赛），以上两大比赛均为4年举行1次。

现代足球运动自1840年鸦片战争以后，随着英帝国主义的入侵传入我国，到19世纪末20世纪初开始在我国发展起来。当时的香港和上海开展得最早，以后才在几个大城市（北京、天津、南京）学校，特别是教会学校中开展起来。

1991年11月在中国广东举行了首届世界女子足球锦标赛，开创了世界女子足球运动的新纪元。

现代女子足球运动起源于16世纪初的英格兰，并于1894年建立了女子足球俱乐部。20世纪70年代初期，欧洲凭借其雄厚的经济实力和广泛的群众基础，成为发展女子足球运动的先锋。亚洲现代女子足球运动，从20世纪50年代起在新加坡盛行，中国台湾地区、泰国和印度也随着相继开展，1968年，亚洲女子足球协会在中国香港成立。

我国女子足球历史悠久，起源于东汉时期。唐和五代时，女子足球游戏日趋普遍，北宋时，演变成2人或多人游戏，直到明朝末年，由于受封建社会歧视，至清代之后，逐渐衰落。

现代女子足球在我国开始于20世纪二三十年代（当时上海建立了第一支女子足球队）。我国的女子足球运动发展于20世纪70年代，与欧洲同步。

第二节 足球运动的基本技术

一、踢球技术

踢球是指运动员有目的地用脚的某一部位把球击向预定的目标。踢球的方法有脚内侧踢球、脚背正面踢球、脚背内侧踢球、脚背外侧踢球等。

（一）脚内侧踢球

用脚内侧部位（跖趾关节、舟骨和跟骨所构成的三角部位）击球，其特点是脚与球接触面积大、出球平稳准确，多用于短距离传球和射门。

动作要领：踢定位球时，直线助跑，支撑脚踏在球的侧方 15 厘米左右处，膝关节微屈，两臂自然张开。在支撑脚着地的同时，踢球腿以髋关节为轴由后向前摆动，在前摆过程中屈膝外转，踢球腿的内侧正对击球方向，小腿加速前摆，脚头稍翘起，脚掌与地面平行，用脚内侧部位击球后中部，如图 11-1 所示。向左（右）侧踢球时，支撑脚踏在球的后方，用右（左）脚脚弓对准击球方向，提起大腿，并用右腿由右（左）向左（右）进行横摆，同时身体重心向出球的相反方向移动，用推送动作将球踢出。

图 11-1　脚内侧踢球

（二）脚背正面踢球

用脚背的正面（楔骨和跖骨的末端）击球，其特点是踢球腿摆幅大、摆速快、踢球力量大，多用于长距离传球和射门等。

动作要领：踢定位球时，直线助跑，最后一步稍大，并积极着地，支撑脚踩在球的侧方 12～15 厘米处，脚尖正对出球方向，膝关节微屈，两臂自然张开。踢球腿在支撑脚前跨和助跑的最后一步离地面时，顺势向后摆起，膝弯曲，在支撑脚着地同时，以髋关节为轴，大腿带动由后向前摆动，当膝盖摆至接近球的正上方的一刹那，小腿做爆发式的前摆，脚背绷直，脚趾扣紧，以脚背的正面踢球后中部，踢球腿随球继续前摆，如图 11-2 所示。

踢反弹球时，要判断好球的落点，当球落地时，踢球腿的小腿急速前摆，在球刚反弹离地时，踢球的后中部。

（三）脚背内侧踢球

用脚背内侧部位几个楔骨、趾骨末端击球，其特点是踢球腿的摆幅大、摆速快、踢球的力量大。由于助跑方向、支撑脚选位的灵活性较大，出球方向变化幅度较大，因此可踢出平球、远距离弧线球等，也便于转体踢球。在比赛中多用于中长距离的传球和射门等。

图 11-2　脚背正面踢球

动作要领：踢定位球时，斜线助跑，助跑方向与出球方向成45°角。支撑脚以脚掌外沿积极着地，踏在球的侧方20~25厘米处，屈膝，脚尖指向出球方向，身体稍向支撑脚一侧倾斜。在支撑脚着地的同时，踢球腿以髋关节为轴，大腿带动由后向前摆，在身体转向出球方向、膝盖摆到接近的内侧正上方一刹那，小腿做爆发式的前摆，脚尖稍向外转，脚面绷直，脚趾扣紧，脚尖指向斜下方，以脚背内侧部位击球的后中部（踢高球时，击球的中下部），然后踢球脚继续前摆，如图11-3所示。

图 11-3　脚背内侧踢球

踢过顶球时，支撑脚可踏在球的侧后方，踢球脚不必过于绷直，踢球的后下部，稍有下切的动作。踢球后，脚不随球前摆，使球产生向后的旋转，以控制球速，使球成抛物线下落，这种球可使接球人便于接球。

转身踢球时，助跑最后一步略带跨动作，支撑脚的脚尖和膝关节要尽可能地转向传球方向，利用腰的扭转协助摆腿和踢球。

（四）脚背外侧踢球

脚背外侧踢球与脚背正面踢球的动作基本相同，只是用脚背的外侧触球，在踢球的一刹那，脚背要绷直，脚趾用力下扣，脚尖内转，踢球的后中部，如图11-4所示。

图 11-4　脚背外侧踢球

踢弧线球时，支撑脚踏在球两侧左右处，身体稍向支撑脚一侧倾斜，踢球脚的脚腕用力，并以外脚背切削球的侧后方。踢球后，踢球腿向支撑脚一侧的前上方摆出，以加大旋转力量。

二、停球技术

停球是指运动员有目的地用身体的合理部位把运行中的球停在所需要的控制范围内。在比赛中停球不是最终目的，而是为传球、运球、过人和射门做准备。常用的停球方式有脚内侧停球、脚底停球、脚背正面停球、胸部停球、大腿接球和腹部接球等。

（一）脚内侧停球

特点是：脚接触球的面积大，易将球停稳，并且便于改变方向和结合下一个动作，多用来停地滚球、停反弹球和停空中球。

1. 停地滚球

支撑脚正对来球，膝关节微屈，停球腿屈膝外转并前迎，脚尖稍翘起，当脚与球接触前的一刹那开始后撤，在后撤过程中用脚内侧接触球，缓冲来球力量，把球控制在衔接下一动作所需要的位置上。

2. 停反弹球

支撑脚踏在球的落点的侧前方，膝关节弯曲，上体稍向前倾并向停球方向微转，同时停球腿提起，踝关节放松，用脚内侧对准来球的反弹路线，当球落地反弹刚离地面时，用脚内侧踢球的中上部。

3. 停空中球

一种方法是，根据来球的高度，将停球脚前迎，脚内侧对准来球路线，在脚与球接触前的刹那开始后撤。在后撤过程中用脚内侧触球，缓冲来球力量，把球控制在所需要的位置上；另一种方法是，将脚提起稍高于选择的停球点，在脚与球接触的一刹那开始下切，在下切过程中用脚内侧切于球的侧上部，将球停在地上。接空中球时，先提大腿，腿弓正对来球。触球时，小腿放松下撤。

（二）脚底停球

特点是：脚底接触面积大，易将球停稳。比赛中多用于停正面来的地滚球和反弹球。

1. 停地滚球

支撑脚站在球的侧后方，膝关节微屈，停球脚提起，膝关节自然弯曲，脚尖翘起高过脚跟（脚跟离地面稍低于球高），踝关节放松，用前脚掌触球的中上部。

2. 停反弹球

支撑脚踏在球落点的侧后方，当球着地的一刹那，用前脚掌对准球的反弹路线，触球的后上部。

（三）脚背正面停球

这种接球方法适用于接高处下落的球。身体正对来球，接球腿屈膝提起，以脚背对准来球，当球与脚接触的一刹那，小腿和脚跟放松下撤，缓和来球力量，使球落在身前；另一种接法是在球接近地面时，用正脚背触球，随球下撤落地。

（四）胸部停球

胸部停球面积大、有弹性、位置高，适用于停高球和平直球。胸部停球有挺胸停球和收胸停球两种方法。

1. 挺胸停球

一般用来停高于胸部的下落球。身体正对来球，两脚前后开立，重心落在两脚之间，两膝微屈，两臂自然张开，上体稍后仰，收下额，当球与胸部接触前的一刹那，脚跟提起，向上挺胸，使球弹起，然后落于体前，如图11-5所示。

图11-5 挺胸停球

2. 收胸停球

一般用来停胸部高度的水平球。身体正对来球，两脚前后开立，两臂自然张开，挺胸迎球。当球与胸部接触的刹那间迅速收胸、收腹以缓冲来球力量，把球停在身前。

（五）大腿接球

适用于接高球。接球时，大腿抬起迎球，当与球接触的一刹那即随球下撤，使球落在身前，也可用大腿上抬垫球，使球平稳弹下，如做转体接球时，以支撑腿为轴向左（右）转体，把球接到身体左（右）侧。

（六）腹部接球

适用于接反弹球。身体正对来球，两脚平行站立，当球从地上弹起时，两臂张开，上体前倾，提气，收腹，缓冲来球力量，将球接在身前，如图11-6所示。

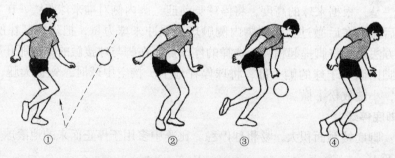

图11-6 腹部接球

三、运球技术

运球是运动员在跑动中用脚连续推拨球，使球处于自己的控制范围内的动作，是完成个人突破与战术配合必不可少的技术。常用的运球方法有脚背正面运球、脚背内侧运球和脚背外侧运球等。

脚背内侧和外侧运球灵活，便于迅速奔跑和改变方向，是比赛中常用的运球方法。跑动时身体自然放松，上体前倾，步幅可大可小。脚背外侧运球时，运球脚提起，脚尖稍内转，以脚背外侧推球前进；脚背内侧运球时，运球脚提起，脚尖稍向外摆，以脚背内侧推球前进。

四、头顶球技术

头顶球是运动员在比赛中为了争取时间和取得空中优势，用头部的前额部位击球的动作，常用来传球、抢截球和射门，是进攻和防守中不可缺少的重要技术之一。头顶球分原地前额正面顶球和前额侧面顶球，这两个部位都可以做原地顶球、跑动中顶球、跳起顶球和鱼跃顶球等。

（一）原地前额正面顶球

身体正对来球，两脚前后开立，膝关节微屈，两臂自然张开，上体稍向后仰，眼睛注意来球。当球运行到身体垂直部位前的一刹那，后脚用力蹬地，身体重心由后脚跟移向前脚的同时，迅速向前摆体，颈部紧张、快速摆头，用前额正面顶球的后中部，接着上体随球继续前摆，如图11-7所示。

图11-7　原地前额正面顶球

（二）原地前额侧面顶球

两脚前后开立，出球方向的同侧脚在前，两膝微屈，上体和头部稍向出球的相反方向侧屈，身体重心放在后脚上，两臂自然张开，两眼注视来球。当球运行到出球方向同侧肩上方的一刹那，脚用力蹬地，上体迅速向出球方向扭摆，同时颈部紧张地摆头，以前额侧面顶球的后中部。

五、抢截球技术

抢截球是防守中的主要行动，是转守为攻的积极手段。抢截球包括抢球和截球两个内容。

(一) 正面跨步抢球

面向对手两脚前后开立，两膝微屈，在对手运球脚触球后即将着地或刚着地时，支撑脚立即用力后蹬，抢球脚以脚内侧对着球跨出，膝关节弯曲，上体前倾，身体重心移至抢球脚上，另一脚立即前跨，如双方脚同时触球时，则要顺势向上提拉，使球从对方脚背滚过，同时身体重心要迅速跟上，把球控制好，如离球稍远可用脚尖抢截，如图11-8所示。

图11-8 正面跨步抢球

(二) 侧面冲撞抢截

当与对方平行跑争球时，身体重心要降低，两臂紧贴身体。当对方后侧脚着地时，可用肩和上臂做合理冲撞动作，使对方失去平衡，从而截获其球。侧面冲撞抢截用于抢截者和运球者平行跑动时抢截球。

(三) 侧后铲球

防守人追到距运球人侧后1米左右，可用脚掌或脚背外侧进行铲球。当运球人将球拨动时，先蹬腿，抢球腿跨出，以脚掌或脚掌外侧在地面滑行，将球踢出，小腿、大腿、臀部、上体依次着地。

侧后铲球适用于对手运球刚越过防守者时。

六、假动作

假动作必须在接近对方适当距离时进行，假动作慢，真动作快、突然，真假的动作衔接要快速、适当，做到真真假假，使对方捉摸不定，防不胜防。

(一) 踢球假动作

传球前可假向左（右）方做踢球动作，诱使对方向该方向堵截，待其重心移动后，突然向右（左）方踢球突破。

(二) 接球假动作

接球前，如对方上前抢截，可假做向左（右）接球，诱使对方堵截左（右）侧，然后突然改为向右（左）接球。

(三) 运球假动作

对方迎面抢截球时，可采用身体虚晃动作，使对方捉摸不定，从而越过对手。如果对手侧面抢截，则可以先快速带球前进，诱使对方追赶，这时带球人可突然降低速度或做假动作停球，使对手也放慢速度，然后突然加速甩开对手，带球切进，运球射门。

七、守门员技术

守门员的技术高低、反应敏捷程度、竞争意识，直接影响全队最后一道门户的牢固。

(一) 接地滚球

接地滚球分直立接球和单膝跪立接球两种。直立接球时，两脚要自然并拢不留空隙，脚尖对准来球，上体前屈，两臂自然下垂近地，手指自然张开，手心向前，两手接球底部。接球后，两臂同时弯曲、并互相靠拢，将球提前紧抱。单膝跪立接球时两腿向侧前方开立，前腿弯曲，后腿跪立，膝关节触地面，并靠近前脚跟，不留中空，上体前倾，两臂下垂，掌心对准来球方向,两手接球低部,并将球抱至胸前,如图 11-9 所示。

图 11-9 接地滚球

(二)接高球

手指自然张开,拇指相对,食指与拇指成"桃形",当手触球时,手腕和手指适当用力将球接住,同时屈肘,回缩并下引,顺势翻掌将球抱于胸前。要求判断球路与落点要准,跑动、起跳要准,控制高度要快。

(三)接平球

接球前,两臂屈肘置于胸前两侧,在球接触胸前的一瞬间,两臂夹紧,收缩两手,抱住球的侧上部,迅速置于胸前。

八、掷界外球技术

掷界外球时要充分发挥蹬地、腰腹和手腕力量,整个动作过程要连续不断。

(一)原地掷界外球

手指自然张开,持球的后半部,两脚前后或左右站立,膝微屈,将球举在手后,上体后仰,掷球时两脚蹬地,收腹屈体,两臂快速前摆将球掷出,如图 11-10 所示。

(二)助跑掷界外球

助跑时将球持于胸前,在最后一步迈到的同时,将球举至头后,蹬地、收腹、向前快速摆臂,并用扣腕力量将球掷出。

图 11-10 原地掷界外球

第三节 足球运动的基本战术

一、进攻战术

(一)个人进攻战术

1. 摆脱与跑位

本方队员一旦得球,就要发动一次进攻,同队其他队员的任务就是摆脱对手的紧逼,以便在没有干扰的情况下获得同队队员的传球,完成战术配合,把进攻推向对方球门,争取射门进球。

2. 传球

传球是战术配合的基础,是完成战术配合,创造射门机会的主要手段。

传球的战术因素包括：传球的目标、传球的时机、传球的力量。

传球的目标：传球目标一般分为脚下传和空中传两种，但向前、向空位传球是主要的。

传球的时机：比赛中传球有两种情况：一是传球在先，跑位在后，传球指挥跑位；另一种是跑位在先，传球在后，以跑位促使传球。

传球的力量：一般地说，传球的力量应该适度，有利于接球者处理球，并且要准确。

（二）局部进攻战术

1．两人的局部进攻战术

两人的局部配合是集体配合的基础，在任何场区、任何位置都可以采用，而运用较多的是前场，在后场尤其在本方罚球区或罚球区附近后卫间应尽量减少不必要的传球配合。

2．两人传球配合对队员的要求

抓住战机：由于场上局部地区出现好的传球时机或二过一的局面往往是一刹那的时间，稍一迟缓，防守队员就会退守到位，变成二打二的局面，因此进攻队员必须抓住这一战机完成进攻战术配合。

应根据防守队员的位置、场上空位以及接应队员的位置等情况合理采用两人传球配合方法。

随机应变：在进行两人传球配合过程中，控球队员一定要做传球配合或运球突破两手准备，一旦同伴接应发生困难或出现控球队员突破的良好时机时，应采用运球突破，这样才能得到良好的效果。

二、防守战术

（一）个人防守战术

1．选位

防守队员选择的位置，原则上是站在对手与本方球门中心所构成的一条直线上，与对手的距离要根据场区以及球所处的位置来决定。

2．盯人

盯人是指防守者本身所处的位置能够限制对手活动，及时封堵对手接球或传球路线。盯人有两种：紧逼盯人和松动盯人。紧逼盯人是贴近对手不给其从容活动的机会。松动盯人是与对手保持一定距离，以便随时上前抢截对手的球或在对手得球后能立即逼近对手进行紧逼盯人。

（二）局部的防守配合

保护与补位：保护与补位是局部地区集体防守的基础，保护是补位的前提，没有保护也不可能有有效的补位。防守队员补同伴在防守中出现的漏洞称为补位，它是防守队员间相互协助的集体防守战术。

（三）整体防守战术

全局防守战术包括：盯人防守、区域防守和混合防守三种。

混合防守战术就是盯人防守和区域防守相结合的防守方法。混合防守是目前世界各国普遍采用的一种防守战术，它集中了盯人防守和区域防守两者的优点，从而在防守中能够根据场上情况进行逼抢、盯人、补位，以达到稳固防守的目的。延缓对方进攻，快速退守到位，保持防守层次，紧逼盯人。球门前30米范围是全队集体防守的关键。

第四节　足球竞赛规则

一、比赛场地

（一）场地尺寸

长度：90~120 米，国际比赛：100~110 米；宽度：45~90 米，国际比赛：64~75 米，如图 11-11 所示。

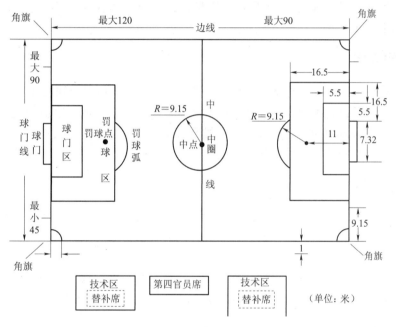

图 11-11　场地尺寸

（二）场地标记

比赛场地是用线来标明的，这些线作为场内各个区域的边界线应包括在区域之内。两条较长的边界线叫边线，两条较长的线叫球门线。所有线的宽度不超过 12 厘米，比赛场地被划分为两个半场。在场地中线的中点处做一个中心标记，以距中心标记 9.15 米为半径画一个圆圈。

（三）球门区

在距每个球门柱内侧 5.5 米处，画两条垂直于球门线的线。这些线伸向比赛场地内 5.5 米，与一条平行于球门线的线相连接。由这些线和球门线组成的区域范围是球门区。

（四）罚球区

在距每个球门柱内侧 16.5 米处，画两条垂直于球门线的线。这些线伸向比赛场地内 16.5 米，与一条平行于球门线的线相连接。由这些线和球门线组成的区域范围是罚球区。在每个罚球区内距球门柱之间等距离的中点 11 米处设置一个罚球点。在罚球区外，以距每个罚球点 9.15 米为半径画一段弧。

（五）旗杆

在场地每个角上各竖一根不低于 1.5 米的平顶旗杆，上系小旗一面。

（六）角球弧

在比赛场地内，以距每个角旗杆 1 米为半径画一个 1/4 圆。

（七）球门

两根柱子之间的距离是 7.32 米，从横梁的下沿至地面的距离是 2.44 米。

二、球

圆周不长于 70 厘米、不短于 68 厘米。重量在比赛开始时不多于 450 克、不小于 410 克。压力在海平面上等于 0.6~1.1 个大气压。

三、队员人数

一场比赛应有两队参加，每队上场队员不得多于 11 名，其中必须有 1 名守门员。如果任何一队少于 7 人则比赛不能开始。在由国际足联、洲际联合会或国家协会主办的正式比赛中，每场比赛最多可以使用 3 名替补队员。被替补下场的队员不得两次参加该场比赛。替补队员只能在比赛停止时从中线处进场。

四、比赛时间

比赛分为两个半场，每半场 45 分钟。中场休息 15 分钟。

五、场地选择

通过掷币，猜中的队决定上半场比赛的进攻方向。另一队开球开始比赛。猜中的队在下半场开球开始比赛。下半场比赛两队交换比赛场地。

六、计胜方法

得分：当球的整体从球门柱间及横梁下越过球门线，而此前未违反竞赛规则，即为进球得分。

获胜的队：在比赛中进球数较多的队为获胜者。如两队进球数相等或均未进球，则比赛为平局。

加时赛：规定时间内未分出胜负而又必须分出胜负，采取的上下半场各 15 分钟的比赛。上下半场间没休息时间，交换场地后继续比赛。在加时赛中，任何一方先进球就为胜方，即为金球制胜法。

点球制胜法：在规定时间和加时赛后仍未分出胜负后采取的互罚点球，先由每队各派 5 人依次罚完点球，如还未分出胜负，每队各派一人罚球，依次进行，直至分出胜负的方法（任何场上队员不得在本方队员未罚点球前连续罚第二次）。

七、越位

判罚越位：一球员在越位位置，只有在同队球员触球时，裁判认为他介入比赛，有以下情形才判罚越位：影响比赛或影响对方球员；在越位位置而获得利益。

不判罚越位（球员在以下情形直接得球不判罚越位）：球门球、掷界外球、角球。
越位违规及判罚：对于任何越位，裁判应判由对方在越位发生地点，罚间接任意球。

八、踢球门球要点

由防守方从球门区内的任何一点踢球；对方应在罚球区外直至比赛进行；踢球队员在其他队员触球前不得再次触球；当球被直接踢出罚球区，防守方队员才能碰球。

九、掷界外球者

面向比赛场地内掷球方向；任何一只脚的部分站在边线上或站在边线外的地上；使用双手将球从头后经头上掷出；在其他队员触球前不得再次触球。

十、罚点球要点

防守方守门员留在本方球门柱间的球门线上，面对主罚队员，直至球被踢出；除主罚队员外的队员处于比赛场地内、罚球区外、罚球点后、距罚球点至少9.15米。

十一、犯规与不正当行为

判罚直接任意球的十种情况：
（1）踢或企图踢对方队员；
（2）绊摔对方球员；
（3）跳向对方球员；
（4）冲撞对方球员；
（5）打或企图打对方球员；
（6）推对方球员；
（7）为了得到球的控制而抢截对方球员时，触球前触及对方球员；
（8）拉扯对方球员；
（9）向对方球员吐唾沫；
（10）故意手球（不包括守门员在本方罚球区内）。
判罚间接任意球的八种情况：
（1）守门员用手控制球后，在发出球之前持球超过6秒；
（2）守门员在发出球之后未经其他队员触及，再次用手触及球；
（3）守门员用手触及同队队员故意踢给他的球；
（4）守门员用手触及同队队员直接掷入的界外球；
（5）队员动作具有危险性；
（6）队员阻挡对方球员；
（7）队员阻挡对方守门员从其手中发球；
（8）违反以前未提及的任何其他犯规，而停止比赛被警告或罚令出场。
被警告并出示黄牌的七种情况：
（1）犯有非体育道德行为；
（2）以语言或行动表示异议；

（3）持续违反规则；
（4）延误比赛重新开始；
（5）当以角球或任意球重新开始比赛时，不退出规定的距离；
（6）未得到裁判员许可进入或重新进入比赛场地；
（7）未得到裁判员许可故意离开比赛场地。

被罚令出场并出示红牌的七种情况：
（1）严重犯规；
（2）暴力行为；
（3）向对方或其他任何人吐唾沫；
（4）用故意手球破坏对方的进球或明显的进球机会（不包括守门员在本方罚球区内）；
（5）用可判为任意球或点球的犯规，破坏对方向本方球门移动着的明显的进球得分机会；
（6）使用无礼的、侮辱的或辱骂性的语言及动作；
（7）在同一场比赛中得到第二张黄牌。

第十二章

乒 乓 球

第一节　乒乓球运动概述

乒乓球运动 19 世纪末叶起源于英国，是从网球运动直接派生而来的。

最早关于乒乓球运动的文字记载是在 1880 年英国的一家体育器材用具公司刊登的乒乓球器材广告上，当时还不叫"乒乓球"，而是以"高西马""弗利姆—弗拉姆"等奇特的名称在英国盛行。

在 1890 年。英格兰的一位退休的越野跑运动员詹姆斯·吉布（James Gibb）到美国旅游时，偶然发现了一种用赛璐珞制成的空心玩具球，弹跳力很强，于是产生了用这种小球来替代软木球和橡胶球的想法。他把这种球带回英国后，就将这种球稍加改进，并逐步在英国和世界其他国家推广起来。或许因为赛璐珞球在桌上，被羔皮纸拍打来打去发出了"乒乒乓乓"的声音的缘故，英国一家体育用品公司模拟其声，首先用"乒乓"（Ping-Pong）二字作了广告上的商品名称。至此，乒乓球才开始有了如此之名。到了 1926 年，早已成立的英国乒乓球（Pong-Pong）协会发现"乒乓"二字是商业注册名称，加之原乒乓球协会缺乏代表性，因而便解散了原组织，重新成立了"桌上网球"（Table Tennis）协会。自此，"桌上网球"这个名字一直沿用至今。国际乒联至今仍采用这个名称。汉语中的乒乓球是从声音上得名；日本称其为桌球则与原意更为相近。

1904 年，上海四马路一家文具店的经理王道平，从日本买来 10 套乒乓球器材，摆设在店中，还亲自表演打球并介绍在日本看到的打乒乓球的情况，从此我国开始有了乒乓球活动。

1926 年 12 月，在英国伦敦举行的第一届欧洲乒乓球锦标赛期间，会议通过了正式成立国际乒乓球联合会的决议和国际乒联的章程，讨论了乒乓球规则，推选英国乒协的负责人伊沃·蒙塔古为国际乒联的第一任主席。

世界乒乓球锦标赛自 1926 年以后每年举行一次，1940—1946 年因"二战"而中断。1957 年以后，改为每两年举行一次，至 2019 年共举行了 55 届。

第二节　乒乓球的基本技术

乒乓球技术主要有握拍法、准备姿势、基本步法、发球与接发球、挡球与推挡球、攻球、搓球、削球、左推右攻、推挡侧身攻、发球抢攻等。

一、握拍法

（一）直式握拍法

直式握拍法的特点是正反手都用球拍的同一面击球，一般情况下，不需两面转换，出手较快；正手攻球快速有力，攻斜、直线球时拍形变化不大，对手不易判断，便于从速度、球路和力量上取得主动；手腕动作灵活，发球可作较多变化。但反手攻球时，因受身体阻碍较难掌握，不易起重板；攻削交替时手法变化大，影响击球速度和准确性；防守时照顾面积较小。直式握拍法的手势如图12-1所示。

图12-1　直式握拍法的手势

（二）横式握拍法

横式握拍法的特点是照顾的面积比直拍大，攻球和削球时握拍的手法变化不大；反手攻球不受身体阻碍，便于发力；削球时用力方便，便于发挥手臂的力量和掌握旋转变化。但在不定期击左右两面来球时，需要转动拍面，动作大，影响摆臂速度；攻直线球时，动作明显被对方识破；台内正手攻球较难掌握。横式握拍法的手势如图12-2所示。

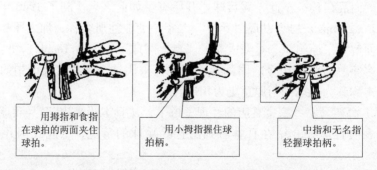

图12-2　横式握拍法的手势

（三）握拍注意事项

握拍应该注意的问题如下。

（1）握拍不能过大、过小或太深、太浅，以免影响手腕动作的灵活性和击球的发力。

（2）不论直握或横握，在准备击球前或击球后，手指不要用力握拍。这样，一方面便于使拍形恢复到准备击球的状态；另一方面也可使手的各部分肌肉及时放松，以免由于握拍过紧而造成手腕、前臂的僵硬。

（3）握拍法易犯错误和纠正方法，如表12-1所示。

表 12-1　握拍法易犯错误和纠正方法

编号	易犯错误	原因	现象	纠正方法
1	握拍过深	握拍概念不清	妨碍拍形调节	① 建立正确的握拍法概念 ② 体会正确的握拍方法 ③ 在挥拍练习时，强化正确动作
2	握拍过浅	握拍概念不清	① 不利于控制拍形 ② 影响击球发力	① 建立正确的握拍法概念 ② 体会正确的握拍方法 ③ 在挥拍练习时，强化正确动作
3	拍后三指过屈	握拍概念不清	① 妨碍拍形调节 ② 影响击球发力	练习时，在拍后适当位置做一标记，限定三指位置
4	拍后三指张开	握拍概念不清	① 妨碍拍形调节 ② 不便于反手击球	① 建立正确的握拍法概念 ② 体会正确的握拍方法 ③ 在挥拍练习时，强化正确动作

二、准备姿势

正确的准备姿势应该是：两脚平行站立，提踵、前脚掌内侧用力着地，两脚间距离比肩稍宽。两膝微屈并稍内扣，上体略前倾，重心置于两脚之间。两眼注视来球。以右手握拍为例，持拍向左成半横状，使手臂保持自然弯曲，置于身体右侧，肘略外张，手腕放松，将球拍向左成半横状，使拍形保持自然后仰。球拍置于腹前，离身 20~30 厘米。如图 12-3 所示。做到"注视来球，上体微倾，屈膝提踵，重心居中"。

两脚开立比肩略宽是为了保持身体重心的稳定性。两脚脚尖指向同一方向，对快速起动移动有着重要的作用，它可以直接蹬地起动，从而缩短了步法移动的时间。

（a）直板侧面图　　（b）直板后面图　　（c）横板正面图　　（d）横板侧面图

图 12-3　正确的准备姿势

准备姿势易犯错误和纠正方法，如表 12-2 所示。

表 12-2　准备姿势易犯错误和纠正方法

编号	易犯错误	原因	现象	纠正方法
1	站位过近	站位概念不清	不利于还击长球	① 建立正确的站位概念 ② 进行多球、对打练习时，在台端地面上标明基本站位的范围
2	两脚距离过窄，基本姿势概念不清	影响身体的稳定性	不利于击球发力	在挥拍、多球和对打练习中强化正确的基本姿势
3	两脚距离过宽	影响身体的稳定性	不利于快速引拍及挥拍击球	在挥拍、多球和对打练习中强化正确的基本姿势
4	全脚掌着站立	影响身体的稳定性	身体重心太靠后	在挥拍、多球和对打练习中强化正确的基本姿势
5	执拍手上臂与躯干过紧	影响身体的稳定性	① 肩膀肌肉过紧 ② 不利于正确完成引拍动作	练习时，在躯干右侧捆一块较轻的物体，防止夹上臂
6	执拍手前臂下垂	影响身体的稳定性	不利于及时起动和快速移动	紧贴台端站立，进行各种挥拍练习，防止垂臂吊拍

三、基本步法

（一）单步

击球时，以一脚的前脚掌为轴，另一脚向前或向左、向右移动一步，身体重心也随之移动到摆动腿上，然后挥臂击球。来球距身体较近时常用这种步法。

（二）跨步

击球时，以一脚向前、前后、向右的不同来球方向跨出一大步，身体重心随即移动到摆动腿上，另一脚迅速跟上，以便保持在最佳的距离上。一般在来球离身体较远，来球速度较快，可借助对方力量击球时使用这种步法。

（三）并步

移动时，先以与来球异方向的脚向另一只脚并一步，然后与来球同方向的脚再向来球的方向迈一步迎击来球。由于并步移动范围大，能保持重心稳定，一般在来球速度不算太快时可以使用。如削球的左右移动、快攻、拉弧圈球等，就常用这种步法。

（四）跳步

以与来球异方向的脚先起动，用力蹬地，两脚一同离地向左或向右移动。蹬地脚先落地，另一脚跟着落地，站稳后击球。这种步法照顾范围比单步大。小跳步还可用来作为还原步法，调整攻球的位置。它通常与单步、跨步综合运用。

（五）交叉步

击球时，以靠近来球方向的脚作为支撑脚，远离来球方向的脚迅速向来球方向在体前跨出一大步，腰和髋关节随势将支撑脚带向来球方向，在支撑脚落地前的瞬间击球，运用交叉步接短球或削突击来球较多。

基本步法易犯错误和纠正方法，如表 12-3 所示。

表 12-3 基本步法易犯错误和纠正方法

编号	易犯错误	原因	现象	纠正方法
1	起动移步时，身体重心未移至蹬地脚上	身体重心转移不及时	影响起动速度和位移速度	反复进行各种步法练习，体会身体重心转换
2	移动过程中身体重心起伏太大	身体移动时向下蹬地过大	移步时两脚离地太高，影响位移速度和击球的稳定性	反复进行各种步法练习，移动时两脚贴近地面，身体重心平衡

四、发球

发球技术是乒乓球的重要技术，是乒乓球前三板技术之首，是唯一的由运动员完全根据自己意志，以任何适合的力量、速度、旋转、线路、角度击到对方台面任何合法位置的技术。发球技术的总体要求如下。

（1）出手突然，且能用相似的手法发出不同落点、不同旋转的球。

（2）落点准确，并将速度快、旋转强很好地结合起来。

（3）要配套，发球要有与自己的打法特点和抢攻紧密结合起来。

（一）正手发平击球

特点：速度一般，基本不旋转或略有上旋，是掌握其他复杂发球的基础技术，初学者要学会的发球首先就是这种。

正手发平击球动作方法如图 12-4 所示。

图 12-4 正手发平击球动作方法

（1）击球前动作如下。

① 选位：左脚稍前，身体略向右转，左手掌心托球置于身体右侧前方。

② 引拍：左手将球向上抛起，同时右臂内旋，使拍面角度稍前倾，向身体右后方引拍。

③ 迎球：右臂从身体右后方向右前方挥动。

（2）击球时：当球从高点下降至稍高于球网时，击球中上部向左前方发力。球击出后第一落点在球台中间。

（3）击球后：手臂继续向左前方随势挥动，迅速还原。

（4）发力部位以前臂为主，动作过程中身体重心从右脚移至左脚。

（二）正手发下旋球

特点：球速较慢、旋转变化大。由于发球手法近似，能通过旋转变化迷惑对方，使其不易判断球的旋转强度，造成回击时下网、出界或出高球。正手发下旋球球路如图12-5所示。

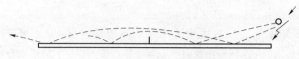

图12-5　正手发下旋球球路

（1）击球前动作如下。

① 选位：左脚稍前，身体略向右偏倾，左手掌心托球置于身体右前方。

② 引拍：左手将球向上抛起，同时右臂直握拍手腕作伸。横握拍手腕略向外伸展。

③ 迎球：右臂从身体右后上方向左前下方挥动。

（2）击球时：当球从高点下降至稍高于或平于网高时，前臂加速向左前下方发力，同时直握拍手腕作屈同时内收，击球中下部向底部摩擦。球击出后第一落点接近于球网。

（3）击球后：手臂继续向左前下方随势挥拍，迅速还原。

（4）发力部位以前臂和手腕为主，动作过程中身体重心从右脚移至左脚。

（三）反手发球技术

（1）击球前动作如下。

① 选位：右脚稍前或平站，身体略向左转，左手掌心，托球置于身体左侧前方。

② 引拍：左手将球向上抛起，同时右臂外旋，使拍面角度稍前倾，向身体右后方引拍。

③ 迎球：右臂从身体后方向前方挥动。

（2）击球时：当球从高点下降至稍高于球网时，击球中上部向右前方发力。球击出后第一落点在球台中央。

（3）击球后：手臂和手腕继续向右前方随势挥动，迅速还原。

（4）发力主要部位以前臂为主，动作过程中身体重心从左脚移至右脚。

（四）反手发下旋加转球

（1）击球前动作如下。

① 选位：右脚稍前或平站，身体略向左偏斜，左手掌心托球置于身体左前方。

② 引拍：左手将球向上抛起，同时右臂内旋，直握拍手腕作屈，横握拍手腕作外展，使拍面角度后仰，向身体左后上方引拍。

③ 迎球：右臂从身体左后上方向右后前下方挥动。

（2）击球时：当球从高点下降至稍高于或平于网高时，前臂加速向左前下方发力，同时直握拍手腕作伸，横握拍手腕作内收，击球中下部向底部摩擦。球击出后第一落点接近球网右前下方。

（3）击球后：手臂继续向右前下方随势挥动，迅速还原。

（4）发力部位以前臂和手腕为主，动作过程中身体重心从左脚移至右脚。

特点：同正手发下旋加转球与不转球，多用于横拍。

发球技术动作易犯错误和纠正方法，如表12-4所示。

表 12-4 发球技术动作易犯错误和纠正方法

编号	易犯错误	原因	现象	纠正方法
1	发球犯规	不懂规则，平时要求不严	判罚失分	学习规则，严格按照规则要求进行练习
2	击球点过高或过低	击球点的位置不清，击球动作与抛球动作配合不协调	发球准确性差，球易出界或下网	明确击球点的位置，反复进行正确练习
3	发球时的触拍部位不准确	抛球不稳定，调节控制拍形能力差	发球准确性差，发球质量不高	弄清各种发球的触拍部位，反复进行练习，提高触拍部位的准确性，加强手上调节
4	球发出后的第一落点位置不当	第一落点位置概念不清	发球不过网或发球出界	弄清第一落点位置，要求击球点正确，调节好击球时的拍面角度

五、攻球

（一）反手攻球

随着当今乒乓球运动的发展，反手攻球已是各种打法的运动员，特别是进攻类型运动员不可缺少的一项技术。比赛中运用反手攻球，常可以发动威力强大的全台进攻，大大加强了攻势。虽然掌握起来比较困难，尤其是对直拍运动员，但展望乒乓球运动的未来，它将是必备的技术之一。

特点：站位近、动作小、球速快、路线活、带上旋，击球点在台内，回球具有突击性，是对付台内球并争取主动的一种攻球技术。

（1）击球前动作如下。

① 选位：站位靠近球台。左大角度来球时，上左脚；中间或偏右开球时，上右脚。

② 引拍：手臂自然弯曲，前臂伸向台内，根据来球旋转强弱程度，手臂相应内旋或外旋，调整拍面角度。

③ 迎球：前臂向前挥动。

（2）击球时：当球跳至高点期，下旋强时，前臂、手腕向前上方发力，拍面稍后仰击球中下部；下旋弱时，前臂、手腕向前发力，拍面垂直击球中部。

（3）击球后：随势挥臂动作小，迅速还原成击球前的准备姿势。

（4）发力主要部位以前臂、手腕为主，动作过程中身体重心放至迎球前上步脚上。

（二）正手攻球

正手攻球是乒乓球攻球技术的重要组成部分，如图 12-6 所示。具有快速有力的特点，能体现积极主动快速进攻的指导思想。比赛时，正手攻球运用得好，就能使自己处于主动，使对方陷于被动。因此，无论什么打法的运动员，都必须很好地掌握这项技术。

图 12-6 正手攻球动作方法

特点：站位近、动作小、球速快、路线活、带上旋，击球点在台内，回球具有突击性，是对付台内球并争取主动的一种攻球技术。

动作方法：

（1）击球前动作如图 12-7 所示。

① 选位：站位靠近球台，右方大角度来球时上右脚，中间或偏左方向来球时上左脚。

② 引拍：手臂自然弯曲迎前，前臂伸向台内，根据来球旋转程度手臂相应地作内旋或外旋调整拍面角度。

③ 迎球：前臂、手腕向前挥动。

（2）击球时：当来球跳至高点期，下旋强时拍面稍后仰，击球中下部，前臂、手腕向前上方发力。下旋时若拍面垂直，击球中部，前臂、手腕向前为主，适当向上用力。上旋时拍面稍前倾，击球中上部，手臂直接向前用力。

（3）击球后：随势挥臂动作小，迅速还原。

（4）发力主要部位以前臂、手腕为主，动作过程中身体重心放置迎前的上步脚上。

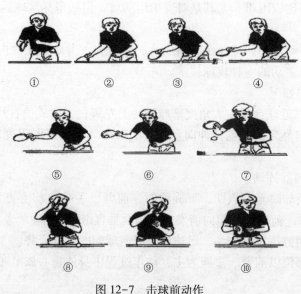

图 12-7 击球前动作

攻球技术动作易犯错误和纠正方法，如表 12-5 所示。

表 12-5 攻球技术动作易犯错误和纠正方法

编号	易犯错误	现象	纠正方法
1	正手攻球时，手腕下垂使球拍与前臂成垂直	击球时，动作僵硬不协调	球拍拍柄向左，做徒手模仿练习
2	正手攻球时，手腕上挺使球拍与前臂成一条直线	击球时，动作僵硬不协调	握拍时，手腕放松，做徒手模仿练习
3	正手攻球时，抬肘关节	击球时，动作僵硬不协调	手臂放松，肘关节下垂，做近台快攻练习
4	判断球的落点不准，引拍动作不到位	击球落空	先做还击发球练习，再做还击连续挡球的练习
5	击球后，球拍立即停止不前	动作不协调	用多球练习改进动作

六、搓球

搓球技术是近台还击下旋球的一种基本技术。一方面，由于回球路线较短，缺乏前进力，多在台内，因而可造成对方回球困难。另一方面，搓球又比较稳健，旋转和落点变化也较多，故可用作过渡技术，用以寻找进攻机会。搓球动作与削球相似，又比较易学，是削球必须掌握的入门技术。

反手快搓动作方法如图 12-8 所示。

（1）击球前动作如下。

① 选位：右脚移前，身体离台 40 厘米。

② 引拍：手臂自然弯曲并内旋使拍面角度稍后仰，后仰动作小，前臂向左上方提起，将球引至身体左前上方。

③ 迎球：手臂向右前下方迎球。

（2）击球时：当前球跳至上升期，利用手臂前送的力量，借助对方来球前进力，前臂、手腕向右前下方用力，拍面稍后仰，击球中下部。

（3）击球后：手臂继续向前下方随势挥动，迅速还原成击球前的准备姿势。

图 12-8 反手快搓动作方法

(4) 发力主要部位以手臂前送借力还击，运动过程中身体重心从左脚移至右脚。

搓球技术动作易犯错误和纠正方法如表 12-6 所示。

表 12-6 搓球技术动作易犯错误和纠正方法

编号	易犯错误	现象	纠正方法
1	球拍没有上引，击球时前臂由上向下动作不明显	回球下旋力不强	反复进行前臂和手腕先向上引再向下切的挥拍模仿练习
2	击球时，拍面后仰不够	球出界或下网	练习用慢搓回击对方发来的下旋球，体会拍面后仰前送
3	击球时，球拍与球接触的部位不准，没击到球的中下部	回球准确性差，质量不高	做对搓练习，体会拍面后在下降期击球中下部的动作
4	击球后，前臂前送不够	球不过网	二人做慢搓练习，体会击球后手臂前送动作

七、弧圈球

弧圈球技术是一种带有强烈上旋的攻球技术，它能够制造适当的弧线，回击低而强烈的下旋球。命中率高，落台后前冲力大，攻击力强，比赛中即可主动攻击，又可在相持或被动时作为过渡技术。在回击低球和下旋球时比较稳健，故比快攻有更多的发力进攻时机。

高水平的弧圈球对快攻以及削球等各种打法，都具有较大的"杀伤力"。由于横拍正手、反手拉弧圈球都很方便，所以，以弧圈球为主打法的运动员多半执横拍，而直握拍反手拉弧圈球时，球拍的前倾角度较难达到要求。弧圈球根据击球位置的不同可划分为正手弧圈球，反手弧圈球，侧身弧圈球；根据击球方法和弧线高度的不同可划分为加转弧圈球（也叫高吊弧圈球）和前冲弧圈球。

（一）正手加转弧圈球

特点：与一般攻球相比较，站位稍远，动作稍大，球速稍慢，弧线曲度大、上旋特别强，第一弧线较高，第二弧线较低，落台后前冲并向下滑落。对方回击不当，容易出高球或出界。一般用它对付下旋球，可创造扣杀机会。

动作方法如下所述。

(1) 击球前动作如下。

① 站位离台约 60 厘米。左脚稍前，身体重心放在右脚上，两膝微屈，收腹含胸，身体略向右转。

② 引拍：右肩下沉，右臂自然弯曲，前臂后引并下沉，将拍引至身体右后下方，同时，前臂内旋，使拍面微前倾。

③ 迎球：待来球弹起飞到高点期时，在上臂带动下，以前臂为主向上兼向前挥拍迎球（与此同时，右侧腰、髋向左上方转动）。

(2) 击球时：在来球的下降期，以微前倾拍形击球的中部偏上。球拍击球瞬间，右脚前掌蹬地，右侧腰、髋向左上方转动、助力，前臂在上臂带动下向上兼向左前方发力摩擦击球。同时，还要充分利用手腕的力量，使球强烈上旋。

(3) 击球后：手和臂顺势向左前上方挥动，并迅速还原成准备姿势。动作过程中，身体重心从右脚移到左脚上。

（二）正手前冲弧圈球

（1）特点：弧线低而长，上旋强、球速快、有一定力量，弹起后前冲力大，并向下滑，是弧圈球运动员的主要得分手段。

（2）动作方法如图 12-9 所示：球拍自然引至身体与台面同高，拍形前倾与水平面成 35°~40°夹角。当球从台面弹起还未达到高点时，腰部向左转动，手臂向前上方挥动，上臂带动下臂加速内收，手腕略微转动，在高点期用拍摩擦球的中上部，使之成为较低的弧线落至对方的台面上，击球后重心移至左脚上。

图 12-9　正手前冲弧圈球动作方法

弧圈球技术动作易犯错误和纠正方法，如表 12-7 所示。

表 12-7　弧圈球技术动作易犯错误和纠正方法

编号	易犯错误	现象	纠正方法
1	引拍动作不够大，重心较高	回球上旋力不强	挥拍练习，主要引拍时要降低重心
2	击球时碰撞多摩擦少	回球上旋力不强	在接下旋发球中改进动作，注意体会摩擦击球动作
3	击球时，拍形掌握不好，球拍与球接触的部位不对	球下网或球出界	在接发球或多球练习中改进动作
4	击球时，判断来球路线不准或击球时间不对	击球落空	加强对来球的判断能力，利用多球练习改进动作

第三节　乒乓球的基本战术

一、乒乓球基本战术

（一）发球、接发球抢攻战术

1. 发球抢攻战术

发球抢攻是我国乒乓球运动员的重要战术之一。近年来，世界各种类型打法的运动员都越来越重视这一战术，并有了较大的发展。

发球抢攻的战术意识首先是尽量争取发球直接得分；其次是迫使对方回球质量不高，从而赢得有力进攻机会；第三才是迫使对方接发球不具备杀伤力，从而自己进行抢攻。

2. 接发球战术

特点：由某一单项攻（冲）球技术所形成，进攻性强，可变接发球的被动地位为主动地位，也可直接得分，是乒乓球运动各种打法特别是进攻型打法的主要战术。常用的接发球战术主要有以下几种。

（1）用快拨、快推或拉球回击，争取形成对攻的相持局面。

（2）用快搓摆短回接，使对方难以发力抢攻或抢位。

（3）对各种侧旋、上旋或不强烈的下旋短球，可用"快点"技术回接。"快点"突然性强，回球速度快并且路线变化多，对付欧洲的弧圈型打法选手，往往效果明显。

（4）接发球抢攻或抢位。

以上四种接发球战术，在比赛中可与场上具体情况结合起来运用。采用多种回接方法，给对方制造出各种困难，使其无法适应，从而破坏其发球抢攻或抢位的站位意图。

（二）对攻战术

对攻，是进攻型打法选手互相对垒时常采用的一项重要战术。快攻类打法，主要是依靠正手攻球、反手攻球、反手推挡或快拨技术，充分发挥快速多变的特点，以达到调动对方、有效攻球的目的；弧圈型打法，主要是依靠正、反手两面弧圈球技术，充分发挥旋转的威力，以达到牵制对方、增加攻击效力的目的。

常用的战术：攻对方两角；侧身攻；攻追身；轻与重的结合；攻防结合。

（三）拉攻战术

特点：连续正手快拉以创造进攻机会，机会出现后，采用突击和扣杀的手段来得分。拉攻战术是快攻打法对付削球型打法的主要战术之一。

动作方法如下。

（1）正手拉球后过渡为扣杀。

（2）反手拉球后过渡为扣杀（一般为两面进攻型运动员遇到反手位大角度的削球时所采用）。

（四）搓攻战术

搓攻战术是进攻型选手的一项辅助战术，主要是利用搓球的旋转和落点变化，为进攻创造机会。但搓球次数要适宜（不可过多），一般快搓一两板就行。

常用的搓攻战术如下。

（1）搓球落点变化，伺机进行突击。
（2）搓球转与不转相结合，变化落点伺机突击。
（3）搓拉与落点变化相结合，伺机突击。

（五）削攻结合战术

削攻结合的特点是：由削球和攻球结合而成，常以逼对方两个大角加转削球为主，伺机反攻；或以转、低、稳、变的削球，迫使对手在走动中拉攻，使其回球质量不高，从中寻找机会反攻。这种战术有稳、逼、变、凶、攻的特点，是攻削结合打法的主要战术。乒乓球战术类型如图 12-10 所示。

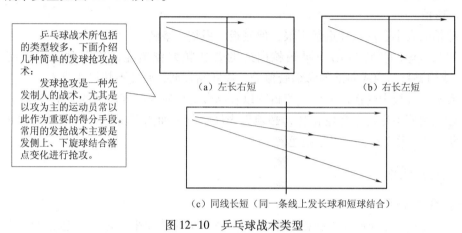

乒乓球战术所包括的类型较多，下面介绍几种简单的发球抢攻战术：
发球抢攻是一种先发制人的战术，尤其是以攻为主的运动员常以此作为重要的得分手段。常用的发抢战术主要是发侧上、下旋球结合落点变化进行抢攻。

（a）左长右短　　（b）右长左短

（c）同线长短（同一条线上发长球和短球结合）

图 12-10　乒乓球战术类型

二、乒乓球专项素质练习

（1）速度练习。同一只手摸球台两角，30 秒为一组，如图 12-11 所示。
（2）灵敏练习。沿台变向跑一周，要求始终面向一个方向，如图 12-12 所示。

图 12-11　速度练习

图 12-12　灵敏练习

第四节　乒乓球比赛规则

一、场地和器材

（1）场地：比赛场地不得小于 14 米长、7 米宽、4 米高（国内一般比赛可缩小为长 12 米、宽 6 米、高 3.5 米，基层比赛还可酌情缩小）。比赛场地须用 0.75 米高的深色挡板围起来，同临近的场地及观众隔开。地板不得呈淡色或有明显的反光。台面的照明度应均匀，不得小于 400 勒克斯，光源不得低于 4 米。

（2）球台：球台的上层表面叫作比赛台面，应为与水平面平行的长方形，长 2.74 米、宽 1.525 米，球台高 76 厘米。

（3）球网装置：球网应悬挂在一根绳子上，绳子两端系在高 15.25 厘米的直立网柱上，网柱外缘离开边线外缘的距离为 15.25 厘米，整个球网的顶端距离比赛台面 15.25 厘米。

（4）球：球应为圆球体，直径为 40 毫米，球重 2.7 克。球应用赛璐珞或类似的材料制成，呈白色、黄色或橙色，且无光泽。

（5）球拍。

① 球拍的大小、形状和重量不限，但底板应平整、坚硬。

② 用来击球的拍面应用一层颗粒向外的普通颗粒胶覆盖，连同黏合剂厚度不超过 2 毫米；或用颗粒向内或向外的海绵胶覆盖，连同黏合剂，厚度不超过 4 毫米。

③ 底板、底板中的任何夹层、覆盖物以及黏合层均应为厚度均匀的一个整体。

④ 球拍两面不论是否有覆盖物，必须无光泽，且一面为鲜红色，另一面为黑色。拍身边缘上的包边应无光泽，不得呈白色。

二、主要规则

（一）合法发球

（1）发球时，球应放在不执拍的手掌上，手掌张开并伸平。球应是静止的，在发球方的端线之后和比赛台面的水平面之上。

（2）发球员须用手把球几乎垂直地向上抛起，不得使球旋转，并使球在离开不执拍手的手掌之后上升不少于 16 厘米。

（3）当球从抛起的最高点下降时，发球员方可击球，使球首先触及本方台区，然后越过或绕过球网装置，再触及接发球员的台区。在双打中，球应先触及发球员和接发球员的右半区。

（4）从抛球前球静止的最后一瞬间到击球时，球和球拍应在比赛台面的水平面之上。

（5）击球时，球应在发球方的端线之后，但不能超过发球员身体（手臂、头或腿除外）离端线最远的部分。

（6）运动员发球时，有责任让裁判员或副裁判员看清他是否按照合法发球的规定发球。

（二）合法还击

对方发球或还击后，本方运动员必须击球，使球直接越过或绕过球网装置或触及球网装置后，再触及对方台区。

（三）重发球

出现下列情况应判重发球。

（1）如果发球员发出的球，在越过或绕过球网装置时，触及球网装置，此后成为合法发球或被接发球员或其同伴阻挡。

（2）如果接发球员或同伴未准备好时，球已发出，而且接发球员或其同伴均没有企图击球。

（3）由于发生了运动员无法控制的干扰，而使运动员未能合法发球、合法还击。

（4）裁判员或副裁判员暂停比赛。
（5）在双打时，运动员错发、错接。

（四）得分 1 分

除被判重发球，下列情况运动员得 1 分。

（1）对方运动员未能合法发球。
（2）对方运动员未能合法还击。
（3）运动员在发球或还击后，对方运动员在击球前，球触及了球网装置以外的任何东西。
（4）对方击球后，该球越过本方端线而没有触及本方台区。
（5）对方阻挡或连击。
（6）对方运动员或他穿戴的任何东西使球台移动。
（7）对方运动员或他穿戴的任何东西触及球网装置；对方运动员不执拍手触及比赛台面。

（五）一局比赛

在一局比赛中，先得 11 分的一方为胜方，10 平后，先多得 2 分的一方为胜方。

（六）一场比赛

一场比赛应采用 7 局 4 胜制或 5 局 3 胜制；一场比赛应连续进行。但在局与局之间，任何一名运动员都有权要求不超过 2 分钟的休息时间。

第十三章 羽毛球

第一节 羽毛球运动概述

一、运动的起源

1800年，现代羽毛球运动诞生于英国，由网球派生而来。1870年，出现了用羽毛、软木做的球和穿弦的球拍。1873年，英国公爵鲍弗特在格拉斯哥郡伯明顿镇的庄园里进行了一次羽毛球游戏表演，从此，羽毛球运动便逐渐开展起来，"伯明顿"即成了羽毛球的名字，英文是Badminton。那时的活动场地是葫芦形，两头宽中间窄，窄处挂网，直至1901年才改作长方形。

1875年，世界上第一部羽毛球比赛规则出现于印度的普那。三年后，英国又制定了更趋完善和统一的规则，并且这些规则大多沿用至今。

世界羽毛球赛事分为七个等级，四年一度的奥运会（包括男单、女单、男双、女双和男女混合五个单项），两年一度的汤姆斯杯赛（世界男子团体锦标赛）、尤伯杯赛（世界女子团体锦标赛）、苏迪曼杯赛（世界混合团体锦标赛）和世界羽毛球锦标赛（个人单项）均为七星级的赛事。

羽毛球运动简单易学，设备简单，适合男女老幼，并且运动量可根据个人年龄、体质、运动水平和场地环境而定。

进行羽毛球运动时，由于要不停地进行脚步移动、跳跃、转体、挥拍，因此，经常进行羽毛球运动可增强锻炼者上肢、下肢和腰部肌肉的力量，加快锻炼者全身血液循环，以及增强锻炼者心血管系统和呼吸系统的功能。

二、羽毛球场地与器材的基本要求

（一）羽毛球场地

长度是13.40米，单打球场宽5.18米，双打球场宽6.10米。

（二）场地线

球场必须有清楚的界线，场地线宽均为40毫米，场地线的颜色最好是白色、黄色或其他容易辨别的颜色。所有场地线都是它所确定区域的组成部分。

（三）场地空间、四周环境

球场上空12米以内，球场四周2米以内，不得有任何障碍物（包括相邻的两个球场）。

（四）网柱

网柱高 1.55 米，双打场地网柱应放置在双打边线的中点上，单打场地网柱应放置在单打边线的中点上。

（五）羽毛球

羽毛球重 4.74~5.50 克，应有 16 根羽毛插在半球形的软木托上；羽毛球底部为圆形，球托直径 25~28 毫米；羽毛在顶部围成圆形，直径 58~68 毫米；羽毛应用线或其他适宜材料扎牢。

（六）球拍

羽毛球拍用木料、铝合金或碳素纤维等质地轻而坚实并富有弹性的材料制作而成。球拍由拍头、拍弦面、连接喉、拍杆、拍柄组成整个框架。拍头、连接喉、拍杆和拍柄总称拍框。拍框总长度不超过 680 毫米，宽不超过 230 毫米；拍弦面应是平的，用拍弦穿过拍头十字交叉或用其他形式编制而成，编制样式应保持一致；拍弦面长不超过 280 毫米，宽不超过 220 毫米。

第二节　羽毛球运动的基本技术

羽毛球的基本技术主要由手法和步法两大部分组成。其中，手法包括握拍、发球和击球，步法包括上网步法、后退步法和左右移动步法等。

一、握拍法

最基本的握拍法有正手握拍法和反手握拍法两种，下面以右手握拍为例进行介绍。

（一）正手握拍法

凡从身体右侧来球至头顶运用正手握拍法击球，如图 13-1 所示。虎口对准拍柄上方侧内沿，小指、无名指和中指并握，食指稍分开，大拇指与中指靠近。

（二）反手握拍法

凡从身体左侧的来球，运动员应先转身（背对网）后击球，用反手握拍法，即在正手握拍的基础上，拇指和食指将拍柄稍外转，拇指顶贴在拍柄内侧的宽面上，如图 13-2 所示。

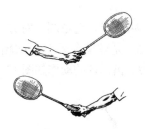

图 13-1　正手握拍法

图 13-2　反手握拍法

二、发球与接发球

（一）发球

发球有正手发球和反手发球两种。按球在空中飞行的弧线又可将发球分为发高远球、发平高球、发平快球、发网前球和发旋转飘转球等，如图 13-3 所示。

（二）接发球

如果说发球发得好是走向胜利的开始，那么接发球接得好则是走向胜利的第一步。发球方要利用多变的发球打乱接球方的阵脚，争取主动，而接发球方则是通过多变的接发球破坏对方的企图。接发球的动作如图 13-4 所示。

（a）正手发球　（b）反手发球

图 13-3　发球的动作　　　　　　　图 13-4　接发球的动作

三、击球法

（一）高远球

高远球可以逼迫对方退离中心位置，到底线去击球，削弱对方进攻威力，消耗对方的体力。高远球的滞空时间长，易于争取时间，可摆脱被动局面。击高远球的动作如图 13-5 所示。

图 13-5　击高远球的动作

（二）吊球

把对方击来的球从后场轻巧地还击到对方的网前地区，叫吊球。它是调动对方、打乱对方阵脚、配合战术的一种击球技术。在后场进攻中，常和高远球、杀球结合运用。如能做到这三种击球的前期动作一致，就能造成对方判断上的失误，以巧取胜。击吊球的动作如图 13-6 所示。

图 13-6　击吊球的动作

（三）杀球

把高球在尽量高的击球点上用力扣压下去，这种球力量大、弧线直、下落快，是一种主要进攻技术。杀球动作如图 13-7 所示。杀球技术有正手、反手和绕头顶杀球三种。

图 13-7　杀球动作

（四）放网前球

将对方的吊球或网前球用球拍轻轻一托，使球一过网顶就朝下坠落，如图 13-8 所示。

图 13-8　放网前球的动作

（五）搓球

搓球是放网前球技术的一种发展。它动作细腻，击球点较高，利用搓、切、挑的动作，摩擦球托底部，使球改变在空中的正常运行轨道，产生沿横轴翻转或纵轴旋转越过网顶，给对方回击造成困难，因而为自己创造进攻的机会，如图 13-9 所示。

（六）推球

推球与网前的假动作相配合，在引诱对手上网时，突然将球快速推到后场底角，如图 13-10 所示。利用这种进攻技术，常能直接得分。

（七）勾球

在网前回击对角线球叫勾球。它和搓球、推球结合起来运用，常能起到声东击西的作用，其动作如图 13-11 所示。

图 13-9 搓球动作

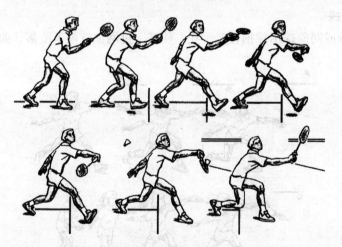

图 13-10 推球动作

图 13-11 勾球动作

(八) 扑球

当对方发网前球或回击网前球、球越过网顶时，球的弧度较高，运动员迅速上步在网前举拍扑杀，谓之扑球。扑球用力有轻有重，飞行的弧线较短，落地较快，常使对方挽救不及，它是双打中常用的一种进攻技术。扑球动作如图13-12所示。

图13-12 扑球动作

(九) 挑高球

它是把对方击来的吊球或网前球挑高，回击到对方的后场去，这是在比较被动的情况下采取的一种防守技术。挑高球动作如图13-13所示。

图13-13 挑高球动作

(十) 抽球

抽球是击球平飞过网的一种打法。抽击时，击球点在肩部以下的两侧，是下手击球速度较快的一项进攻技术，在双打中运用最多，其动作如图13-14所示。

(十一) 接杀球

接杀球是转守为攻的打法，分为挡网前球、抽后场球和挑高球，其动作如图13-15所示。

四、步法

羽毛球的步法要快速灵活，这样才能有效地控制全场。单个步子有蹬步、跨步、垫步、蹬跨步、蹬转步、交叉步、并步、小碎步、腾跳步等。由这些组成上网、后退、两侧移动和起跳腾空等综合步法。从中心位置起动，移动到任何击球位置，一般不超过3步。

图 13-14 抽球动作

图 13-15 接杀球动作

以右手持拍者为例,介绍几种综合步法。

(一)上网步法

由中心位置起动,不论正手球或反手球,根据来球的远近,可采用1步、2步或3步上网击球。但最后一步总是要求右脚在前,重心落在右脚上。

(二)后退步法

由中心位置后退,根据来球的远近,可采用1步、2步或3步后退击球。最后一步是右脚在后,重心在右脚上。若反手部位击球,左脚退后一步,上身需向左转体后,右脚再跨出一步。

(三)两侧移动步法

向右侧移动:若来球较近,用左脚掌内侧起蹬,右脚同时向右侧转跨一大步;若来球较远,左脚可向右垫一小步再起蹬右脚同时向右转侧跨一大步。向左侧移动:若来球较近,用右脚掌内侧起蹬,左脚同时向左侧转跨一大步;若来球较远,左脚可先向左侧移半步,上体向左转身的同时右脚向左(前交叉)跨大步。

(四)起跳腾空步法

步伐到位后,为争取战机和更高的击球点,用单脚或双脚起跳,居高临下,凌空一击。

第三节 羽毛球运动的基本战术

战术是根据对手的技术、打法、体力和思想意志等因素，从发挥自己的长处，弥补自己的短处出发，为争取比赛胜利而采取的各种策略。

一、单打战术

（一）发球抢攻

即从发球的第一拍起，争取控制对方，攻杀得分。一般以发网前低球结合平快球、平高球，争取第三拍主动进攻。

（二）攻后场

对后场还击力量较差的对手，可以攻后场底线两角，乘机进攻。

（三）攻前场

对基本功差的选手，可将其引到网前，争取得分。

（四）打四方球

若对手步法较慢，体力稍差，技术不全面，可以快速准确的落点攻击对方场区的四个角落，伺机向空当进攻。

（五）杀吊上网

当对手打来后场高球，先以杀球配合吊球把球下压，落点要选择在场区的两条边线附近，使对手被动回球。若对手还击网前球时，迅速上网搓球、勾球或平推球，创造在中后场大力扣杀的机会。

（六）守中反攻

先以高远球诱使对方进攻，在对手强攻不下、疏于防守时，即可突击进攻，或在对手体力下降、速度缓慢时，再发动进攻。

二、双打战术

（一）发球、接发球战术

双打的发球往往是决定胜负的关键。发球要根据对方情况，选择好站位，注意球路、落点的变化，争取主动。因双打的发球线比单打短 76 厘米，不利于发高球，往往以发网前球为主。接发球时如果判断起动快，有较好的出手手法，常可以扑球使对方被动，或是以搓、推获得主动进攻的机会。

（二）攻人（2 打 1）

集中攻击对方有明显弱点的队员。当另一队员前来协助时，露出空隙，可攻空隙；若另一名队员放松警惕时，可攻其不备。

（三）攻中路

当对方处于并排防守站位时，可攻对方两人的中间。当对方前后站位时，就可把球下压或轻推在两边线半场处。

（四）攻后场

遇到后场扣杀能力差的对手，可采用平高球、推平球、接杀挑底线，把对方一人紧逼在底线两角移动。当对手被动还击时，大力扑杀。如另一对手后退支援时，即可攻网前空当。

（五）后攻前封

当本方处于主动进攻前后站位时，后场队员逢高球必杀，迫使对手接杀挡网前，为本方前场队员创造封网扑杀机会。前场队员要积极封锁前场，迫使对方被动挑高球，遇挑高球不到后场，就会为本方创造得分机会。

（六）守中反攻

在防守中寻找反攻的机会，以达到摆脱被动转为主动进攻的局面。待到有利时机就运用反抽或挡网前回击对方的杀球，从守中反攻，争得主动权。

第四节 羽毛球比赛规则

国际羽联对21分制做了最后修订，并宣布新规则从2006年2月1日起正式实施。据介绍，新规则的最大变化是取消了发球得分制，另外规定每局获胜分统一定为21分。羽毛球场地尺寸如图13-16所示。

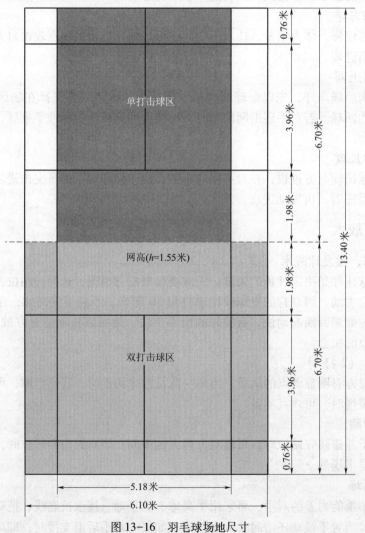

图13-16 羽毛球场地尺寸

羽毛球竞赛的具体规定如下。

一、单打

（1）每场比赛采取三局两胜制。
（2）率先得到 21 分的一方赢得当局比赛。
（3）如果双方比分打成 20 比 20，获胜一方需超过对手 2 分才算取胜。
（4）如果双方比分打成 29 比 29，则率先得到第 30 分的一方取胜。
（5）首局获胜一方在接下来的一局比赛中率先发球。

二、双打

（1）每球得分 21 分制。规则：21 分制，任何一方只要将球打"死"在对方的有效位置，或者因为对方出现违例或失误，均可得分。
（2）增加技术暂停。规则：除非特殊情况（比如地板湿了，球打坏了），球员不可再提出中断比赛的要求。但是，每局一方以 11 分领先时，比赛进行 1 分钟的技术暂停，让比赛双方擦汗、喝水等。
（3）平分后的加分赛。规则：每局双方打到 20 平后，一方领先 2 分即算该局获胜；若双方打成 29 平后，一方领先 1 分，即算该局取胜。
（4）发球员的顺序与单打中的顺序一样，即以分数的单数或双数来决定，只有发球方在得分时才交换发球区。得分者方有发球权，如果本方得单数分，从左边发球；得双数分，从右边发球。除此以外，运动员继续站在上一回合的各自发球区不变，以此保证发球员的交替。
① 如果双方在 A/B 一对组合和 C/D 组合之间进行，A/B 一方选择先发球。假如说 A 站在两人的右手区域，那么 A 先发球给对角线位置上的 C（假设）。
② 如果 A/B 一方得分，那么 A 和 B 需要交换彼此的站位区，还有由 A 来发球，将球发给 D（A/B 一方得分 C 和 D 两人不换位置）。
③ 如果此时 C/D 一方得分，那么双方四名队员都不换位置，发球权交给 C/D 一方，由刚才接发球的 D 来发球，D 发球给对方刚才发球的选手 A。
④ 如果 D 发球后 C/D 一方得分，那么 C 和 D 交换位置继续由 D 发球给 B。
⑤ 如果 D 发球后得分的是 A/B 一方，那么双方队员不用换位，发球权交给 B。

三、合法发球

（1）一旦发球员和接发球员都站好各自的位置，任何一方都不允许延误发球。
（2）发球员和接发球员应站在斜对角的发球区内，脚不触及发球区和接发球区的界线。
（3）从发球开始，直到球发出之前，发球员和接发球员的两脚必须都有一部分与球场接触，不得移动。
（4）发球员的球拍应首先击中球托。
（5）在发球员的球拍击中球瞬间，整个球应低于发球员的腰部。
（6）在击球瞬间，发球员的拍杆应指向下方，使整个拍头明显低于发球员的整个握拍手。

（7）发球开始后，发球员必须连续向前挥拍，直至将球发出。

（8）发出的球，应向上飞行过网，如果未被拦截，球应落在规定的接发球区内（即落在线上或界内）。

四、违归发球

（1）根据规则的规定，如果发球不合法，应判"违例"。

（2）发球员发球时未能击中球，应判"违例"。

（3）一旦双方运动员站好位置，发球员挥拍时，发球员的球拍第一次向前挥动即为发球开始。

（4）发球员应在接发球员准备好后才能发球，如果接发球员已试图接发球则应被认为已做好准备。

（5）发球开始后，发球员的球拍击中球或者未能击中球均为发球结束。

（6）双打比赛，发球员或接发球员的同伴站位均不限，但不得阻挡对方发球员或接发球员的视线。

五、羽毛球比赛方法及主要规则简介

（一）比赛的项目

男子单打、女子单打、男子双打、女子双打、混合双打、男子团体、女子团体。

（二）比赛的计分方法及规则

（1）记分方法，采用21分制，即双方分数先达21分者胜，3局2胜。每局双方打到20平后，一方领先2分即算该局获胜；若双方打成29平后，一方领先1分，即算该局取胜。

（2）规则中每球得分，并且除特殊情况（比如地板湿了，球打坏了）外，球员不可再提出中断比赛的要求。但是，每局一方以11分领先时，比赛进行1分钟的技术暂停，让比赛双方擦汗、喝水等。

（3）得分者方有发球权，如果本方得单数分，从左边发球；得双数分，从右边发球。在第三局或只进行一局的比赛中，当一方分数首先到达11分时，双方交换场区。

（三）比赛中的站位

1. 单打

（1）发球员的分数为0或双数时，双方运动员均应在各自的右发球区发球或接发球。

（2）发球员的分数为单数时，双方运动员均应在各自的左发球区发球或接发球。

（3）如"再赛"，发球员应以该局的总的分数来确定站位。若总分为15分（单数），双方运动员均应在各自的左发球区发球或接发球；若总分为16分（双数），双方运动员均应在各自的右发球区发球或接发球。

（4）球发出后，双方运动员就不再受发球区的限制而自由击到对方场区的任何位置，运动员的站位也可以在自己这方场区的界内或界外。

2. 双打

（1）一局比赛开始和获得发球局的一方，都应从右发球区开始发球。

（2）只有接发球员才能接发球；如果他的同伴去接球或被球触及，发球方得一分。

①每局开始首先发球的运动员，在该局本方得分为0或双数时，都必须在右发球区发

球或接发球；得分为单数时，则应在左发球区发球或接发球。

② 每局开始首先接发球的运动员，在该局本方得分为 0 或双数时，都必须在右发球区接发球或发球；得分为单数时，则应在左发球区接发球或发球。

③ 上述两条相反形式的站位适用于他们的同伴。

（3）任何一局的本方发球员失去发球权后，由该局首先发球员发球，然后首先发球员的同伴发球，接着由他们的对手之一发球，然后再由另一对手发球，如此传递发球权。

（4）运动员不得有发球错误和接发球的错误，或在同一局比赛中有两次发球。

（5）一局胜方的任一运动员可在下一局先发球，负方中任一运动员可先接发球。

（6）球发出后就不再受发球区的限制了。运动员可在本方场区自由站位和将球击到对法场区的任何位置。

（四）比赛规则

1. 交换场区

（1）以下情况运动员应交换场区。

① 第一局结束。

② 第三局开始。

③ 第三局中或只进行一局的比赛进行至一方达到 11 分时。

（2）运动员未按以上规则交换场区，一经发现立即交换，已得分数有效。

合法发球：发球任何一方都不允许非法延误发球；发球员和接发球员都必须站在斜对角线发球区内发球和接发球，脚不能触及发球区的界限；两脚必须都有一部分与地面接触，不得移动，直至将球发出；发球员的球拍必须先击中球托，与此同时整个球必须低于发球员的腰部；击球瞬间球杆应指向下方，从而使整个拍框明显低于发球员的整个握拍手部；发球开始后，发球员的球拍必须连续向前挥动，直至将球发出；发出的球必须向上飞行过网，如果不受拦截，应落入接发球员的发球区。

2. 羽毛球的违例

（1）发球不合法违例。

（2）发球员发球时未击中球。

（3）发球时，球过网后挂在网上或停在网顶。

（4）比赛时出现以下情况也属违例。

① 球落在球场边线外。

② 球从网孔或从网下穿过。

③ 球不过网。

④ 球碰屋顶、天花板或四周墙壁。

⑤ 球碰到运动员的身体或衣服。

⑥ 球碰到场地外其他人或物体。

（5）比赛时，球拍或球的最初接触点不在击球者网的这一方（击球者击球后，球拍可以随球过网）。

（6）比赛进行中出现以下行为属违例。

① 运动员球拍、身体或衣服触及网或网的支持物。

② 运动员的球拍或身体，以任何程度侵入对方场区。

③妨碍对手，如阻挡对方仅靠球网的合法击球。

（7）比赛时，运动员故意分散对方注意力的任何举动，如喊叫、故作姿态等。

（8）比赛时出现以下行为属违例。

①击球时，球夹在或停滞在拍上紧接着又被拖带。

②同一运动员两次挥拍连续击中球两次。

③同一方两名运动员连续各击中球一次。

④球碰球拍继续向后场飞行。

（9）运动员违反比赛连续性的规定。

（10）运动员行为不端。

3. 重发球

（1）遇不能预见或意外的情况，应重发球。

（2）除发球外，球挂在网上或停在网顶，应重发球。

（3）发球时，发球员和接发球员同时违例，应重发球。

（4）发球员在接发球员未做好准备时发球，应重发球。

（5）比赛进行中，球托与球的其他部分完全分离，应重发球。

（6）司线员未看清球的落点，裁判员也不能做出决定时，应重发球。

（7）重发球时，最后一次发球无效，原发球员重发球。

4. 死球

（1）球撞网并挂在网上，或停在网顶上。

（2）球撞网或网柱后开始在击球这一方落向地面。

（3）球触及地面。

（4）"违例"或"重发球"。

5. 发球区错误

（1）发球顺序错误。

（2）从错误的发球区发球。

（3）在错误的发球区准备接发球，且对方球已发出。

6. 发球区错误的裁判方法

（1）如果错误在下一次发球击出前发现，应重发球；只有一方错误并输了这一回合，则错误不予纠正。

（2）如果错误在下一次发球击出前未被发现，则错误不予纠正。

（3）如果因发球区错误而"重发球"，则该回合无效，纠正错误重发球。

（4）如果发球区错误未被纠正，比赛也应继续进行，并且不改变运动员的新发球区和新发球顺序。

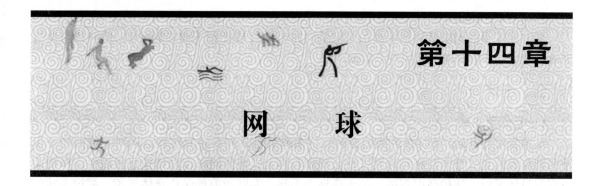

第十四章 网 球

第一节 网球运动概述

网球运动起源于法国。早在12—13世纪，法国的传教士用手掌击打一种小球来娱乐，当时，这种游戏被称作"掌球戏"。14世纪中叶，这种游戏传入英国，当时球的表面是用绒布做的，英国人将这种球称为"Tennis"（英文网球），并流传下来。

15世纪，人们发明了用线编制的网球拍，场地也已成雏形，并制定了相应的比赛规则。1873年，英国的菲茨德尔少校改进了早期的网球打法，规定了球网的大小和高低，创造了简易的草地网球比赛。1875年英国板球俱乐部修订了网球的比赛规则后，于1877年7月举办了第一届温布尔登草地网球锦标赛。至此，现代网球正式形成，并很快在欧美盛行起来，成为一项深受欢迎的室外体育运动。1885年前后，网球运动传入我国上海、广州等地，并首先在教会学校中开展。

1896年，在希腊雅典举行的第一届夏季奥运会上，网球单打与双打被列为正式比赛项目。后来，由于国际奥委会和国际网球联合会在"业余运动员"的定义上有分歧，已经连续在七届奥运会上进行的网球比赛被取消。直到1984年的洛杉矶奥运会上，网球才被列为表演项目。1988年的汉城奥运会上，网球重新被列为正式比赛项目。

第二节 网球运动的基本技术

一、握拍法

在所有的网球技术中，最基本的是握拍法，它能直接影响球拍接触球的角度。目前，世界上最流行的握拍法有两种：东方式和西方式。专家在总结教学实践经验后得出结论，业余网球的基本技术首先应从东方式平地击球技术开始，这样效果最好，掌握最快。所以，我们在此只向大家介绍东方式握拍的方法。

（一）正手握拍法

用左手握住拍颈，使拍面与地面垂直，拍柄底部正对身体，右手掌展开，放在拍面上，然后慢慢向拍柄底部滑动，手掌到达拍柄底部后，五指自然分开，像握手一样握住拍柄。东方式握拍又称握手式握拍，此时由拇指与食指形成的"V"形虎口对准拍柄把手的右上斜面。

(二) 反手握拍法

东方式反手握拍法是从正手握拍法把手向左转动（或把拍子向右转动），使拇指与食指形成的"V"字形对准拍柄的左上斜面。

二、击球

(一) 正手击球

从准备姿势开始，（以右手持拍为例）以右脚为轴，向右转肩转髋，同时左脚前跨一步使两脚与肩同宽。身体左侧对球网，重心移到右脚上，转体同时带动球拍直接后引，将拍面引到与身体平行。球拍高度齐膝，拍头略高于手腕，左臂微前伸保持身体平衡。挥拍击球时身体重心移至左脚，并以左脚为轴向左转髋转肩，带动右手臂向前迎击球的中部，击球点在左脚侧前方。球离弦后，球拍随惯性挥至左肩上方，并迅速还原到准备姿势，如图14-1所示。

图 14-1　正手击球动作

(二) 反手击球

从准备姿势开始，以左脚为轴，向左转肩转髋，同时右脚跨出一步，使两脚与肩同宽，身体右侧对球网，重心移至左脚上。转肩同时左手转动拍颈使右手成东方式反手握拍，并带动球拍后引与身体平行，击球肘贴近身体，左手轻持拍颈，拍头略低于来球。击球时身体重心移至右脚，左手放开拍颈，以右脚为轴向右转髋转肩，带动右手臂由下向前上挥拍击球中部偏下，击球点在右脚侧前方。击球后球拍随惯性继续挥至右肩上方，并迅速恢复成准备姿势，随时回击下一次来球，如图14-2所示。

图 14-2　反手击球动作

（三）双手反手击球

当判断准来球是飞向反手方向时，在移动到位的最后一步应保持右脚在前，身体右侧朝向来球方向。双手握球拍向左后挥摆，右臂伸展较大，左臂弯曲。在迎球过程中，挥臂与转体动作配合，使球拍由低向高挥动，击球点在右脚侧前方，拍面垂直，触球的中部。击球后双手随势挥至右侧头部高度，身体重心移向右脚。动作完成后，迅速恢复成准备姿势。

三、发球

（1）准备姿势：采用大陆式或东方式反拍握拍法。侧身站立在端线外中场标记旁，左肩对着左边网柱，面向右边网柱，两脚分开约同肩宽，左脚与端线约成45°，与端线平行，重心在左脚上。左手持球轻托球拍在腰部，拍头指向前方。

（2）抛球与后摆：抛球与后摆拉拍动作是同步开始的，持球手拇指、食指和中指三指轻轻托住球，掌心向上。当球拍从身后向头上方做大弧度摆动，身体做转体、屈膝、展肩时，持球手柔和地在身前左脚前上举，直至伸直高及头顶。此时右肘向后外展约同肩高，拍头指向天空，左侧腰、胯成弓形，身体重心随着抛球开始先移向右脚，然后平稳地开始前移。此刻，肩与球网成直角。

（3）击球动作：当左手抛出球时，球拍继续向上摆起，这时候持拍手的肘关节放松，可以使向前转动的身体和右肩自动地让手臂和身体充分伸展。当身体向前上方伸展击球时，肩、手臂已经回转，双肩与球网平行。挥拍击球时，持拍手腕带动小臂有一个旋内的"鞭打"动作。

（4）随挥动作：球发出后，身体向体内倾斜，保持连续的向前上方伸展的随挥动作。球拍挥至身体的左侧（美式旋转发球球拍随挥至身体的右侧），重心移向前方，做到完美自然地跟进并保持身体平衡。

四、接发球

接发球是比较难掌握的技术，要接好发球必须掌握比较全面的基本技术，因为接发球之前无法判断对方发球的方向、旋转、力量和速度。对手将球发出后就要迅速做出判断和反应，并且选择恰当的击球方式来完成接发球动作。

（1）接发球站位一般位于端线附近，力求在接发球时向前移动击球。

（2）在接发球的全过程中眼睛要始终注视来球，一直到完成还击动作。要认真观察对方的抛球动作，这样有利于判断发球的方向和旋转。

接发球时应注意：对方第一次发球时多采用大力发球，站位应偏后一些。第二次发球可略向前移。接大力发球时引拍动作不要过大，要控制好拍面角度并握紧球拍。还击球之前要观察对方的行动，选择回球的线路和落点。

五、截击球

（一）正手截击球

截击时站在网前 2.5~3 米的位置，准备姿势与一般击球基本相同，但球拍要举得高一些，约与眼部同高。截击时后摆动作要小，击球点保持在身体前方，拍触球瞬间手腕固定，用力握紧球拍，略加向前推击的动作。截击较近的球，左脚跨出一小步，截击较远的球要跨出一大步,如图 14-3 所示。

(二) 反手截击球

准备姿势同正手截击球。击球点要比正手截击球靠前一些,因此要及早跨出右脚,重心也要置于右脚上。击球时手腕固定,用力紧握球拍,拍面稍前倾,触球中上部。击球后右臂伸展,向前下方压送,如图 14-4 所示。

图 14-3　正手截击球动作

图 14-4　反手截击球动作

六、高压球

凌空高压球:握拍采用大陆式,发现对手挑高球时,应立即侧身,右脚后撤,使身体侧对网,同时,直线引拍至右肩的后上方,拍头朝上,左臂上举指向来球,眼睛盯住球。继续保持侧身对网姿势,用快速的小步,调整到球将要降落之处的击球位置,做好高压的准备。

七、挑高球

挑高球是还击的球越过上网队员的头顶,落入对方后场区域,分防守性挑高球和进攻性挑高球两种,有平击、上旋、下旋三种打法,基本打法是平击防守性挑高球。

平击挑高球采用东方式正、反手握拍法,击球方法类似于底线抽球。向来球移动的同时向后引拍,重心落在后脚上。击球时,手腕绷紧,拍面开放,以很陡的弧线击球的后下部,抬臂送球,完成随挥动作。正手随挥动作结束在头部右侧上方,反手则相反。

八、步法

(一) 准备击球的步法

两脚分开与肩同宽,面对网,略弯腰,膝部微屈,脚跟微微提起,身体重心落于前脚掌。

(二) 击球步法

侧身两脚前后开立,重心移到后脚。击球时,重心由后脚移至前脚,带动手臂、球拍及腰部动作,使全身力量协调地通过球拍击球。击球后,后脚自然跟进,保持身体平衡,恢复准备击球姿势。

(三) 移动步法

分交叉步和垫步。交叉步如同走路,左、右脚一前一后跨步向前,不同时着地,步子大，速度快，适于左右或向前快速跑动。垫步时，若向左移动，先跨出左脚，带动右脚向左移动。垫步用于小范围内调整身体与球的距离。

（四）上网技术

上网时机一般应抓以下几点：① 发球后上网，是发急速旋转球后，借助球在空中飞行时间较长的特点，能使自己有足够的时间向前移动上网；② 随球上网，即乘机上网，击球后，在使对方回球困难的前提下，给自己创造上网的机会。

第三节　网球运动的基本战术

一、单打基本战术

（一）打对方的反手

每个人的反手一般都比正手弱，而且初中级选手的反手可能就是他最大的心病所在，所以不管和谁比赛，第一个原则就是打对方的反手。

（二）打对角球

当你和对手底线相持的时候，如果没有好的机会，尽量打对角球。首先因为球网中间是最低的，你就减少了下网的机会；第二个好处就是对角的距离是最长的，你又减少了出界的机会；最后，你打过去以后，对方最好打的球也是对角球，所以你可以比打直线球少跑一些距离，而如果对方打直线的话，他就冒了一定的风险，因为许多的失误是由于变线造成的。

（三）打高球

在网球比赛中，最应该避免的就应该是下网球了。因为假如你打的球有三种结果：下网、出界、界内，你的成功率为33.33%，而如果你把球都打过网，你的球就只有两种结果，界内和出界，那你的成功率就已经是50%了。比赛和练习的时候试着把球打高一些，是会有所收获的。

（四）反手位打正手球

反手位打正手有两个明显的好处：① 保护自己的弱点；② 攻击对方的弱点。即使对方打直线，把球打到正手位的空当，一般也能跑过去用自己的强项正手打一个高球，然后复位。

（五）把球发过网

① 必须有1/4的球发到对方的反手。即使发球很慢，但只要发到对方反手，一般的初中级选手是很难一拍打死的；② 关键时候只要能保证命中率，对方由于心理紧张可能产生动作变形，击球下网；③ 只要发球不失误，对手就很难得分，心理压力就大大减少，在不经意间心理上就占了优势。

二、双打基本战术

与单打比赛相反，双打讲的是配合，必须同他人一道协同进行。一个优秀的双打队伍更加强调配合和战术，而不是在单打中所强调的纯粹的身体力量。

（一）协作配合战术

好的双打配对应紧密合作、互创条件、扬长避短、相辅相成，在场上有呼有应、相互鼓励、气势如虹，即使由于实力不如对方而失利，两个人合作也是愉快、融洽的。因此，双打的根本是两个人如同一个整体，无论何时都要并肩作战，移动要一致，相互间的距离不能超过3.5米以上。

（二）协同防守

当自己的同伴回到端线去救高球时，自己不应当继续留在网前，如果出现这种情况，就会在两人之间出现漏洞，让对方打出落点很好的"破网"球来。所以，当同伴退回去时，自己也要跟着退，使自己一方处于最佳的防守位置。退回端线后虽然被动了，但一旦出现浅球时，两人还可立即一块向前，回到网前。

（三）抢网战术

（1）在发球前做出抢网决定。抢网是网前人横向移动，拦截对方接球员打过来的斜线球。它要求发球方有敏捷的思维和快速的步法。所以，很重要的是两人要事先商定，如果对方打斜线球时，网前人则要去抢网。

（2）防守住空出的场地。当网前人扑出去拦截发球时，那半个球场便无人防守。所以发球员发球之后，不应该直接冲向前，而应向前跑几步，然后向同伴留下的那半场跑去，并继续向网前移动。抢网的人在拦截之后，应当继续进入发球员的场区。两人交叉移动，可以防住对方可能回击的直线球以及抢网人第一次截击没能得分后的回击。

（3）抢网时起动要快。需要在对方接球员击球的一瞬间起动，而不要在接球员击球之前移动，把自己的行动意识暴露给对方。如果接球员察觉到你要抢网，便会打直线球并可能得分。等球时，身体前倾，准备好蹬出去击球。向右边抢网时，蹬左脚并快跑几步到截击位置。绝大多数的选手喜欢用正拍抢网，因为它截击的伸缩度大。但是，不论是正拍抢网还是反拍抢网，都要快速起动。

第四节　网球比赛规则

一、发球

（一）发球前的规定

发球员在发球前应先站在端线后、中点和边线的假定延长线之间的区域里，用手将球向空中任何方向抛起，在球接触地面以前，用球拍击球（仅能用一只手的运动员，可用球拍将球抛起）。球拍与球接触时，就算完成球的发送。

（二）发球时的规定

发球员在整个发球动作中，不得通过行走或跑动改变原站的位置，两脚只准站在规定位置，不得触及其他区域。

（三）发球员的位置

（1）每局开始，先从右区端线后发球，得或失1分后，应换到左区发球。

（2）发出的球应从网上越过，落到对角的对方发球区内，或其周围的线上。

（四）发球失误

未击中球；发出的球，在落地前触及固定物（球网、中心带和网边白布除外）；违反发球站位规定。发球员第一次发球失误后，应在原发位置上进行第二次发球。

（五）发球无效

发球触网后，仍然落到对方发球区内，接球员未做好接球准备，均应重发球。

（六）交换发球

第一局比赛终了，接球员成为发球员，发球成为接球。以后每局终了均依次互相交换，直至比赛结束。

二、通则

（一）交换场地

双方应在每盘的第 1、第 3、第 5 等单数局结束后，以及每盘结束双方局数之和为单数时，交换场地。

（二）失分

发生下列任何一种情况，均判失分。

（1）在球第二次着地前，未能还击过网。

（2）还击的球触及对方场区界线以外的地面、固定物或其他物件。

（3）还击空中球失败。

（4）故意用球拍触球超过一次。

（5）运动员的身体、球拍在发球期间触及球网。

（6）过网击球。

（7）抛拍击球。

（三）压线球

落在线上的球都算界内球。

三、双打

（一）双打发球次序

每盘第一局开始时，由发球方决定由何人首先发球，对方则同样地在第 2 局开始时，决定由何人首先发球。第 3 局由第 1 局发球方的另一球员发球。第 4 局由第 2 局发球方的另一球员发球。以下各局均按此秩序发球。

（二）双打接球次序

先接球的一方，应在第 1 局开始时，决定何人先接发球，并在这盘单数局，继续先接发球。双方同样应在第 2 局开始时，决定何人接发球，并在这盘双数局继续先接发球。他们的同伴应在每局中轮流接发球。

（三）双打还击

接发球后，双方应轮流由其中任何一名队员还击。如运动员在其同队队员击球后，再以球拍触球，则判对方得分。

四、计分方法

（一）胜 1 局

（1）每胜 1 球得 1 分，先胜 4 分者胜 1 局。

（2）双方各得 3 分时为"平分"，平分后，净胜 2 分为胜 1 局。

（二）胜1盘

（1）一方先胜6局为胜1盘。

（2）双方各胜5局时，一方净胜2局为胜1盘。

（三）决胜局计分制

在每盘的局数为6平时，有以下两种计分制。

（1）长盘制：一方净胜2局为胜1盘。

（2）短盘制：决胜盘除外，除非赛前另有规定，一般应按以下办法执行。

① 先得7分者为胜该局及该盘（若分数为6平时，一方须净胜2分）。

② 首先发球员发第1分球，对方发第2、3分球，然后轮流发2分球，直到比赛结束。

③ 第1分球在右区发，第2分球在左区发，第3分球在右区发。

④ 每6分球和决胜局结束都要交换场地。

（四）短盘制的计分

（1）第1个球（0∶0），发球员A发1分球，1分球之后换发球。

（2）第2、第3个球（报1∶0或0∶1，不报15∶0或0∶15），由B发球，B连发2分球后换发球，先从左区发球。

（3）第4、第5个球（报3∶0或1∶2、2∶1，不报40∶0或15∶30、30∶15），由A发球，A连发2球后换发球，先从左区发球。

（4）第6、第7个球（报3∶3或2∶4，4∶2或1∶5，5∶1或6∶0、0∶6），由B发1分球之后交换场地，若比赛未结束，B继续发第7个球。

（5）比分打到5∶5、6∶6、7∶7、8∶8……时，需连胜2分才能决定谁为胜方。但在记分表上则统一写为7∶6。

（6）决胜局打完之后，双方队员交换场地。

第十五章 武术

第一节 武术运动概述

　　武术是以技击动作为主要内容，以套路和格斗为运动形式，注重内外兼修的中国传统体育项目。武术的起源可追溯到古代人类的生产劳动，人类社会主要以狩猎等原始的生产活动为生，并从中学会了徒手或使用木棒、石头等器具击打野兽的方法，这些击打技能为武术的形成准备了一定的先决条件。到了原始社会末期，氏族部落之间有组织的战斗，更加速了原始武术的形成，并沿着自身的规律向武术方向发展，最终形成了完整的武术体系。

　　现代的武术运动不仅仅具有较高的健身、防身和娱乐价值，而且有一定的修身养性、培养和完善人格的作用，是增强体质、锻炼意志、振奋民族精神的有效手段。武术的内容丰富，形式多样，风格独特，按运动形式可分为三大类：套路运动、搏斗运动和功法运动。其中套路运动和搏斗运动在年轻人中开展得较为广泛，套路运动中主要包括拳术、器械、对练、集体表演等；搏斗运动中主要包括散打和太极推手。随着武术段位制的推行和国际性正式比赛项目的确立，植根于中国传统文化的武术，将以其丰富的内涵和多功能的价值越来越多地受到各个国家人民的青睐，最终立足世界走向奥运。

第二节 武术基本功

一、手型手法练习

　　手型手法练习是运用拳、掌和勾三种手型，结合上肢冲、架、推、亮等运动方法，操练上肢手法的基本规律。

（一）手型

（1）拳：四指并拢卷握，拇指紧扣食指和中指的第二指节，如图15-1①所示。

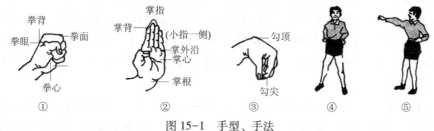

图15-1　手型、手法

(2) 掌：四指并拢伸直，拇指弯曲紧扣于虎口处，如图15-1②所示。

(3) 勾：五指第一指节捏拢在一起，屈腕，如图15-1③所示。

（二）手法

(1) 冲拳：分平拳与立拳两种。平拳拳心向下，立拳拳眼向上。

预备姿势：两脚左右开立，与肩同宽，两拳抱于腰间，肘尖向后，拳心向上，如图15-1④所示。

动作说明：挺胸、收腹、立腰、右拳从腰间向前猛力冲出、转腰、顺肩，在肘关节过腰后右前臂内旋。力达拳面，臂要伸直，高与肩平，同时左肘向后牵拉，如图15-1⑤所示。练习时，可左右交替进行。

(2) 架拳。

预备姿势：与冲拳同。

动作说明：右拳向下、向左、向上经头前向右上方划弧架起，拳眼向下，眼看左方，如图15-2①、②所示。练习时，可左右交替进行。

(3) 推掌。

预备姿势：与冲拳同。

动作说明：右拳变掌，前臂内旋，并以掌根为力点向前猛力推击。推击时要转腰、顺肩，臂要伸直，高与肩平。同时左肘向后牵拉，如图15-2③所示。练习时，可左右交替进行。

(4) 亮掌。

预备姿势：与冲拳同。

动作说明：右拳变掌，经体侧向右、向上划弧，至头部右前上方时，抖腕亮掌，臂成弧形。掌心向前，虎口朝下，眼随右手动作转动。亮掌时，注视左方，如图15-2④、⑤所示。

图15-2 架拳、推掌、亮掌

二、步型和步法练习

（一）弓步

左脚向前一大步（为本人脚长的4~5倍），脚尖微内扣，左腿屈膝半蹲（大腿接近水平），膝与脚尖垂直。右腿挺膝伸直，脚尖内扣（斜向前方），两脚全脚着地。上体正对前方，眼向前平视，两手抱拳于腰间，如图15-3①所示。弓右腿为右弓步，弓左腿为左弓步。

（二）马步

两脚平行开立（约为本人脚长的3倍），脚尖正对前方，屈膝半蹲，膝部不超过脚尖。大腿接近水平，全脚着地，全身重心落于两腿之间，两手抱拳于腰间，如图15-3②所示。

（三）虚步

两脚前后开立，右脚外展约 45°，屈膝半蹲。右脚脚跟离地，脚面绷平，脚尖稍内扣，虚点地面。膝微屈，重心落于后腿上。两手叉腰。眼向前平视，如图 15-3③所示。左脚在前为左虚步，右脚在前为右虚步。

（四）仆步

两脚左右开立，右腿屈膝全蹲，大腿和小腿靠紧，臀部接近小腿。右脚全脚着地，脚尖和膝关节外展，左腿挺直平仆，脚尖里扣，全脚着地。两手抱拳于腰间。眼向左方平视，如图 15-3④所示。仆左腿为左仆步，仆右腿为右仆步。

（五）歇步

两腿交叉靠拢全蹲，左脚全脚着地，脚尖外展，右脚前脚掌着地。膝部贴近左腿外侧，臀部坐于右腿接近脚跟处。两手抱拳于腰间。眼向左前方平视，如图 15-3⑤所示。左脚在前为左歇步，右脚在前为右歇步。

图 15-3 步型和步法

三、五步拳

动作：拗弓步冲拳、弹踢冲拳、马步架打、歇步盖打、提膝仆步穿掌、虚步挑掌。

预备姿势：并步抱拳，如图 15-4①所示。

拗弓步冲拳：左脚向左迈出一步，成弓步；同时左手向左平搂并收回腰间抱拳，右拳向前冲拳成平拳。目视前方，如图 15-4②所示。

弹踢冲拳：重心前移，右腿向前弹踢；同时左拳由腰间向前冲拳成平拳，右拳收回腰间。目视前方，如图 15-4③所示。

马步架打：右脚落地向左转体 90°，两腿下蹲成马步；同时左拳变掌，屈臂上架，右掌由腰间向右冲拳成平拳。头部右转，目视右前方，如图 15-4④所示。

歇步盖打：左脚向右脚后插一步，同时右拳变掌经头上向左下盖，掌外沿向前，身体左转 90°，左掌收回腰间抱拳。目视右手，如图 15-4⑤所示。

图 15-4 五步拳动作（一）

两腿屈膝下蹲成歇步，同时左拳向前冲出成平拳，右掌变拳收回腰间。目视左掌，如图 15-5①所示。

提膝仆步穿掌：两腿起立，身体左转。随即左拳变掌，掌心向下，右拳变掌，掌心向上，由左手背上穿出。同时左腿提膝，左手顺势收至右腋下。目视右手，如图15-5②所示。左脚落地成仆步，左手掌指朝前沿左腿内侧穿。目视左掌，如图15-5③所示。

虚步挑掌：左腿屈膝前弓，右脚蹬地向前上步，成右虚步；同时左手向上、向后划弧成正勾手，略高于肩，右手由上向后下、向前顺右腿外侧向上挑掌，掌指向上，高与肩平。目视前方，如图15-5④所示。

继续练习，动作相同，方向相反。

收势：两脚靠拢，并步抱拳，如图15-5⑤所示。

图15-5　五步拳动作（二）

第三节　二十四式简化太极拳

一、动作名称

第一组　1. 起势　2. 左右野马分鬃　3. 白鹤亮翅

第二组　4. 左右搂膝拗步　5. 手挥琵琶　6. 左右倒卷肱

第三组　7. 左揽雀尾　8. 右揽雀尾

第四组　9. 单鞭　10. 云手　11. 单鞭

第五组　12. 高探马　13. 右蹬脚　14. 双峰贯耳　15. 转身左蹬脚

第六组　16. 左下势独立　17. 右下势独立

第七组　18. 左右穿梭　19. 海底针　20. 闪通臂

第八组　21. 转身搬拦捶　22. 如封似闭　23. 十字手　24. 收势

二、动作说明

第一组

（一）起势（如图15-6所示）

图15-6　起势

要点：头颈正直，下颌微向后收，不要故意挺胸或收腹，精神集中。两肩下沉，两肘松垂，手指自然微屈，重心落于两腿中间。屈膝松腰、臀部不可凸出。两臂下落要和身体下蹲的动作协调一致。

（二）左右野马分鬃（如图 15-7 所示）

图 15-7　左右野马分鬃

要点：上体勿前俯后仰，两手分开要保持弧形，身体转动要以腰为轴，做弓步与分手的速度要一致。做弓步时，迈出脚的脚跟先着地，然后慢慢踏实，膝盖不要超过脚尖；后腿稍后蹬，使该腿与地面保持约 45°，前后脚的脚跟在直线两侧，两脚横向距离（以动作行进的中线为纵轴，其两侧的垂直距离为横向。下同）为 10~30 厘米。

（三）白鹤亮翅（如图 15-8 所示）

要点：胸部不要挺出，两臂上下都要保持半圆形，左膝要微屈，重心后移和右手上提要协调一致。

图 15-8　白鹤亮翅

第二组
(四) 左右搂膝拗步 (如图 15-9 所示)
要点：手推出后，身体不可前俯后仰，要松腰松胯，推掌时须沉肩垂肘、坐腕舒掌，同时必须与松腰、弓腿协调一致。做弓步时，两脚跟的横向距离保持约 30 厘米。

图 15-9　左右搂膝拗步

(五) 手挥琵琶 (如图 15-10 所示)
要点：身体要平稳自然，沉肩垂肘，胸部放松。左手上起时不要直向上挑，要由左向上、向前，微带弧形。右脚跟进时，前脚掌先着地，再全脚落实。身体重心后移和左手上举、右手回收要协调一致。

图 15-10　手挥琵琶

(六) 左右倒卷肱 (如图 15-11 所示)
要点：前推的手不要伸直，后撤手也不可直向回抽，仍走弧形。前推时，要转腰松胯，与两手的速度要一致，避免僵硬。退步时，脚掌先着地，再慢慢踏实，同时把前脚扭正，退左脚略向左后斜，退右脚略向右后斜，避免使两脚落在一条直线上。后退时，眼神随转体动作向左右看 (约转 90°)，然后再转看前手。

第十五章 武　术

图 15-11　左右倒卷肱

第三组

（七）左揽雀尾（如图 15-12 所示）

图 15-12　左揽雀尾

要点：出手时，两臂前后均保持弧形，分手与松腰、弓腿必须协调一致。下捋时，上体不可前倾，臀部不要凸出。两臂上捋须随腰旋转，仍走弧线。向前挤时，上体要正直，动作要与松腰、弓腿一致。

（八）右揽雀尾（如图15-13所示）

图15-13　右揽雀尾

要点：均与左揽雀尾相同，唯左右相反。

第四组

（九）单鞭（如图15-14所示）

图15-14　单鞭

要点：上体正直，松腰。右臂肘部稍下垂，左肘与左膝上下相对，两肩下沉。左手向外推时，要随转体边翻边推，不要翻掌太快。全部过渡动作上下要协调一致。

（十）云手（如图15-15所示）

要点：身体转动要以腰脊为轴，松腰、松胯，避免忽高忽低。两臂随腰运转，要自然、圆活，速度要缓慢均匀。下肢移动时，重心要稳定，眼的视线随左右手而移动。

第十五章 武 术

图 15-15 云手

（十一）单鞭（如图 **15-16** 所示）

图 15-16 单鞭

第五组
（十二）高探马（如图 **15-17** 所示）

图 15-17 高探马

要点：上体自然正直，双肩要下沉，右肘微下垂。

(十三) 右蹬脚（如图 15-18 所示）

图 15-18　右蹬脚

要点：身体要平稳，两手分开时，腕部与肩齐平。左腿微屈，蹬脚时脚尖回勾，劲使在脚跟和蹬脚须协调一致，右臂和右腿上下相对。

(十四) 双峰贯耳（如图 15-19 所示）

图 15-19　双峰贯耳

要点：头颈正直，松腰，两拳松握，沉肩垂肘，两臂均保持弧形。

(十五) 转身左蹬脚（如图 15-20 所示）

图 15-20　转身左蹬脚

要点：与右蹬脚式相同，唯左右相反。

第六组

(十六) 左下势独立（如图 15-21 所示）

要点：右腿全蹲时脚尖微向外撇，左腿伸直时脚尖向里扣，脚掌全部着地。左脚尖与右脚跟在一条直线上，上体不可过于前倾。

要点：上体正直，独立的腿微屈，右腿提起时脚尖自然下垂。

图 15-21　左下势独立

（十七）右下势独立（如图 **15-22** 所示）

图 15-22　右下势独立

要点：右脚尖触地后必须稍微提起，然后再向下仆腿，其他均与"左下势独立"相同，唯左右相反。

第七组

（十八）左右穿梭（如图 **15-23** 所示）

要点：推出后上体不可前俯，手向上举时，防止引肩上耸。前推时，上举的手和前推的手的速度，要与弓步、松腰上下协调一致。做弓步时，两脚跟的横向距离以保持在 30 厘米为宜。

图 15-23　左右穿梭

（十九）海底针（如图 15-24 所示）

要点：身体要先向右转，再向左转，上体不可太前倾，避免低头和臀部外凸，左腿要微屈。

（二十）闪通臂（如图 15-25 所示）

图 15-24 海底针　　　　　　　　　　　图 15-25 闪通臂

要点：上体自然正直，松腰、松胯，左臂不要伸直，背部肌肉要伸展开，推掌与弓步动作要协调一致。

第八组

（二十一）转身搬拦捶（如图 15-26 所示）

图 15-26 转身搬拦捶

要点：右拳松握，前臂先慢慢内旋后收，再外旋停于右腰旁，拳心向上。向前打出时，右臂随拳略向前引，沉肩垂肘，右臂微屈。

（二十二）如封似闭（如图 15-27 所示）

图 15-27 如封似闭

要点：身体后坐时，避免后仰，臀部不可凸出，两臂随身体回收时，肩、肘部略向外松开，不要直着抽回，两手宽度不要超过两肩。

（二十三）十字手（如图 15-28 所示）

图 15-28　十字手

要点：两手分开和合抱时，上体勿前俯。站起后，身体自然正直，头微上顶，下颌稍向后收。两臂环抱时须圆满舒适，沉肩垂肘。

（二十四）收势（如图 15-29 所示）

图 15-29　收势

要点：两手左右分开下落时，全身注意放松，同时气徐徐向下沉（呼气略加长）。呼吸平稳后，把左脚收到右脚旁，再走动休息。

第四节　初级长拳第三路

一、初级长拳第三路动作名称

预备动作

（一）虚步亮掌　　　　（二）并步对拳

第一段

（一）弓步冲拳　　　　（二）弹腿冲拳　　　　（三）马步冲拳

（四）弓步冲拳　　　　（五）弹腿冲拳　　　　（六）大跃步前穿

（七）弓步击掌　　　　（八）马步架掌

第二段

（一）虚步栽拳　　　　（二）提膝穿掌　　　　（三）仆步穿掌

（四）虚步挑掌　　　　（五）马步击掌　　　　（六）插步双摆掌

（七）弓步击掌　　　　（八）转身踢腿马步盘肘

第三段

（一）歇步抡砸拳　　（二）仆步亮掌　　（三）弓步劈拳

（四）换跳步弓步冲拳　（五）马步冲拳　　（六）弓步下冲拳

（七）插步亮掌侧踹腿　（八）虚步挑掌

第四段

（一）弓步顶肘　　（二）转身左拍脚　　（三）右拍脚

（四）腾空飞脚　　（五）歇步下冲拳　　（六）仆步抡劈拳

（七）提膝挑掌　　（八）提膝劈掌弓步冲拳

结束动作

（一）虚步亮掌　　　　（二）并步对拳

还原

二、初级长拳第三路动作说明

预备动作

预备势：两脚并步站立，两臂垂于身体两侧，五指并拢贴靠大腿外侧，两眼向前平视，如图15-30所示。

要点：头要端正，下颌微收，挺胸、塌腰、收腹。

（一）虚步亮掌

（1）右脚向右后方撤步成左弓步。右掌向右、向上划弧，掌心向上；左臂屈肘提至腰侧，掌心向上，目视右掌，如图15-31所示。

（2）右腿微屈，重心后移。左掌经胸前从左臂上方向前穿出伸直；右臂屈肘，右掌收至腰侧，掌心向上，目视左掌，如图15-32所示。

（3）重心继续后移，左脚稍向右移，脚尖点地，成左虚步。左臂内旋向左、向右划弧成勾手，勾尖向上；右手继续向身后、向右、向前划弧，屈肘抖腕，在头前上方成亮掌（即横掌），掌心向前，掌指向左，目视左方，如图15-33所示。

要点：三个动作必须连贯。成虚步时，重心落于右腿上，右大腿与地面平行。左腿微屈，脚尖点地。

图15-30　　　　图15-31　　　　图15-32　　　　图15-33

（二）并步对拳

（1）右腿蹬直，左腿提膝，脚尖内扣，上肢姿势不变，如图15-34所示。

（2）左脚向前落步，重心前移。左臂屈肘，左勾手变掌经左肋前伸；右臂外旋向前落下于左掌右侧，两掌同高，掌心均向上，如图 15-35 所示。

（3）右脚向前上一步，两臂下垂后摆，如图 15-36 所示。

（4）左脚向右脚并步，两臂向外向上经胸前屈肘下按，两掌变拳，拳心向下，停于小腹前，目视左侧，如图 15-37 所示。

要点：并步后挺胸、塌腰；对拳、并步、转头要同时完成。

图 15-34　　　图 15-35　　　图 15-36　　　图 15-37

第一段

（一）弓步冲拳

（1）左脚向左上一步，脚尖向斜前方；右腿微屈，成半马步。左臂向上、向左格打，拳眼向右，拳与肩同高；右拳收至腰侧，拳心向上，目视左拳，如图 15-38 所示。

（2）右腿蹬直成左弓步。左拳收至腰侧，拳心向上；右拳向前冲出，高与肩平，拳眼向上，目视右拳，如图 15-39 所示。

要点：成弓步时，右腿充分蹬直，脚跟不要离地。冲拳时，尽量转腰送肩。

（二）弹腿冲拳

重心移至左腿，右腿屈膝提起，脚面绷直，猛力向前弹出伸直，高与腰平。右拳收至腰侧；左拳向前冲出，目视前方，如图 15-40 所示。

要点：弹出的腿要有爆发力，力点达于脚尖。弹腿和冲拳要协调，同时完成。

（三）马步冲拳

右脚向前落步。脚尖内扣，上体左转。左拳收至腰侧，两腿下蹲成马步；右拳向前冲出，目视右拳，如图 15-41 所示。

要点：成马步时，大腿要成水平，两腿平行，脚跟外蹬，挺胸、塌腰。

图 15-38　　　图 15-39　　　图 15-40　　　图 15-41

（四）弓步冲拳

（1）右转 90°，右脚尖外撇向斜前方，成半马步。右臂屈肘向右格挡，拳眼向后，目视右拳，如图 15-42 所示。

(2) 左腿蹬直成右弓步。右拳收至腰侧；左拳向前冲出。目视左拳，如图15-43所示。
要点：与本段的弓步冲拳相同，唯左右相反。

（五）弹腿冲拳

重心前移至右脚，左腿屈膝提起，脚面绷直，猛力向前弹出伸直，高与腰平。左拳收至腰侧，右拳向前冲出，目视前方，如图15-44所示。
要点：与本段的弹腿冲拳相同。

图15-42　　　　图15-43　　　　图15-44

（六）大跃步前穿

（1）左腿屈膝上提。右拳变掌内旋，以手背向下挂至左膝外侧，上体前倾，目视右手，如图15-45所示。

（2）左脚向前落步，两腿微屈。右掌继续向后挂，左拳变掌，向后、向下伸直，目视右掌，如图15-46所示。

（3）左腿屈膝向后提起，右腿立即猛力蹬地向前跃出。两掌向前、向上划弧摆起。目视右掌，如图15-47所示。

（4）右腿落地全蹲，左腿随即落地向前铲出成仆步。右掌变拳抱于腰侧，左掌由上向右、向下划弧成立掌，停于右胸前，目视左方，如图15-48所示。
要点：跃步要远，落地要轻，整个动作要协调、连贯完成。

（七）弓步击掌

右腿蹬直成左弓步。左掌经左脚面向后划弧至身后成勾手，左臂伸直，勾尖向上；右拳由腰侧变掌向前推出，掌指向上，掌外侧向前，目视右掌，如图15-49所示。

图15-45　　　图15-46　　　图15-47　　　图15-48　　　图15-49

（八）马步架掌

（1）重心移至两腿中间，左脚脚尖内扣成马步，上体左转。右臂向左侧平摆，稍屈肘；同时左勾手变掌由后经左腰侧从右臂内向前上方穿出，掌、指均朝上，目视左手，如图15-50所示。

（2）右掌立于左胸前，左臂向左上屈肘抖腕亮掌于头部左上方，掌心向上，目右转视，如图 15-51 所示。

要点：抖腕、甩头要同时。马步的要求同前。

图 15-50　　　　图 15-51

第二段

（一）虚步栽拳

（1）右脚蹬地，屈膝提起；左腿伸直，以前脚掌为轴向右后转体 180°；右掌由左胸前向下经右腿外侧向后划弧成勾手；左臂随上体转动并外旋，使掌心朝右，目视右手，如图 15-52 所示。

（2）右脚向右落地，重心移至右腿上，下蹲成左虚步；左掌变拳下落于左膝上，拳眼向内；右勾手变拳，屈肘上架于头右上方，拳心向前，目视左方，如图 15-53 所示。

要点：落步、架拳、栽拳、转头要同时完成。

（二）提膝穿掌

（1）右腿稍伸直。右拳变掌收至腰侧，掌心向上；左拳变掌由下向左、向上划弧盖压于体前，掌心向前，如图 15-54 所示。

（2）右腿蹬直，左腿屈膝提起，脚尖内扣。右掌从腰侧经左臂内向右前上方穿出，掌心向上；左掌收至右胸前成立掌，目视右掌，如图 15-55 所示。

要点：支撑腿与右臂充分伸直。

（三）仆步穿掌

右腿全蹲，左腿向左侧铲出成左仆步。右臂不动，左掌由右胸前向下经左腿内侧，向左脚面穿出，目随左掌转视，如图 15-56 所示。

图 15-52　　图 15-53　　图 15-54　　图 15-55　　图 15-56

（四）虚步挑掌

（1）右腿蹬直，重心前移至左腿成左弓步。右掌稍下降，左掌随重心前移向前挑起，如图 15-57 所示。

（2）右脚向左前方上步，左腿半蹲，成右虚步。上体随上步左转 180°。在右脚上步的同时，左掌由前向上、向后划成掌，右掌由后向下、向前上方挑起成立掌，指尖与眼平，目视右掌，如图 15-58 所示。

177

要点：上步要协调，虚步要稳。

（五）马步击掌

（1）右脚落实，脚尖外撇，重心稍升高并右移，左掌变拳收至腰侧；右掌俯掌向外搂手，如图15-59所示。

（2）左脚向前上一步，以右脚为轴向后转体180°，两腿下蹲成马步。左掌从右臂上成立掌向左侧击出；右掌变拳收至腰侧，目视左掌，如图15-60所示。

要点：右掌搂手时，先使臂内旋、腕伸直，手掌向下、向外转；接着臂外旋，掌心经下向上翻转，同时抓握成拳。收拳和击掌动作要同时进行。

图15-57　　　　图15-58　　　　图15-59　　　　图15-60

（六）插步双摆掌

（1）重心稍右移，同时两掌向下、向右摆，掌指向上，目视右掌，如图15-61所示。

（2）右脚向左腿后插步，前脚掌着地。两臂继续由右向上、向左摆，停于身体左侧，均成侧立掌，右掌停于左肘窝处，眼随手动，如图15-62所示。

要点：两臂要划立圆，幅度要大，摆掌与后插步配合一致。

（七）弓步击掌

（1）两腿不动。左掌收至腰侧，掌心向上；右掌向前划弧推出，掌心向前，如图15-63所示。

（2）左腿后退一步，成右弓步，右掌向下、向后伸直摆动，成勾手，勾尖向上，左掌成立掌向前推出，目视左掌，如图15-64所示。

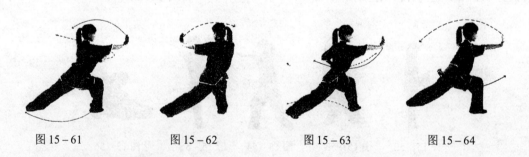

图15-61　　　　图15-62　　　　图15-63　　　　图15-64

（八）转身踢腿马步盘肘

（1）两脚以前脚掌为轴向后转体180°。在转体的同时，左臂向上、向前划半立圆，右臂向下、向后划半立圆，如图15-65所示。

（2）上动不停，两脚不动，右臂由后向上、向前划半立圆，左臂由前向下、向后划半立圆，如图15-66所示。

（3）上动不停，右臂向下、向身后成反臂勾手，勾尖向上；左臂向上成亮掌，掌心向前上方;右腿伸直,脚尖勾起,向额前踢,如图15-67所示。

(4) 右脚向前落地,脚尖内扣。右手不动,左臂屈肘下落至胸前,左掌心向下,目视左掌,如图15-68所示。

(5) 上体左转90°,两腿下蹲成马步。同时左掌向前、向左平掳变拳收至腰侧,右勾手变拳,右臂伸直,由体后向右、向前平摆,至体前时屈肘,肘尖向前,高与肩平,拳心向下,目视前方,如图15-69所示。

要点:两臂抡动时要划立圆,动作连贯。盘肘时要快速有力,右臂前送。

图15-65　　　图15-66　　　图15-67　　　图15-68　　　图15-69

第三段

(一) 歇步抡砸拳

(1) 重心稍升高,右脚尖外撇,右臂由胸前向上、向右抡直;左拳向下、向左,使臂抡直,目视右拳,如图15-70所示。

(2) 上动不停,两脚以前脚掌为轴,向右后转体180°,右臂向下、向后抡摆,左臂向上、向前随身体转动,如图15-71所示。

(3) 紧接上动,两腿全蹲成歇步,左臂随身体下蹲,同时左拳向下平砸,拳心向上,臂部微屈;右臂伸直向上举起,目视左拳,如图15-72所示。

要点:抡臂动作要连贯完成,划成立圆。歇步要两腿交叉全蹲,左腿大、小腿靠紧,臀部贴于小腿外侧,膝关节在右小腿外侧,脚跟提起;右脚尖外撇,全脚着地。

(二) 仆步亮掌

(1) 左脚由右腿后抽出上前一步,左腿蹬直,右腿半蹲,成右弓步。上体微向右转。左拳收至腰侧,右拳变掌向下经胸前向右横击掌,目视右掌,如图15-73所示。

(2) 右脚蹬地屈膝提起,上体右转。左拳变掌从右掌上向前穿出,掌心向上;右掌平收至左肘下,如图15-74所示。

图15-70　　　图15-71　　　图15-72　　　图15-73　　　图15-74

(3) 右脚向右落步,屈膝下蹲,左腿伸直成仆步。左掌向下、向后划弧成勾手,勾尖向上;右掌向右、向上划弧微屈,抖腕成亮掌,掌心向前。头随右手转动,成亮掌时,目视左方,如图 15-75 所示。

要点:落步下蹲时,先成右仆步,然后迅速过渡成左仆步。成仆步时,左腿充分伸直,脚尖内扣,右腿全蹲,两脚掌全部着地。上体挺胸塌腰,稍左转。

(三)弓步劈掌

(1) 右腿蹬地立起;左腿收回并向左前方上步。右掌变拳收至腰侧,拳心向上;左勾手变掌由下向前上经胸前向左做掳手,如图 15-76 所示。

(2) 右腿经过左腿前方向左绕上一步,左腿蹬直成右弓步。左手向左平掳后再向前挥摆,虎口朝前,如图 15-77 所示。

(3) 在左手平掳的同时,右掌向后平摆,然后再向前、向上做抡臂劈掌,拳高与耳平,拳心向上,左掌外旋接扶右前臂,目视右拳,如图 15-78 所示。

要点:左右脚上步稍带弧形。

图 15-75　　图 15-76　　图 15-77　　图 15-78

(四)换跳步弓步冲拳

(1) 重心后移,右脚稍向后移动,右拳手臂内旋,向下划弧挂至右膝内侧;左掌背贴靠右肘外侧,掌指向前,目视右拳,如图 15-79 所示。

(2) 右腿自然上抬,上体稍向左扭转。右拳变掌挂至身体左侧,左掌伸向右腋下,目随右掌转视,如图 15-80 所示。

(3) 右脚以全脚掌用力向下震踩,与此同时,左脚急速离地抬起。右手由左向上、向前掳盖而后变拳收至腰侧;左掌伸直向下、向上、向前屈肘下按,掌心向前。上体右转,目视左掌,如图 15-81 所示。

(4) 左脚向前落地,右脚蹬直成左弓步。右拳向前冲出,拳眼朝上,拳高与肩平;左掌藏于右腋下,掌指向上,目视右拳,如图 15-82 所示。

要点:换跳步动作要连贯、协调。震脚时腿要弯曲,全脚掌着地,左脚离地不要高。

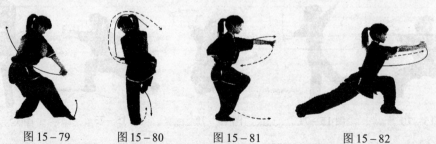

图 15-79　　图 15-80　　图 15-81　　图 15-82

(五) 马步冲拳

上体右转 90°，重心移至两腿中间，成马步。右拳收至腰侧，掌心向上；左掌变拳向左冲出，拳眼向上，目视左拳，如图 15-83 所示。

(六) 弓步下冲拳

右脚蹬直，左腿弯曲，上体稍向左转，成左弓步。左拳变掌向下经体前向上架于头左上方，掌心向上，右拳自腰侧向右前下方冲出，拳眼向上，目视右拳，如图 15-84 所示。

(七) 插步亮掌侧踹退

（1）上体稍右转。左掌由头上下落于右手腕上，右拳变掌，两手交叉成十字，目视双手，如图 15-85 所示。

（2）右脚蹬地并向左腿后插步，以前脚掌着地。左掌由体前向下、向后划弧成勾手，勾尖向上；右掌由前向右、向上划弧抖腕亮掌，掌心向上，目视左侧，如图 15-86 所示。

图 15-83　　　　图 15-84　　　　图 15-85　　　　图 15-86

（3）重心移至右腿，左腿屈膝提起，向左上方猛力蹬出。上肢姿势不变，目视左侧，如图 15-87 所示。

要点：插步时上体稍向右倾斜，腿、臂的动作要一致。侧踹高度不能低于腰，着力点在脚跟。

(八) 虚步挑掌

（1）左脚在左侧落地。右掌变拳稍后移，左勾手变拳由体后向左上挑，拳眼向上，如图 15-88 所示。

（2）上体左转 180°，微含胸前俯。左拳继续向前、向上划弧上挑，右拳向下、向前划弧挂至身体右后侧，同时右膝提起，目视右拳，如图 15-89 所示。

（3）右脚向左前方上步，脚尖点地，重心落于左脚，左腿下蹲成右虚步。左拳向后划弧收至腰侧，拳心向上；右拳向前屈臂挑出，拳眼斜向上，拳与肩同高，目视右拳，如图 15-90 所示。

图 15-87　　　　图 15-88　　　　图 15-89　　　　图 15-90

第四段

(一) 弓步顶肘

(1) 重心提高，右臂内旋向下划弧以拳背下挂至右膝内侧，左拳不变，目视前下方，如图15-91所示。

(2) 左腿蹬直，右腿屈膝上抬。左拳变掌，右拳不变，两臂向前、向上划弧摆起，目随左掌转视，如图15-92所示。

(3) 左脚蹬地起跳，身体腾空，两臂继续划弧至头上方，如图15-93所示。

(4) 右脚先落地，右腿屈膝，左脚向前落步，以前脚掌着地。同时两臂向右、向下屈肘停于左胸前，右拳变掌，左掌变拳。右掌心贴靠在左拳面，如图15-94所示。

(5) 左脚向左上一步，左腿屈膝，右腿蹬直成左弓步，右掌推左掌，以肘尖向左顶出，高与肩平，目视前方，如图15-95所示。

要点：交换步时不要过高，但要快。两臂抡摆时要成圆弧。

图15-91　　图15-92　　图15-93　　图15-94　　图15-95

(二) 转身左拍腿

(1) 以两脚前脚掌为轴向右后转体180°，左腿蹬直成右弓步。随着转体，右臂向上、向右、向下划弧抡摆，同时左拳变掌向下、向后、向前上抡摆，如图15-96所示。

(2) 重心移至右腿，左腿伸直向上踢起，脚面绷直，左掌变拳收至腰侧，右掌由体后向上、向前拍击左脚面，如图15-97所示。

要点：右掌拍脚时手掌稍横过来，拍脚要准而响亮。

(三) 右拍脚

(1) 左脚向前落地，左拳变掌向下、向后摆，右掌变拳收至腰侧，拳心向上，如图15-98所示。

(2) 右腿伸直向前上踢起，脚面绷直。左掌由后向上、向前拍击右脚面，如图15-99所示。

要点：与本段的转身左拍脚相同。

图15-96　　图15-97　　图15-98　　图15-99

（四）腾空飞脚

（1）右脚落地，如图 15-100 所示。

（2）左脚向前摆起，右脚猛力蹬地跳起，左腿屈膝继续前上摆。同时右拳变掌向前、向上摆起，左掌先上摆而后下降拍击右掌背，如图 15-101 所示。

（3）右腿继续上摆，脚面绷直。右手拍击右脚面，左掌由体前向后上举，如图 15-102 所示。

要点：蹬地要向上，不要太向前冲，左膝尽量上提。击响要在腾空时完成，右臂伸直成水平。

图 15-100

图 15-101

图 15-102

（五）歇步下冲拳

（1）左、右脚先后相继落地，右掌不变，左掌变拳收至腰侧，拳心向上，如图 15-103 所示。

（2）身体右转 90°，两脚全蹲成歇步。右拳抓握，外旋变拳收至腰侧；左拳由腰侧向前下方冲出，拳心向下，目视左拳，如图 15-104 所示。

（六）仆步抡劈掌

（1）重心升高，右臂由腰侧向体后伸直，左臂随身体重心升高向上摆动，如图 15-105 所示。

（2）以右脚前脚掌为轴，左腿屈膝提起，上体左转 270°。左拳向前、向后下划立圆一周；右拳由后向下、向前上划立圆一周，如图 15-106 所示。

（3）左腿向后落一步，屈膝全蹲，右腿伸直，脚尖内扣成右仆步。右拳由下向上抡劈，拳眼向上；左拳后上举，拳眼向上，目视右拳，如图 15-107 所示。

要点：抡臂时一定要划立圆。

图 15-103

图 15-104

图 15-105

图 15-106

图 15-107

（七）提膝挑掌

（1）重心前移成右弓步。同时右拳变掌由下向上抡摆，左拳变勾稍下落，右掌心向左，左手勾尖向上，如图15-108所示。

（2）左、右臂在垂直面上由前向后各划立圆一周。右臂伸直停于头上，掌心向左，掌指向上；左勾手不动，同时，重心移至左腿，右腿屈膝提起，左腿挺膝伸直独立，目视前方，如图15-109所示。

要点：抡臂时要划立圆。

（八）提膝劈掌弓步冲拳

（1）下肢不动。右掌由上向下猛劈伸直，停于右小腿内侧，用力在小指一侧，掌心向左。左勾手变掌，屈臂向前停于右上臂内侧，掌心向右，目视右掌，如图15-110所示。

（2）右脚向右侧落地；身体右转90°。同时左掌变拳收至腰侧，右臂内旋向右划弧做劈掌，如图15-111所示。

（3）上动不停，左腿蹬直成右弓步。右手抓握变拳收至腰侧，左拳由腰侧向左前方冲出，拳眼向上，目视左拳，如图15-112所示。

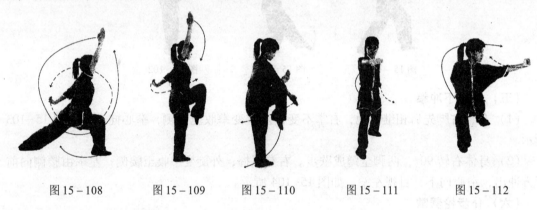

图15-108　　图15-109　　图15-110　　图15-111　　图15-112

结束动作

（一）虚步亮掌

（1）左脚扣于右膝后，两拳变掌，两臂右上左下屈肘交叉于体前，目视前方，图15-113所示。

（2）左脚向左前落步，重心后移，右腿半蹲，上体稍右转。同时左掌向上、向右、向下划弧停于右腋下；右掌向左、向上划弧至左臂上方，两手臂左下右上，目视左掌，图15-114所示。

（3）左脚尖稍向右移，右腿下蹲成左虚步。左臂伸直向左、向后划弧成反勾手；右臂伸直向下、向右、向上划弧抖腕亮掌，掌心向上，目视左方，如图15-115所示。

图15-113　　图15-114　　图15-115

（二）并步对拳

（1）左腿后撤一步，同时两掌从两腰侧向前穿出伸直，掌心向上，如图 15-116 所示。

（2）右腿后撤一步，同时两臂分别向体后下摆，如图 15-117 所示。

（3）左脚后退半步向右脚并拢。两臂由后向上经体前屈臂下按，两掌变拳，停于腹前，拳心向下，拳面相对，目视左方，如图 15-118 所示。

还原

两臂自然下垂，目视正前方，如图 15-119 所示。

图 15-116　　　图 15-117　　　图 15-118　　　图 15-119

第十六章

跆 拳 道

第一节 跆拳道运动概述

一、跆拳道的起源与发展

跆拳道古称跆跟、花郎道，是起源于古代朝鲜的民间武艺。早在公元 688 年，新罗王国统一了朝鲜，经济繁荣，百业兴旺，建立了一种"花郎制度"。到真兴王时，便创立了"花郎道"。花郎道是花郎制度的组织形式，即将年轻人组织到一起进行武艺锻炼。其宗旨是"事君以忠，事亲以孝，事友以信，临阵无退，杀身有择"。以此磨炼人的意志、锻炼人的体魄，培养造就了一批又一批忠君孝亲、英勇顽强、无所畏惧的战士。在一本描写新罗风俗习惯的书——《帝王韵记》中，记载着跆拳道活动。

公元 935 年，勇敢善战的高句丽军队推翻了新罗王朝，建立了高句丽王朝。士兵们的战斗力来自平日的训练和对跆拳道的喜爱。他们平时常常用拳掌击打墙壁或木块，以磨炼手部的攻击能力。十分喜爱徒手搏斗的忠惠王曾专门邀请臂力过人、武功超众的士兵金振都（亦有称金扼郁）到宫廷表演手搏技艺，使跆拳道声望大振，并日渐被广大民众所接受。1392 年，高句丽王朝被李朝取代，武功及跆拳道没有得到足够的重视。但在民间，这一活动却始终没有停止。1790 年汇编成书的《武艺图谱通志》中收录了"手搏""跆跟"等武艺的技术与方法，以及动作图解和一些器械的使用方法，并将很多技击性很强的武术技艺融会到跆拳道的技法之中。1910 年日本侵占朝鲜后，建立起殖民政府，一度下令禁止所有的文化活动。跆拳道自然在劫难逃，一度在朝鲜境内销声匿迹。一些不甘寂寞或被生活逼迫的人远离国土，到中国或日本谋生，同时把跆拳道延续下来。更为重要的是，他们将其与中国武术和日本武道交融与结合，孕育了新的技术体系。第二次世界大战后，自卫术再度兴起，从异国他乡回归故土的朝鲜人也将各国的武道技艺带回本国，逐渐与跆拳道融为一体，形成了现在的跆拳道体系。1955 年，正式称朝鲜的自卫术为"跆拳道"。1961 年 9 月，韩国成立了唐手道协会，后更名为跆拳道协会，并成为全国运动会正式竞赛项目。1966 年，它的第一个国际组织——国际跆拳道联盟成立。1973 年 5 月在汉城（今为首尔）成立了世界跆拳道联合会。1975 年，"世界跆拳道联合会"（简称世界跆联）被国际体育联合会接纳为正式会员。1980 年，国际奥委会正式承认世界跆联。迄今为止，世界跆联已有 144 个会员国，6 500 多万爱好者参加练习。1973 年，"世界跆拳道协会"成立，有美国、中国香港和中国台湾、日本、马来西亚、新加坡、朝鲜、菲律宾、沙巴、柬埔寨、澳大利亚、象牙海岸、乌干达、英国、法国、加拿大、埃及、奥地利、墨西哥等二十多个国家和地区加入。目前会员仍在不断增加。1988年，跆拳道在韩国汉城奥运会首次亮相。为了适应国际重大比赛，跆拳道的技术在不断地变革和发展。世界跆拳道联盟的部门中有一个特别技术委员会，其主要任务就是改进现今的跆拳道技术。当然，今日的跆拳道动作似乎不像以前那样圆滑流畅，也不似以前那样重视运动中身体的平衡。然而，对当今跆拳道技术的检验并不在它的外观，而是在于实战之中。具体地说，就是在实战对抗中或在大街上遭受袭击被迫自卫的情形下，新型跆拳道的技术无疑要比拘于形式的老技术更胜一筹。

二、跆拳道的价值

练习跆拳道需要活动全身的肌肉和关节，因此，它是一项较全面的运动。人类一直很重视生命的维持和需要，所以无论对内环境还是外环境的变化，都能及时地做出适当的调整。

外环境，就是指为了生存下去，人体与外界不可分割的那些关系；内环境，则是为了保持机体机能的统一与平衡。

第二节　跆拳道基本技术与练习方法

跆拳道技术

（一）前踢

以左势实战姿势开始。右脚向后蹬地，身体重心前移至左脚；右脚蹬地顺势屈膝提起，左脚以前脚掌为轴外旋约90°；同时，右腿迅速以膝关节为轴伸膝、送髋、顶髋，把小腿快速向前踢出，力达脚尖或前脚掌。踢击目标后，右腿迅速放松弹回，落回原地仍成左势实战姿势。

动作要领：

（1）膝关节上提时大小腿折叠，膝关节夹紧，小腿和踝关节放松，有弹性。

（2）踢击时顺势往前送髋；高踢时往上送髋。

练习方法：

（1）从右势实战姿势开始。

（2）左脚蹬地重心前移至右脚，右脚支撑；左脚随蹬地屈膝上提膝关节，上体略后仰。

（3）右脚以脚掌为轴外旋约90°；同时，左腿迅速伸膝向前上踢击，左腿上直，力达脚尖或前脚掌。

（4）踢击目标后，小腿快速放松回收，左脚落回成左势实战姿势。

（二）横踢

右脚蹬地，重心移到左脚，右脚屈膝上提，两拳置之于胸前；左脚前脚掌辗地内旋，髋关节左转，左膝内扣；随即左脚掌继续内旋转180°，右腿膝关节向前抬置水平状态；小腿快速向右前横踢出；击打目标后迅速放松收回小腿，右脚落回成实战姿势。

动作要领：膝关节夹紧，向前提膝，尽量走直线；支撑脚外旋180°；髋关节往前顺，身体与大小腿成直线，严格注意击打的力点正脚背；踝关节放松，击打的感觉是"面团""鞭梢"。横踢攻击的主要部位有头部、胸部、腹部和肋部。

（三）后踢

左脚掌为轴内旋约90°，上身旋转重心移到左脚，右腿屈膝收腿直线踢出，重心前移落下。

动作要领：

（1）起腿后大腿与小腿折叠成一团。

（2）动作延伸，用力延伸。

（3）转身、踢膝、出腿一次性完成，不能停顿。

（4）击打目标在正后方稍偏右。

（四）劈腿

实战姿势开始。右脚蹬地，重心前移至左脚；同时，右腿以髋关节为轴屈膝上提，两手握拳置于胸前；随即充分送髋，上提膝关节至胸部；右小腿以膝关节为轴向上伸直，将右腿直举于体前，右脚过头；然后放松向下，以右脚后跟（或脚掌）为力点劈击，一直到前面，成实战姿势。

动作要领：腿尽量往高、往头后举，要向上送髋，重心往高起；脚放松往前落，落地要有控制；起腿要快速、果断；踝关节要放松。劈腿的主要攻击部位有头顶、脸部和锁骨。

（五）推踢

实战姿势开始。右脚蹬地，重心前移；右脚以髋关节为轴提膝前蹬；用右脚脚掌向前蹬推，力点在脚掌，推力向正前方。

动作要领：提膝后尽量收紧膝关节；重心往前移，利用身体的重量为力量；推的时候腿往前伸展、送髋；推的路线水平往前。推踢的攻击目标是腹部。

易犯错误：

（1）收腿不紧，直腿起，容易被阻截。

（2）上身太直重心往下落，腿不能水平前推。

（3）上身过于后仰，重心不能前移，不利于衔接下一个技术。

（六）勾踢

从左势实战姿势开始。右脚向后蹬地，身体重心前移至左脚；左脚支撑，右腿屈膝提起；左脚以前脚掌为轴，脚跟向内旋转约180°，右腿膝关节内扣，右腿向左前方伸出；伸直后，用脚掌向右侧用力屈膝鞭打；然后右腿顺势放松屈膝回收，落回原地成实战姿势。

动作要领：

（1）起腿后右腿屈膝抬过水平，然后内扣。

（2）右脚要随转体尽量向左前伸展。

（3）右脚掌向右鞭打时要屈膝扣小腿。

（4）鞭打后顺势放松。

练习方法：

（1）从左势实战姿势开始。

（2）右脚向后蹬地，身体重心前移至左脚，左脚支撑，右腿屈膝前提。

（3）左脚以前脚掌为轴，脚跟向内旋约180°，同时，右膝稍内扣。

（4）右腿伸膝，右腿向左前方伸直。右脚在屈膝扣小腿动作的带动下，向右用前脚掌做鞭打动作。

（5）右脚鞭打结束后，放松屈膝回收，落回原地成左势实战姿势。

（七）后旋踢

实战姿势开始。两脚以两脚掌为轴均内旋约180°，身体右转约90°，两拳置于胸前。上体右转，与双腿拧成一定角度；右脚蹬地将蹬地的力量与上体拧转的力量合在一起，将右腿向后上以髋关节为轴直腿摆起；右腿继续向右后旋摆鞭打，同时上体向右转，带动右腿弧形摆至身体右侧；右腿屈膝回收，右脚落至右后成实战姿势。

动作要领：转身、旋转、踢腿连贯进行，一气呵成，中间没有停顿；击打点应在正前方，呈水平弧线；屈膝起腿的旋转速度要快；重心在原地旋转360°。后旋腿攻击的主要部位有要额和胸部。

（八）双飞踢

两人从闭势实战姿势开始。攻方先用右横踢攻击对方左肋部，同时，左脚蹬地起跳，身体腾空右转，腾空高度在膝关节以上，但不宜过高；左脚起跳后在空中用左横踢迅速踢击对方胸部或腹部；左右脚交换，右脚落地支撑，左脚横踢目标后迅速前落，成左势实战姿势。

动作要领：

（1）右腿横踢目标的同时，左脚蹬地跳。

（2）左脚起跳后迅速随身体右转横踢目标。

（3）两腿在空中交换，右脚先落地。

练习方法：

（1）实战姿势开始。

（2）攻方起右腿向前横踢攻击目标。

（3）左脚蹬地起跳，在空中顺势交换两腿。

（九）膝的基本进攻技术

膝关节在跆拳道实战格斗中被用作近距离攻击对方的主要武器之一。这是因为膝关节是人体关节武器化中最具力量的一种，而且使用简单，一旦击中会置敌于死地。膝关节的主要使用技术是顶膝和撞膝技术。

（1）顶膝：准备姿势开始。左脚上前迈半步成左弓步，同时双手自腰间前举，由拳变掌抓对方的肩部或衣襟。随即双手用力向下压拉对方的肩部或衣襟，同时提右膝向上顶击。顶击的主要部位有腹部、裆部、头面部。顶膝时两手的下压、下拉用力和提膝上顶的力量协调进行，形成合力顶击对方，达到置敌于死地的目的。

（2）撞膝：准备姿势开始。左脚掌为轴碾地，身体左转，同时右腿屈膝上提，自右下向左上侧用膝部撞击，两拳抱于腹前。撞击的动作可用膝分别向异侧方向进行。撞击的用力方向是横向的。撞击的主要部位是腹腔神经丛和两软肋部。做动作时，提膝、转体、撞击的动作要连续协调，形成加速撞钟式的动作，以提高杀伤力。

（十）旋风踢

两人从闭势实战姿势开始。攻方左脚向右脚右侧前方跨一步，左脚内扣落地，身体向右旋转180°；左脚落地的同时右腿随身体继续右转向右后摆起，此时身体已转动360°；左脚蹬地起跳，顺势在空中用左横踢击打对方腹部或头部，右脚落地支撑。

动作要领：

（1）攻方上步转体动作要迅速果断，左脚内扣落地时脚跟对敌。

(2) 右脚随身体又转向后右侧摆起时不要太高,以能带动身体旋转起跳为宜。

(3) 左脚蹬地起跳,身体腾空,但不过膝,目的是快速旋转出腿。

(4) 左脚横踢时,右腿向下落地,要快落站稳,即横踢目标的同时右脚落地。

(十一) 掌的基本进攻技术

掌法在跆拳道实战中是非常多见的。虽然正式的跆拳道比赛不准使用掌法,但是,掌法在跆拳道品势练习、实战格斗以及防身自卫中,具有非同寻常的攻击效果,轻者致伤,重者致残致命。因而,练好掌法对增强实战格斗和防身自卫能力有着重大的意义。

(1) 砍掌(手刀砍):两脚开立成准备姿势,两手握拳置于腹前,手心向内。左脚前迈步成左弓步,同时右手臂提肘上举,经由右前方将右手由拳变掌提到右前与头同高;随即前伸右臂,右臂外旋由外向内用右手向左前平砍,掌心向上。砍掌动作左右手刀砍势相同,只是方向相反。砍掌分仰掌砍击和俯掌砍击,攻击部位在颈动脉、锁骨和两肋。

(2) 插掌(贯手):准备姿势开始。左脚向前迈一步成左弓步,同时右手自腰间由拳变掌向前伸臂插出,右臂伸直,力达指尖;左手握拳收于腰间。插掌动作左右掌动作相同,只是方向相反。插掌分立插和平插掌两种形式,可仰掌亦可俯掌,攻击部位在脸部、心口、肋间和颈部。

(3) 底掌掐击:准备姿势开始。左脚向前迈一步成左弓步,同时右手自腰间由拳变掌底向前掐击,利用底掌的大拇指和四指掐击对方的咽喉。掐击动作可左手亦可右手,只是方向相反。攻击的主要部位是对方的咽喉。

(4) 掌根推击:亦叫熊掌推击,由准备姿势开始。左脚向前迈一步成左弓步,同时右手自腰间由拳变熊掌向前推出,力点在掌根;左手握拳,拳心向上收于腰间。掌根推击可用左手亦可用右手,动作相同,方向相反。掌根推击的部位在面部、胸部和腹部。

(5) 双插掌:准备姿势开始。左脚向前迈一步成左弓步,双手自腰间由拳变贯手向前同时插击。如果改变手型,将贯手改为熊掌,就可将动作变为熊掌双推击。插击或推击的部位主要是胸部、肋部和面部。

(十二) 肘的基本进攻技术

肘关节由于骨结构本身的特点,使用肘的骨尖部,其击打的力度和威胁都很大。尤其是二肘的基本进攻技术在贴身的近距离攻击中,肘的威力能更充分发挥,给对方以强有力的打击。因为肘关节前后左右都可以使用,所以肘的进攻动作可以向多个不同方向击出。

(1) 顶肘:准备姿势开始。左脚向前迈出一步成左弓步,同时左臂屈肘上提至胸前,左拳置于胸前,拳心向下;右拳变掌提到胸前,用右手掌推动左拳,以左肩关节为轴,左肘关节尖领先,将左肘向前顶击。顶肘的动作左右肘关节都可进行,只是方向相反。顶肘攻击的主要部位是头面部、胸部、腹部和肋部。

(2) 挑肘:准备姿势开始。左脚向前迈一步成左弓步,同时右拳自腰间上举,右肘关节屈曲收紧,肘尖自下向上挑起。挑肘动作可用左右肘完成,只是方向相反。挑肘攻击的主要部位有下颌和腹部。挑肘时要拧腰顺肩,以增加挑肘的距离和力量。

(3) 摆肘:准备姿势开始。左脚向前迈一步成左弓步,同时,右臂以肩关节为轴,将屈曲夹紧的大小臂抬平后自外向内或自内向外用力摆击肘尖部;左手拳变掌用力推或压右拳贴紧胸部并助右肘摆动。肘关节由外向内摆动叫内摆击肘,由内向外摆动叫外摆击肘。摆肘攻击的主要部位是两颊部和胸部。

（4）砸肘：准备姿势开始。左脚上前一小步成前行步，同时，右臂以肩关节为轴屈肘上举；当右拳靠近耳侧时肘抬至水平以上，随即右肘用力向下砸。砸肘动作左右肘相同，只是方向相反。砸肘攻击的主要部位有头顶、面部和锁骨，也可用于对方倒地后的下砸攻击动作。

（十三）拳的基本进攻技术

拳法是跆拳道实战中最基本而又非常重要的技术。出拳的基本原则是从腰间发力将拳击出，抱拳于腰间时拳心向上，拳击出的过程中要做手臂的内旋动作，拳击至最远端时手臂伸直，拳向下，击打目标后放松收回。

（1）冲拳：由准备姿势开始。两脚开立与肩同宽，两手握拳置于腰间；左脚前迈成左弓步，同时右手拳内旋击出，手臂伸直，力点在拳面。冲拳动作可顺势冲拳（左脚弓步冲左拳），亦可拗式冲拳（左腿弓步冲右拳）。可向上、中、下三个方位冲拳，击打对方的头胸腹和裆部。

（2）抄拳：左脚上成三七步，同时左手前伸抓住对方的衣襟，右手握拳收于腰右侧；两脚不动，重心前移成左弓步；同时左手回拉，右拳从腰间由下向上抄起用拳面击打对方的下颌部。抄拳的动作亦可用左手拳进行。击打的部位除下颌部，还有腹部。

（3）弹拳：两脚前后开立成左三七步，两手握拳，两臂屈肘置于腹前，左拳在内，右拳在外，拳心朝下；重心前移，成左弓步，同时左手臂屈肘上提至胸前；翻肘，以肘关节为轴，前臂向上摆起，用拳背弹击对方的鼻骨、人中穴或眼睛。

（4）截拳：两脚开立，左手握拳屈肘置于胸前，拳眼向上；右手握拳收于右侧腰间，拳心向上；左脚向左迈一步成左弓步，同时左臂以肘关节为轴，臂内旋向前向左侧前方用锤拳截击对方的面部、胸部或肋部。截击的位置在身体左侧前方，用力方向由内向外横向击打。

（5）鞭拳：两脚前后开立成右弓步，左手握拳收于腰左侧，拳心向上；同时右手握拳，右臂屈肘上提至肩高，右臂放置于左肩前方，拳心向内；右臂以肘关节为轴，由内向外用拳背鞭打对方的面部或胸部。左右势动作相同，只是方向相反。

（6）劈拳：两脚左右开立与肩同宽，右手握拳置于右侧腰间，拳心向上；同时左手握紧斜置于腹前，拳心向内；两脚不动，左臂由腹前向左上经脸前向左下直臂抢臂，用锤拳劈击对方的头部、颈部或锁骨。

（7）双冲拳：两脚并步站立，两拳拳心向上置于腹前；右脚前迈一步成左弓步，同时两拳自腰间向前冲击；两臂内旋，以双冲拳击打对方的面部、胸部和腹部。

第三节　跆拳道竞赛规则

跆拳道的基本哲学思想是：练习此项运动者必须修身养性，道德教育第一，运动技巧第二。跆拳道运动起源于传统韩国社会的优雅礼仪，要求身体面向对手，头部和身体按规定的角度弯下优雅地鞠躬。在世界跆拳道锦标赛中，男女各分为传统的8个级别。规则要求运动员身上、头上戴护具，并建议在道服内腹股沟、前臂和胫骨上佩戴护具并带护齿。

一、竞赛规则简介

（1）跆拳道比赛包括两方——"Chung"（蓝）和"Hong"（红）。双方以脚踢打对手的头和身体或用拳击打对方的身体而得分。比赛分三个回合,每回合2分钟,两回合之间休息1分钟。选手可通过下述方法获胜:将对方击倒胜,得分最高,使对手被罚分达到4分,或对手被剥夺比赛资格。比赛开始前,裁判分别发出"Cha-ryeot"和"Kyeong-rye"指令后,双方立正并相互鞠躬,然后裁判喊"Joon-bi"和"Shi-jak"宣布比赛开始。

(2) 每个合理的攻击将得分。击打对手的得分部位,除了头外,得分部位包括腹部及身体两侧。这三个部位标于对手的护具上。禁止击打对方腹关节以下部位,要用规则允许的身体部位击打对手。须用正确紧握的拳头的食指和中指的前部或脚踝关节以下的部位击打对方。若三位裁判中的至少两位对击打进行了认定并记录,则得分有效。

(3) 犯规是跆拳道比赛中的一个重要因素。不仅仅因为被罚4分(在高水平比赛中极为罕见)意味着自动失败,仅仅1个罚分就可左右比赛的胜负。跆拳道犯规分两种:Kyong-go 和 Gam-jeom。最常见的一种犯规 Kyong-go 或警告意味着罚0.5分。但是若仅有一次这种犯规则不计入罚分,除非再次犯规而累计罚1分。若选手抓、抱、推对方,逃避性地背对对方、假装受伤等时,则判 Kyong-go。另一种更为严重的犯规称为 Gam-jeom,将被罚1分。其典型的犯规行为包括扔对手,在格斗中在对手双脚离地时故意将其放倒,故意攻击对手后背,用手猛击对手的脸部。

(4) 选手被击倒后,裁判如拳击比赛一样开始10秒的读秒。在跆拳道比赛中,一方由于对手发力而使其脚底以外的其他任何部位触地则判为被击倒。裁判也可在选手无意或无法继续比赛时开始读秒。一旦出现击倒,则裁判喊"Kal-yeo",意为"暂停",指示另一方退后,裁判开始用韩语读秒从1至10。即使被击倒的选手站起来欲继续比赛,他或她必须等待裁判继续读秒至8或"Yeo-dul",然后裁判判定该选手是否能继续比赛。若其无法继续比赛,则另一方以击倒获胜。

(5) 在决赛以外的其他比赛中若以平局结束,则分数高的一方获胜。若双方仍旧平分秋色,则由裁判根据比赛中双方表现的主动性来决定在三回合各3分钟的比赛中哪一方占优。若为争夺金牌的决赛,则双方进行第四回合,即突然死亡回合的较量,率先得分者获胜,若无人得分,则裁判判定通过判断谁在该回合中占优而决定最后的胜方。

(6) 比赛区域。比赛区域为大小12平方米的正方形场地,建于高于地面约1米的平台上,上面铺有弹性的垫子。为安全起见,场地外两侧平台的侧面略微向地面倾斜。场地内,正中是一个8平方米的蓝色正方形区域。其外边为红色的警告区,提醒选手正接近边线或平台的边缘。一旦选手的脚踏入警告区则裁判自动暂停比赛。故意进入警告区可判为 Kyong-go,而故意跨过边线将被判为 Gam-jeom。

二、跆拳道比赛欣赏

(一) 以腿为主,手足并用

跆拳道技术方法中占主导地位的是腿法,腿法技术在整体运用中约占3/4。这是因为腿的长度和力量是人体中最长、最大的,其次才是手。腿的技法有很多种形式,可高可低、可近可远、可左可右、可直可屈、可转可旋,威胁力极大,是比赛时得分和实用制敌的有效方法。其次是手法,手臂的灵活性很好,可以自如地控制完成防守和进攻动作,同时也可以变化为拳、掌、肘、肩的多种用法,进行实战。在竞赛规则以外的跆拳道实战中,人体的一些主要关节部位亦可以用作进攻的武器,或防守的盾牌。这是跆拳道技术的本质,如人体的手、肘、膝、脚等关节部位，是跆拳道实战中最常用、最有效的击打武器。

（二）方法简练，刚直硬打

不论是在比赛时还是在实战中，跆拳道的进攻方法都是十分简捷而富有实效的。对抗时双方都是直接接触，以刚制刚，用简练硬朗的方法直接击打对方，或拳或腿，速度快，变化多；防守的动作也是以直接的格挡为主，随即是连续的反击动作。防守时很少使用躲闪防守法，追求刚来刚往，硬拼硬打，尽可能保持或缩短双方间的距离，以增加击打的有效性，在近距离拼斗中争取比赛或实战的胜利。

跆拳道理论认为，经过专门训练，人的关节部位能产生不可思议的威力。特别是拳、肘、膝和脚四个部位，尤以脚和手为甚。长期专门练习跆拳道，可以使人达到内外合一的程度，即内功和外力达到统一的巅峰。

（三）强调气势，发声扬威

无论品势还是竞技跆拳道，都要求在气势上给人以威严，多以发出洪亮并带有威慑力的声音来显示自己的能力。尤其是在竞技跆拳道比赛中，双方练习者都会以规则允许的发声来提高自己的斗志，借以在气势上压倒对手，甚至在出击时配合击打效果使裁判得以认可，争取在心理上战胜对手。所以，跆拳道练习者都要进行专门的发声练习。

（四）礼始礼终，强调良好道德品质

跆拳道给人们留下的较深的印象是，跆拳道练习者始终是在不同的场合行礼鞠躬。这是因为跆拳道练习者始终把"礼"作为训练内容，强调"礼始礼终"。即练习活动都要从礼开始，以礼结束，并突出爱国主义。要求跆拳道练习者在练习技术的同时，在道德修养方面也要不断提高自己。

三、跆拳道的教学方法和训练方法

（一）教学方法

（1）完整与分解教学法：由于跆拳道比赛的关键和高难度技术动作的难易不同，对于独立的每一个动作既用完整教学法，又有必要用分解教学方法。

（2）讲解和示范教学法：讲解和示范是使学生形成正确动作概念过程的基本方法。

（3）启发和分析式教学法：启发式教学法是通过讲解和语言启发，使学生对技术动作有更进一步的了解和认识。一般运用在讲解技术的攻防含义和变化规律上。

（4）纠正错误法：学生在掌握动作过程中会出现各种错误。教师要善于抓住共性的错误，组织学生集中会诊，发挥大家的智慧，启发学生分析错误的因果关系，以点带面地解决普遍性问题。还要善于发动学生，互相识别错误和纠正错误，以利于学生共同提高。

（5）组织练习法：当学生初步学会动作后，就要组织学生进一步练习。组织练习的方法通常有三种形式，即集体练习法、分组练习法和单独练习法。

（二）训练方法

（1）自我训练法：即自己进行专门的技术动作训练。常用的方法有两种：① 对镜训练法，即自己面对镜子练习各种技术动作，边练习边自我观察。② 模仿练习法，即模仿优秀运动员或有效技术组合进行技术练习。

（2）配合练习法：通过和教练或同伴的配合，训练基本技术和组合技术。常用的有三种方法：① 听口令完成技术动作，即练习者按教练或同伴的不同口令，完成相应的技术动作。② 踢脚靶练习法，即教练或同伴手持踢脚靶让练习者进行攻击性技术动作的踢击练习。③ 踢组合靶练习，即由 4~6 名同伴手持不同高度、不同放置角度的固定靶，站在相距每人不超过 2 米的两条直线上，由练习者从一端踢向另一端。

（3）增加难度训练法：即通过增加技术难度和攻防难度的练习方法，来提高技术的熟练程度和运用能力。① 增加技术难度的训练方法，即在已经掌握了动作规格的基础上，在有干扰或进行其他练习时听信号突然完成技术动作的练习方法。② 增加攻防难度的训练方法，即利用比正常条件困难得多的练习条件，进行技术训练的方法。

（4）利用外界条件和环境的练习方法：借助外界的不同条件和环境，进行有一定体能或心理要求的训练。① 模拟比赛环境训练方法；② 利用水阻练习法。

（5）踢打沙袋练习法：这是跆拳道训练的一种重要方法。通过踢打沙袋，可以提高腿法技术的完成速度和击打力度，从而提高技术训练的质量。

（6）有条件训练法：根据训练需要，进行有目的、有条件的实战训练，专门性地强化所练技术动作。同时，锻炼者在近似实战状况下，经过技术训练和运用，可以提高对抗击打的时机和准确性，积累实战经验，为实战做技术战术和心理上的准备。

（7）实战训练法：训练专项技术的目的就是实战。实战是对技术训练效果最好的有效验证和进一步的促进。

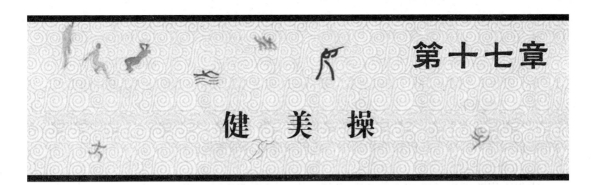

第十七章 健美操

第一节 健美操运动概述

一、健美操的起源与发展

健美操源于英文原名"Aerobics",意为"有氧运动""有氧健美操",最早是美国太空总署为宇航员设计的室内体能训练内容。健美操的魅力在于音乐融进了当时流行的迪斯科,动作融合了时尚的霹雳舞等现代舞蹈。鲜明强烈的节奏催人奋进,激情奔放的身体动作很具感染力,使人们在轻松、愉悦的气氛与心态中达到锻炼的目的。健美操已成为大学生健身热潮中的"动感地带"。

20世纪80年代初,当世界性的健美操热刚刚踏进国门的时候,最先接受它的是高校,得到普及的是高校,开始向社会推广的也是高校。一时间各种类型的健身健美操中的流行旋律、时尚动作占据了校园文化阵地,开创了高校健美操蓬勃发展的新局面。无数大学生开始认识健美操、参与健美操,并受益于健美操。

高校健美操热促进了学校体育教学的改革,健美操已被列入学校体育教学大纲,这为健美操在学校的普及奠定了良好的基础。不仅如此,随着健美操运动的迅速推广,高校之间的健美操竞赛活动也日渐频繁,使健美操运动的发展形成了良性循环。高校的健美操热也促进了全民健身热潮的兴起,其新颖的锻炼方式、良好的锻炼效果很快被向往健美的人群所接受,越来越多的以健美操为主要健身方式的健身中心、健身俱乐部应运而生,成为健身市场一道亮丽的风景线。

二、健美操的健身价值

健美操作为一项很有特色的运动,从增强人体健康的角度来说,具有良好的作用,尤其是对于改善心肺功能、控制体重、减肥和塑造体型,提高协调性和韵律感均具有较好的效果。有氧运动可以从几分钟到几小时,因而对于健身者来说,选择适合自己运动强度的练习方式是非常重要的。

三、健美操的分类

根据不同的目的和任务,健美操可分为健身性健美操和竞技性健美操两大类。

(一)健身性健美操简介

1. 传统有氧健美操

传统有氧健身操是健身性健美操的核心内容,是不同类型健美操的基础,是以提高人体的心肺功能和有氧代谢能力为目的。采用单个步法组合配合上肢运动进行练习。

2. 搏击健美操

运动时,传统有氧操、搏击健美操、拉丁健美操结合拳击、武术、跆拳道的基本动作,配合音乐节奏挥拳、踢腿,由于瞬间爆发力强、肢体伸展幅度大,运动量比传统健美操更大。

3. 拉丁健美操

以有氧运动为基础,结合拉丁舞的基本动作,舞姿优美、热情奔放,有强烈的动感。练习拉丁健美操可以使人在轻松的娱乐中,达到减肥瘦身的效果。

4. 街舞健身操

由黑人街头即兴舞蹈演变而来的街舞,融入了有氧舞蹈。肢体动作夸张,节奏搭配明显,全身上下自由舞动,最吸引人之处是以全身的活动带来热情澎湃的感觉。

5. 踏板健美操

踏板健美操是一种中高强度的运动,通常在一块高度为 4~10 英寸(10.16~25.40 厘米)的踏板及地面上做健美操的动作和步法,它具备了健美操的所有特点,加上板的高度可以调节,健身者根据自身情况很容易达到运动减肥的有效强度,更能有效地提高自身的协调性。

6. 健身球健美操

健身球最早在瑞士只作为康复医疗的设备,后来演变成一个新兴的健身运动项目。健身球不仅有很好的损伤恢复和康复功能,而且还可以提高人的柔韧性、力量素质,锻炼平衡能力,改善姿态。

7. 皮筋健美操

主要是利用皮筋的弹性,在动作一张一弛的过程中,使肌肉得到很好的锻炼,作为一项有氧运动,皮筋操能够有效地提高人体的心肺功能。

8. 哑铃健美操

利用小哑铃的重量进行有氧操训练,可以增加有氧运动的强度,能有效地缩减身体多余的脂肪,塑形、美体作用明显。

9. 动感自行车

这是一种室内固定自行车有氧训练,在健身教练的指导下,并配合动感的音乐和不同难度的阻力档次,来模仿自行车在平地、上坡、下坡等路面条件下不同方式的运动,达到提高心肺功能,消耗体内过剩脂肪的目的。

(二)竞技性健美操简介

竞技性健美操起源于传统的有氧健身操,比赛项目有男子单人、女子单人、混合双人、3 人(3 名运动员性别任选)、集体 6 人操。比赛时间限制在 1 分 45 秒±5 秒。比赛场地为 7 米×7 米(6 人操场地为 10 米×10 米)。比赛服装也有专门的规定,一般为紧身的专业健美操服。

第二节 健美操基本动作及其变化规律

基本动作是健美操运动的基础,是最小的动作元素。健美操是由若干个健美操基本动作组成的,这些基本动作是健美操的主要表现手段。几个单个动作组成健美操的"短句",短句一般以八拍为单位;几个短句连在一起形成组合,完整的成套动作就是由几个组合组成的。因此，初次进入健美操殿堂，首先需要学习基本动作。基本动作主要包括基本步法、上肢动作和地面动作。

一、健美操基本动作

（一）基本步法

基本步法是健美操动作中的最小单位，是组成组合动作、成套动作的基础。通过基本步法的练习，可以提高练习者的协调性、节奏感和韵律感。健美操基本步法分为无冲击、低冲击和高冲击三类动作，分解如图 17-1～图 17-35 所示，具体动作包括弹动、半蹲、弓步、提踵、踏步、字步、漫步、脚尖前点地、脚跟前点地、脚尖侧点地、脚尖后点地、并步、迈步点地、迈步屈腿、迈步吸腿、迈步弹踢、侧交叉步、吸腿、后屈腿、踢腿、弹踢腿、并步跳、迈步吸腿跳、迈步后屈腿跳、并腿纵跳、开合跳、分腿半蹲跳、并腿滑雪跳、弓步跳、吸腿跳、后屈腿跳、弹踢腿跳、摆腿跳、后踢跑、侧并小跳。

图 17-1

图 17-2

图 17-3

图 17-4

图 17-5

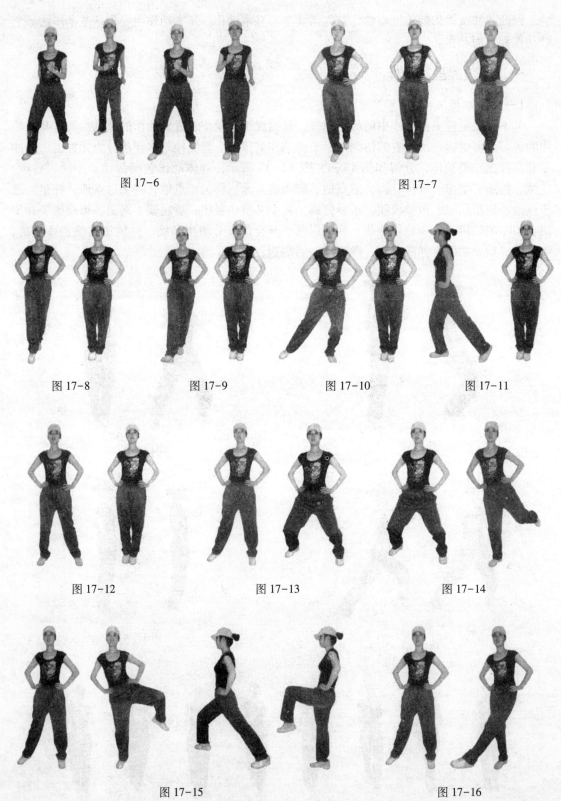

图 17-6　　　　　　　　　　　　　　图 17-7

图 17-8　　　　图 17-9　　　　图 17-10　　　　图 17-11

图 17-12　　　　　图 17-13　　　　　图 17-14

图 17-15　　　　　　　　　　　图 17-16

第十七章 健美操

图 17-17　　　　　图 17-18　　　　　图 17-19

图 17-20　　　　　图 17-21　　　　　图 17-22

图 17-23　　　　　图 17-24　　　　　图 17-25

图 17-26　　　　　图 17-27　　　　　图 17-28

| 图 17-29 | 图 17-30 | 图 17-31 | 图 17-32 |

| 图 17-33 | 图 17-34 | 图 17-35 |

（二）上肢基本动作

（1）自然摆动：屈肘前后摆动，可以同时或依次摆动，如图 17-36 所示。

（2）臂屈伸：上臂固定，肘屈伸。臂屈时肱二头肌收缩，臂伸时肱三头肌收缩，如图 17-37 所示。

（3）直臂上摆：臂由下摆提至前平举或侧平举，如图 17-38 所示。

（4）冲拳：握拳由腰间冲至某位置，如图 17-39 所示。

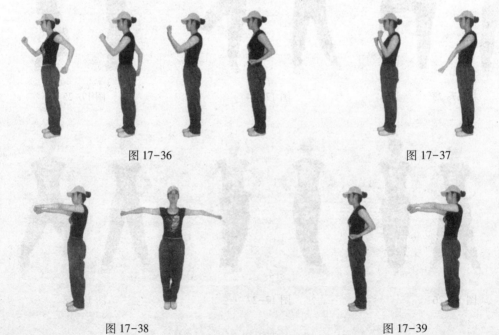

| 图 17-36 | 图 17-37 |

| 图 17-38 | 图 17-39 |

（5）屈臂提拉：臂下举至胸前平屈，如图 17-40 所示。

（6）推：手掌由肩侧推至某位置，如图 17-41 所示。

图 17-40　　　　　　　　　　　　图 17-41

（三）基本手型

基本手型如图 17-42 所示。

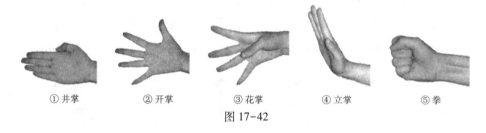

①并掌　　②开掌　　③花掌　　④立掌　　⑤拳

图 17-42

二、健美操基本动作的变化规律

健美操动作看起来变化多端，其实都是在基本动作的基础上演变而来的。基本动作看似简单，其实变化无穷。掌握了这一规律，你不但学得快、记得快，更重要的是，你能按照规律随意编排，终身受益！

（1）改变身体的方向（如转体 90°或 180°的开合跳，不同方向的连续踏步或带转体的踏步等）；

（2）改变出脚的方向（如前后弓步跳和左右弓步跳，"V"字步和"A"字步等）；

（3）改变动作速度或强度（如节奏改变：快快慢，不同高度的踢腿跳等）；

（4）上下肢动作相互组合（如相同的步法，不同的上肢动作，或者相反）；

（5）不同步法相互组合（如吸腿跳与踢腿跳，开合跳与弓步跳等）；

（6）复合变化（如在改变身体方向的同时也改变出脚的方向，改变速度的同时改变方向等）。

以踏步为例，让我们一起实践。

原地踏步——踏点步——"V"字步——"A"字步——漫步——变方向的三步一点（前、后、左、右）——转体 360°三步一点（左、右）——小马跳。

第三节　健美操大众锻炼标准三级套路

健美操大众锻炼标准测试套路（三级）图解和说明如下。

组合一

动作			
	1　2　3　4　5　6　7　8		
节拍		下肢步伐	上肢动作
预备姿势		站立	
一	1-4	右脚开始向侧迈步后屈腿2次，2时右转90°（2 step curl）	1-2左臂摆至侧上举，右臂摆至胸前平屈，3-4同1-2，但方向相反
	5-8	向右迈步后屈腿2次，6时右转180°（2 step curl）	双手叉腰
动作			
	1　2　3-4　5　6-7　8		
节拍		下肢步伐	上肢动作
二	1-2	1/2 V字步（half V step）	1右臂侧上举，2左臂侧上举
	3-8	6拍漫步，8右转90°（baby mambo bwd）	随脚的动作自然前后摆动
动作			
	1　2　3　4　5　6　7　8		
节拍		下肢步伐	上肢动作
三	1-8	右脚开始交叉步2次，左转90°呈L型（2 grapevine）	1双臂前举，2胸前平屈，3同1，4击掌，5-8同1-4

续表

动作			1　-　2　3-4　5-6　7-8	
节拍			下肢步伐	上肢动作
四	1-4		右脚侧并步跳，1/2后漫步（cha cha cha half mambo bwd）	1-2 双臂侧上举，3-4 左臂摆至体后，右臂摆至体前
	5-8		左转90°左脚开始小马跳2次（2 pony）	5-6 右臂上举，7-8 左臂上举
第5至8个八拍，动作相同，但方向相反				

组合二

动作			1　2　3　4　5　-　6　7　8	
节拍			下肢步伐	上肢动作
一	1-4		右臂向右前上步吸腿2次（step double knee）	双臂自然摆动
	5-6		左脚向后交换步（ball change）	双臂随下肢动做自然摆动
	7-8		右脚上步吸腿（step knee）	双臂自然摆动

续表

	动作	1　　2　　3　　4　　5-6　　7-8	
	节拍	下肢步伐	上肢动作
二	1-4	左脚开始向右侧交叉步（cross step）	双臂随步伐向反方向臂屈伸
	5-8	右转45°，左脚做漫步（mambo）	5-6 双臂肩侧屈外展，7-8 经体前交叉摆至侧下举
	动作	1　2　3　4　5　-　6　7　-　8	
	节拍	下肢步伐	上肢动作
三	1-4	左脚开始十字步，同时左转90°（box step turn）	双臂自然摆动
	5-8	左脚开始向侧并步跳2次（2 cha cha cha）	双臂自然摆动
	动作	1　2　3　4　5　6　7　8	
	节拍	下肢步伐	上肢动作
四	1-8	左脚漫步2次，右转90°（2 mambo）	双臂自然摆动
第5至8个八拍，动作相同，但方向相反			

组合三

动作										
		-	1	2	3	4	5	6	7	8
节拍		下肢步伐				上肢动作				
一	1-6	右脚开始做侧点地3次（3 stap side）				1-2右臂向下臂屈伸，3-4左臂向下臂屈伸，5-6同1-2动作				
	7-8	左脚开始向前走2步（2 walk）				击掌2次				
动作										
		1	2	3	4	5	6	7	8	
节拍		下肢步伐				上肢动作				
二	1-4	左脚开始吸腿跳2次（double knee）				1侧上举，2双臂胸前平屈，3同1，4叉腰				
	5-8	吸右腿跳，向后落地，转体180°，吸右腿（knee up twist knee）				双手叉腰				
动作										
		1	2	3	4	5	6	7	8	
节拍		下肢步伐				上肢动作				
三	1-4	左脚开始向前走3步吸腿跳，同时左转体180°（walk fwd knee turn）				1-3叉腰，4击掌				
	5-8	右脚开始向前走3步吸腿（walk fwd knee）				5-6手臂同时经前向下摆，7-8经肩屈外展至体前击掌				
动作										
		1	2	3	4	5	6	7	8	
节拍		下肢步伐				上肢动作				
四	1-8	左脚开始侧并步4次，呈L型（4 step touch）				双臂做屈臂提拉4次				
第5至8个八拍，动作相同，但方向相反										

组合四

动作								
	1	2	3	4	5	6	7	8

节拍		下肢步伐	上肢动作
一	1-4	右腿上步吸腿（step knee）	双臂做向前冲拳、后拉2次
	5-8	左脚向前走3步吸腿（3 walk knee fwd）	手臂同时经前向下摆，8击掌

动作					
	1	2-3	4	5-6	7-8

节拍		下肢步伐	上肢动作
二	1-4	1 右脚向侧迈步，2-3 向右前 1/2 前漫步，4 左脚向侧迈步（step half mambo step）	1 侧上举，2-3 随脚的动作自然摆动，4 同 1 动作
	5-8	右脚向左前方做漫步（mambo）	双臂自然摆动

动作								
	1	2	3	4	5	6	7	8

节拍		下肢步伐	上肢动作
三	1-6	右脚开始上步吸腿3次（3 step knee）	1 肩侧屈外展，2 击掌，3-6 同 1-2 动作
	7-8	左脚前 1/2 漫步（half mambo）	双臂自然摆动

动作								
	1	2	3	4	5	6	7	8

节拍		下肢步伐	上肢动作
四	1-8	左转90°向左做侧交叉步转体180°接侧交叉步（grapevine turn）	1-4 双臂做外展、内收、外展、击掌，5-8 同 1-4 动作

第5至8个八拍，动作相同，但方向相反

力量练习部分

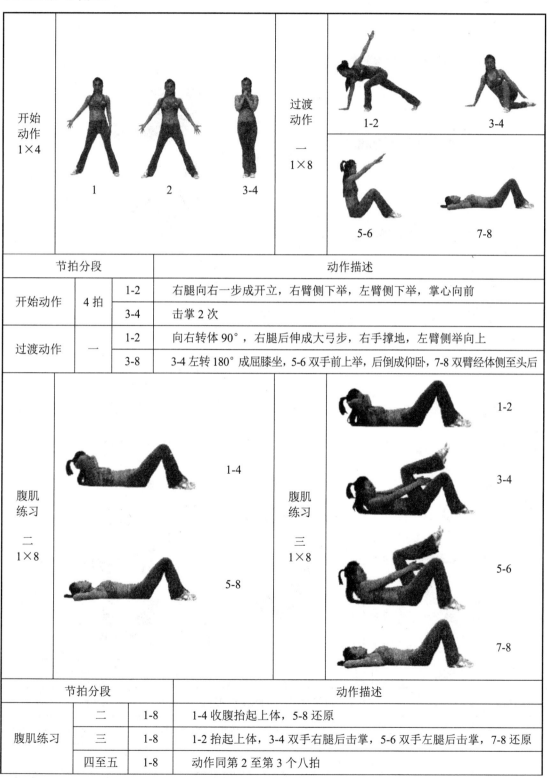

	节拍分段		动作描述
开始动作	4拍	1-2	右腿向右一步成开立,右臂侧下举,左臂侧下举,掌心向前
		3-4	击掌2次
过渡动作	一	1-2	向右转体90°,右腿后伸成大弓步,右手撑地,左臂侧举向上
		3-8	3-4左转180°成屈膝坐,5-6双手前上举,后倒成仰卧,7-8双臂经体侧至头后

	节拍分段		动作描述
腹肌练习	二	1-8	1-4收腹抬起上体,5-8还原
	三	1-8	1-2抬起上体,3-4双手右腿后击掌,5-6双手左腿后击掌,7-8还原
	四至五	1-8	动作同第2至第3个八拍

续表

节拍分段			动作描述
过渡动作	六	1-2	抬起上体，双手抱右膝
		3-4	同 1-2 动作，抱左膝
		5-8	右转 90°成侧卧右腿后屈，左小臂撑地
	七	1-8	1-4 搬左侧腿，5-8 左转 90°成屈腿坐，双手体后撑地，指尖向前

节拍分段			动作描述
腹背练习	八	1-8	1-2 抬起髋部，右腿水平伸直，3-4 还原，5-8 换另一腿
过渡动作	九	1-8	1-4 左转 90°成左腿后屈侧卧，小臂撑地，搬右侧腿，5-8 还原成屈腿坐
腹背练习	十	1-8	动作同八，但方向相反

第十七章 健 美 操

续表

	节拍分段		动作描述
过渡动作	十一	1-8	1-2 双腿伸直，3-4 右转180°成俯撑，双手体侧撑地，5-6 屈腿，7-8 双手伸直撑起成跪撑
俯卧撑练习	十二～十五	1-8	1-4 屈臂，身体保持稳定，5-8 还原。4同3相反，5-8 还原

	节拍分段		动作描述
过渡动作	十六	1-8	左转180°，左脚向前迈步左手撑膝站起
	十七	1-8	右脚向侧迈步成开立，1-2 左臂经肩侧屈至侧平举，3-4 右臂经肩侧屈至侧平举，5-6 双臂上举，双手互握，7-8 双手握拳至胸前
结束动作	一拍	1	右脚向左前方迈步，屈膝，上体右转，双臂侧下举

第四节 健美操比赛规则

一、健身健美操比赛

健身健美操分规定动作比赛与自选动作比赛。规定动作比赛主要强调动作的准确性、熟练性、动作整齐一致性及精神面貌和团队精神。自选动作比赛在完成方面与规定动作比赛的要求相仿，不同之处在于其编排及创意。成套编排突出艺术性与安全性。其中艺术性包括：主题健康，充满活力，富有激情；编排新颖，有创意；动作类型丰富，动作的转换自然流畅；充分利用场地和空间；队形变化新颖。安全性主要是指成套动作中没有对身体造成伤害的因素（不安全的动作）；不鼓励在成套动作中出现竞技健美操的难度动作，如果出现将不予加分，并对出现的错误进行扣分，可见健身健美操比赛强调的是其健身性。

二、竞技健美操比赛

正规的健美操比赛分为男子单人、女子单人、混合双人、三人、六人共计5个比赛项目，其中三人与六人没有性别的规定。按照规则的要求，每套比赛动作必须包括难度动作、操化动作组合与过渡连接动作三部分，每部分都有具体的规定。例如，选择的难度动作必须含有4组难度类型，即动力性力量组（俯卧撑、旋腿等）、静力性力量组（支撑与水平）、跳与跃组、平衡与柔韧组，每缺一组动作就要扣1分。操化动作组合是指多种步法和手臂动作演绎的多元化、复杂化的配合形式。这些遍布在成套动作中的操化动作组合能充分显示运动员高水准的身体协调能力。过渡连接动作在难度与难度之间、难度与操化动作之间具有连接与过渡的作用。

三、数字规则

健美操比赛规则的部分数字化体现了评分的量化标准，量化标准保证了裁判评分的客观性与公正性。

（1）场地大小：单人、双人和三人操为7米×7米；六人为10米×10米，健身健美操场地是12米×12米；出界按人次扣分。

（2）成套时间：竞技健美操为1分45秒，并有加减5秒的范围；健身健美操比较灵活，一般在3~5分钟，时间不足或超过均酌情扣分。

（3）难度规定：成套最多12个难度，其中最多6个地面难度，2个俯撑落地难度。违反该规定，每次扣1分。有4组难度类型，难度级别从0.1~1.0分不等。国际比赛难度价值至少在0.3分以上。

（4）拖延出场：运动员被叫后20秒内未出场，被扣0.5分，60秒内未出场，视为弃权。

（5）总分值=艺术分（最高10分）+完成分（最高10分）+难度分。

（6）其他：除单人操外，其他项目要有3次托举动作，多于或少于3次都要扣1.0分/次。

第十八章

瑜伽运动

第一节 瑜伽运动概述

瑜伽起源于印度，流行于世界。瑜伽是东方最古老的强身术之一。它产生于公元前，是人类智慧的结晶。瑜伽修持秘诀是理论和实践互相参证的法典。

瑜伽集医学、科学、哲学之成，是一门内容广泛的科学。它让人们达到内在的精神幸福和智慧，人的意识和性格都能得到改善。我们不仅要感性地，而且要理性地去实践"它"，以便拥有健美的身材、靓丽的肌肤，达到健康基础美、静态形体美、内在美、气质美、整体美5个层次的美的追求。

瑜伽神奇的效果，超凡脱俗的感觉和无限的魅力，一次又一次地得到了人们的验证。世界各地的明星、政要都把瑜伽当成首选的健身美体项目。就连美国好莱坞明星麦当娜都非常痴迷瑜伽。由于练习瑜伽，即使在生了孩子以后她还保持着非常完美的体型。

瑜伽不但效果神奇，而且广泛地适用于大众练习。它不需要大蹦小跳，不仅练习频率舒缓，而且运动强度适中。瑜伽在宁静、舒缓、祥和的气氛中，给人们带来健康、美丽、自信和快乐。

目前，瑜伽已成为时尚的最前沿，在全世界广泛传播，成为适应现今高节奏、简便、新新人类的一种新的生活方式。

古代瑜伽注重心灵与肉体的超越自我，现代瑜伽则追求身心平衡和健康优雅。瑜伽的作用简直妙不可言。因为它对人体的作用是内外兼修，也是各种健身项目中唯一能达到这一目的的运动。现代瑜伽简单来说是由呼吸法、体位法、冥想法所组成，是在一种自然健康的环境下，伴随悠扬的音乐，用意念指引自己的肢体，通过舒缓流畅的各种练习动作，同时配合呼吸，来达到调整身心、雕塑形体、提高气质、增强体魄的作用。

瑜伽包含了许多哲理，让人们了解人生（生命）的真谛，学会如何做人。瑜伽是东方心灵哲学，通过调节内心活动，可清除人潜意识的垃圾，消除烦恼，是一剂减压和心灵美容的良方。

瑜伽是传统的生命科学，东方的身体文化，包含了动（练筋、骨、皮）、静（练精、气、神）结合的养生健身运动，适合各种年龄的人练习。瑜伽可以优化人生存的内环境，以适应生存的外环境（生活环境、人际关系）。瑜伽的姿势像柔软体操、优美的舞蹈。它更是一种心操，使人们学会关注自己的内在世界，认识自我、提升自我。

第二节　瑜伽基本技术与练习方法

一、瑜伽的呼吸

呼吸就是生命。如果没有食物和水，人的生命还可以维持几天。但是如果没有呼吸，我们在几分钟内就会失去生命。在瑜伽理论中，瑜伽学者们常常形容呼吸就是吸取生命之气。"生命之气"就是精气、精力，虽然看不到，但能时时刻刻感觉到。瑜伽呼吸由3个部分组成：吸气、悬息（屏气）、呼气。人们常常认为吸气是呼吸中最重要的部分，但事实上吐气才是最关键的部分。吐出去的废气越多，才越有机会吸入更多的氧气。所以在许多的瑜伽呼吸法中，吐气比吸气时间长。悬息会让氧气停留在体内的时间更长。如果初学者把握不好呼吸，尽量不做悬息的练习。

呼吸具有两大功能：供给脑部和血液足够的氧分，摄入生命之气，控制意识。通过瑜伽呼吸法的练习，可将个人的肉体和精神联系起来；可以洁净呼吸系统，排除身体毒素，更深地放松身体和精神；可以增加个人的精力，使其通向更广阔的精神认知领域。呼吸作为人的生理本能，是一种无意识的自然规律。平常人的呼吸在瑜伽的呼吸定义中被称为"肩式呼吸"。瑜伽的呼吸方法是一种特殊的方法，称之为"完全呼吸法"。它是同时运用腹部、胸部和肩部三合一的呼吸原则，对呼吸重新调整而达到"调息"的呼吸练习方法。瑜伽呼吸方法有10多种，较为简单的，也容易为初学者所掌握的有"胸式呼吸法""腹式呼吸法""完全呼吸法""交替呼吸法"等；稍复杂些的，也是程度较高的瑜伽研习者常用的有"鸣声呼吸法""语音呼吸法""风箱式呼吸法"等。

1. 胸式呼吸法

气息的吸入局限在胸的区域，气息较浅。这种呼吸适宜做针对性较强的动作（比如上背部和胸部的动作）。

方法：呼吸时，意识集中于肺部，缓缓吸气，感觉自己的肋骨向外扩张，气息充满胸腔，保持腹部的平坦；缓缓呼气放松胸腔，将气呼尽。

2. 腹式呼吸法

气息的吸入局限于腹部的区域，气息较深，横膈肌下降得较为充分。

方法：呼吸时，更多关注腹部，缓吸气，感觉腹部被气息充分膨胀，向前推出，胸腔保持不动；缓缓呼气，横膈膜上升，腹部慢慢向内瘪进。

3. 完全呼吸（胸腹式呼吸）法

它是瑜伽练习中最常用的呼吸方法，是胸式呼吸和腹式呼吸的结合。它提供给身体最充足的氧气，帮助身体消耗脂肪，并使血液得以净化，将体内的浊气、废气、二氧化碳最充分地排出体外；能够温和地按摩腹脏器官，促进其机能，增进体内循环，防止呼吸道感染；消除肌肉、内脏的疲劳，尤其对平息剧烈运动后植物神经系统紊乱、内分泌不正常的就急状态特别有帮助；对提高人体免疫力、改善心理状态、控制情绪、培养注意力都有很好的效果。

方法：呼吸时，缓缓吸入气息，感觉到由于横膈膜下降，腹部完全鼓起；随后，肋骨处向外扩张到最开的状态，肺部继续吸入氧气，胸腔完全扩张，胸部上提；吸满气后缓缓地呼出，放松胸腔，将胸部的气呼出；随后温和收紧腹部，腹部向内瘪进去，感觉肚脐在贴后背，将气完全呼尽为止。

呼吸时注意：

（1）意识力集中到一呼一吸上。

（2）一般只由鼻腔参与呼吸，因为鼻腔对灰尘和细菌有过滤作用。

（3）每一次吸气时，犹如品尝空气一般，缓慢深长地吸入；呼气时，犹如蚕吐丝一般，细而悠长。意识中要将体内废气排出。

（4）躺、跪、坐的姿势时，眼睛闭上，向内集中注意力；站立的姿势时，为了保持身体平衡，需要睁开眼睛。

（5）保持自然、轻松的呼吸即可。进行瑜伽呼吸练习，以每天早上或睡前10~20分钟为最好。若以养生为目的，时间可适当延长。采用的姿势是坐姿或卧姿，宽衣松带，双手自然放置身旁，头、颈、脊柱成一直线，全身放松。

二、瑜伽的静思与冥想

瑜伽健康的实践是体位法、呼吸法、冥想法三者融为一体，达到身心合一的完美境界。瑜伽中的静思与冥想不是宗教，也不是玄学，而是现代人可以利用和学习的一种与自我心灵对话的方式。只要你能放松自己，保持内心的平和，静观一切，心中无杂念，就能进入冥想状态。这种瑜伽静思与冥想形式常会被那些有经验的瑜伽研习者采用。在体位法练习过程中也可以进行冥想。瑜伽冥想的目的在于获得内心的和平与安宁，达到无限的精神之爱、欢乐、幸福和智慧。当在练习瑜伽体位法时，在每个动作完成后的静止过程中，闭上眼睛，配合缓慢深长的呼吸，用心体会动作刺激身体的所在部位，即从姿势的名称联想相应的图像。例如练习"树式"姿势时，想象身体像一棵充满生机的树沐浴在阳光下，脚像有力的树根从大地汲取养分，生命变得充满活力自信。现代人的精神压力越来越大，冥想是一种很好的精神减压方式。冥想可以提高人集中精神、控制自身意识以及调节身心的能力，从而帮助人们达到内心更平静、祥和的状态。因此，冥想是真正意义上的"寻找自我、认识自我"的方式，冥想并不在于你可以保持思想清晰和集中的时间有多长，而在于培养反复转移注意力到某个选定目标上的能力。

这里介绍两种冥想技巧。

（1）注意力集中于呼吸。就是仔细观察和感受的呼吸过程，在任何情况下都不改变呼吸的节奏，也可把注意力集中在每一次呼气上。

（2）注意力集中到某一物体上。将一支点燃的蜡烛、一枝花或一块带有条纹的石头等，置于身前不远的地板上或者放在与视线等高的地方，把注意力集中在烛焰上、花上或石头上等。当注意力分散时，重新把注意力集中到这些物体上。也可闭上眼睛，脑子里默想着烛焰、花或石头的样子，直到它们逐渐从脑海里消失。然后睁开眼睛，再一次凝视眼前的蜡烛、花或石头。

三、瑜伽姿势（体位法）

瑜伽姿势又叫瑜伽体位法。印度瑜伽先哲帕坦迦利所著《瑜伽经》将体位法定义为"将身体置于一种平稳、安静、舒适的姿势"。它是一种锻炼身体、强化身体，并使身体健康美丽的调身方法，与现代人的生理和心理健康有密切的关联。瑜伽体位法通过身体的前弯后仰、扭转侧弯、俯卧、仰卧等各种姿势，对人体脊柱、中枢神经、骨骼、肌肉、内脏进行全方位的刺激与按摩，配合自身的呼吸、消化、体液分泌物的运转循环，激活身体潜能，提升体内的优良素质，弥补自身的不足，增强人体的免疫力。这种配合呼吸缓慢做动作的体位法，有促进血液流通的按摩效果，可从根本上使我们的身体恢复活力，从而达到强身、健体、塑身美容的功效。瑜伽体位法是缓慢、舒适、连续完成的有氧运动，不用爆发力和反弹力，有效地避免了其他剧烈运动对身体可能产生的种种伤害（乳酸积累、精神紧张、肌肉老化等）。

四、瑜伽的松弛法

瑜伽松弛法又可称瑜伽休息术。它对身体有莫大的裨益，可使大脑、心脏、自律神经系统和肢体得到深度的休息，令身体得到"充电"而恢复活力。正规的放松应该是一种主动、清醒、意念集中的放松，这样才会有松弛的感觉。松弛法因不同目的、时间和环境而有不同的练习方法。如白天练习的目的在于消除疲劳，快速补充精力，只要做 15 分钟的休息术便可以了，关键一点是练习过程专注自身呼吸，保持清醒，不要入睡。在晚上睡觉之前练习，时间可尽量延长，直至自己自然入睡为止。这样会感觉到睡眠质量会因此而得到很好的改善。即使睡较短的时间，早晨醒来也会非常清醒，精神奕奕。练习体位法后，可做 10 分钟的松弛训练，通过松弛来消除运动所产生的紧张。结束每节课或完成一组瑜伽姿势练习后，也可用此方法缓解身体的紧张，让体内的能量自由流动。具体方法如下。

（1）双眼轻闭，采取仰卧姿势，将双腿分开 20～30 厘米，双臂放在身体两旁，两手掌心向上，让膝盖和脚趾自然放松。

（2）深呼吸，让手臂和腿部轻轻转动几次，头部也轻轻转动几次，然后停止身体的一切动作，去感受身体的放松状态——开始让身体有融化的感觉，每一次吐气都感觉身体不断下沉。接下来让意识从下往上慢慢放松身体的每一个部分，做缓慢、平静的呼吸。

（3）放松每一个脚趾、脚背、脚底、脚踝、小腿、膝盖、大腿、髋部，随着吐气的动作，放松腰部，感觉身体下深；再继续让意识上行，放松肋骨、胸部、心脏、肩膀、上臂、下臂、手肘、手腕、手掌、手指；继续调匀呼吸，开始放松颈部、下巴、脸部肌肉、嘴、牙齿、舌头、鼻子、眼皮、眼睛、眉心、前额、太阳穴、头顶、后脑勺、整个头部；接着放松整个身体的背部：上背部、中背部、下背部；放松整个脊柱；放松腰部、大腿、膝盖和小腿的后侧。整个身体每一部分都变得十分放松，呼吸也随之越来越放松、越来越稳定。可根据自身情况反复 2～3 次，直至身心完全平静、放松。

（4）最后慢慢睁开眼睛，从右边侧身起，结束。

五、练习时的注意事项

（1）选择通风好的场地，在地上铺一块垫子或毯子。

（2）宜穿着舒适、宽松的衣服，最好赤脚，冬天可穿袜子。首饰、手表最好摘掉，不穿紧身束型衣。

（3）空腹 2～3 小时（因人而异，低血糖的人可食少量饼干、牛奶类食物来补充血糖和热量）。

（4）练习开始前可做一些简单的运动，作为热身。因为只有热身后，韧带、肌肉才会变得柔软，不容易受伤。

（5）瑜伽练完后 30 分钟之内，不洗澡、不吃食物、不做剧烈运动，以免破坏体内能量的平衡。

（6）在练习过程中循序渐进，始终保持面部表情平和轻松。练习时要将意识专注到被伸展和被刺激的部位，不可存有杂念，不可说笑。动作幅度以自己感觉舒服即可，不要同别人比，要同自己比。

（7）练习中如果肌肉颤抖或抽筋，立即停止按摩，放松后方可再练。

（8）每做完一个瑜伽姿势后，应马上做"无空式"来放松身心，并深呼吸 5~6 次。

（9）月经期间可选择一些较轻松的姿势来做，不做犁式、肩立式和一些增加腹压的姿势。

（10）妊娠期期间必须慎选姿势，或者只练习呼吸法。生育 2 个月后，必须经医生同意方可练习，大病初愈或手术后不要立即做瑜伽练习。

（11）有心脏病、高血压、糖尿病的患者以及有脊柱关节伤病的人，必须经医生同意后才可练习。

（12）选择健康食品。营养、健康、自然的食品能排除体内毒素，保持身体清洁、柔软，使人身心纯静，并能提高人体免疫力。

六、瑜伽基本动作练习方法

瑜伽包含伸展、力量、耐力和强化心肺功能的练习。它有促进身体健康、协调整个机体的功能，使人在学习如何使身体健康运作的同时也增加了身体的活力。此外，瑜伽还有助于培养心灵和谐和情感稳定的状态，引导你改善自身的生理、感情、心理和精神状态，使身体协调平衡，保持健康。

（一）鱼式（如图 18-1 所示）

做法：

（1）平躺，双腿伸直并拢。

（2）吸气，拱起背部，把身体躯干抬离地面，胸口上顶，抬头，轻轻地让头顶紧贴地面。

（3）双臂伸直，呈合十状，双脚同时抬离地面。

（二）三角转动式（如图 18-2 所示）

做法：

（1）自然站立，两脚宽阔分开；深吸气，举手臂与地面平行，双膝伸直，右脚向右转 90°，左脚转 60°。

（2）呼气，上体左转，弯曲躯干向下，右手放于两脚之间；右手臂与左手臂呈一竖线，双眼看左手指尖。

（3）伸展双肩及肩胛骨，保持 10~30 秒；吸气，先收双手，再收躯干，最后两脚收回。然后换方向进行。

图 18-1 鱼式

图 18-2 三角转动式

(三) 半莲花脊柱扭转式 (如图 18-3 所示)

做法:

(1) 坐立, 双腿向前伸直, 弯曲左腿放在右大腿上, 脚心朝上。

(2) 呼气, 左臂前伸, 左手抓住右脚脚趾, 上身转向右边, 将右臂收向背部, 将右手揽住腰的左侧。

(3) 吸气, 然后呼气, 同时头部和上身躯干尽量向右转, 保持 20 秒自然呼吸, 换另一侧。

(四) 简化脊柱扭动式 (如图 18-4 所示)

图 18-3 半莲花脊柱扭转式

图 18-4 简化脊柱扭动式

做法:

(1) 坐立, 两腿伸直, 两手平放在地上, 略微在臀部的后方, 两手手指向外, 把左手移过右腿, 放在右腿之上。

(2) 把左脚放在右膝的外侧, 左手掌进一步伸向背后, 吸气, 尽量把头部转向右方从而扭动脊柱。

(3) 蓄气不呼, 保持这个姿势若干秒; 呼气, 把躯干转回原位, 换另一侧。

(五) 侧角伸展式 (如图 18-5 所示)

做法:

第十八章　瑜伽运动

（1）站立面向前方，双腿尽量分开，双手侧平举与肩同高，手心向下；右脚向外打开90°，左脚收回30°；呼气，右膝弯曲，大腿与地面平行，左膝膝盖伸直。

（2）沿右腿内侧放低右手手臂，手放在脚内侧地上；脸向上转，左手臂向头侧前方伸展，上臂贴太阳穴部位。

（3）保持30~60秒，平稳地呼吸，吸气起身，换另一侧。

图18-5　侧角伸展式

（六）鹭式（如图18-6所示）

图18-6　鹭式

做法：

（1）从"棒坐"开始，坐直腰背，与头和颈成一直线。右脚屈膝，小腿内侧紧贴着大腿的外侧，呈"半英雄式"坐姿。

（2）左脚屈膝提起，双手握着左脚掌，呼气，然后慢慢提起向上伸直，保持大腿、膝盖和脚拇趾成一直线，保持腰背挺直。

（3）将蹬直的脚继续拉近躯干，一边慢慢呼气，尽量将头、胸部和腹部贴着小腿及大腿。谨记是把蹬直的脚向自己身体拉近，而不是把身体向脚移近。保持这个姿势15~30秒。完成后，换另一只脚重复上述步骤。

若你的腘绳肌太紧无法向上蹬直大腿，或双手无法捉紧脚板，可在脚板套上一条毛巾或

217

瑜伽绳，改而捉紧它。也可以置一个瑜伽砖在臀部后面，帮助完成"半英雄式"坐姿。

（七）站立伸展式（如图18-7所示）

做法：

（1）从"山式"开始。双脚稍微分开，吸气，提起双臂向上伸直伸展，手心向内。膝盖及大腿收紧。

（2）呼气，腰背挺直，伸展脊椎。盆骨向前伸展，上半身保持挺直，保持膝盖及大腿收紧。双臂保持在耳朵旁边的位置，头部、颈、脊椎和臀部形成一条直线。

（3）吸气，保持背部挺直，接着一边呼气，盆骨再慢慢向前方地面伸展，直至坐骨朝天。腹部、胸部贴紧大腿，头部贴向小腿。双手握着脚踝后面，也可以平放在脚边，手肘贴在两侧。双脚保持蹬直以稳定身体的重心。自然呼吸。保持这个姿势30~60秒，然后倒序返回起始的"山式"姿势。

图18-7 站立伸展式

常犯错误：弯下的时候，上半身未伸展就将头部压在小腿上，令背部严重弯曲，可引致背痛；身体歪向一边，以致失去平衡；屏着呼吸；膝盖屈曲，膝盖及大腿没有收紧。

难度调整：如你的盆骨或腘绳肌僵硬，无法将躯干向前伸展，可先用墙壁来练习。面向墙，顺序完成步骤（1）和（2）。完成步骤（2）后，双手平行按在墙上，保持头、颈、脊椎和臀部成一直线。

（八）猫式（如图18-8所示）

图18-8 猫式

做法：

（1）跪在地上，两膝打开与臀部同一宽度，小腿及脚背紧贴在地上，脚板朝天。俯前，挺直腰背，注意大腿与小腿及躯干成直角，令躯干与地面平行。双手手掌按在地上，置在肩膀下面正中位置。手臂应垂直，与地面成直角，同时与肩膀同宽。指尖指向前方。

（2）吸气，同时慢慢地将盆骨翘高，腰向下微曲，形成一条弧线。眼望前方，垂下肩膀，保持颈椎与脊椎连成一直线，不要过分把头抬高。

（3）呼气，同时慢慢地把背部向上拱起，带动脸向下方，视线望向大腿位置，直至感到背部有伸展的感觉。配合呼吸，重复以上动作6~10次。

完成步骤（3）后，再一次挺直腰背，同时抬起你的右脚向后蹬直至与背部成水平位置，脚掌蹬直，左手向前方伸展。抬起头，眼望前方，伸展背部。伸直的手和脚与地面保持平行。

（九）船式（如图18-9所示）

图18-9 船式

做法：

（1）从"棒坐"开始。坐直腰背，背部微微向后。双脚靠拢，屈膝，脚板贴地，双手置在身后两侧。

（2）吸气，提起小腿，直至与地面平行，脚尖朝天，上半身再向后倾，与地面成45°角，双手按在地上协助支撑身体，腹部收紧做整个身体的平衡重点。

（3）呼气，锁紧脚跟，双脚以45°撑展蹬直，躯干与双脚形成一个"V"形。双手提起并向前伸直与地面平行。凝聚躯干力量，挺直腰背和胸膛，双脚并拢夹紧。保持自然呼吸，维持这个姿势约10秒或更久。

（十）侧前伸展式（如图 18-10 所示）

图 18-10　侧前伸展式

做法：

（1）从"山式"开始。双手置后，手掌向内合上，置在肩胛骨之间、身体正中的位置。这合掌的动作称为"Namaka"。挺胸收腹，肩膊往后转，手肘朝后方。

（2）双脚分开约 3 英尺半（约为 1.07 米）宽，蹬直，左右脚跟保持在同一条线上，脚尖向正前方。

（3）右脚向右转 90°，左脚向右转 75°~80°，右脚跟与左脚弓对齐。然后把整个身体转右，与右脚保持相同角度朝着右方，双脚位置则保持不变。肩膊与盆骨保持垂直向着前方。

（4）尽量蹬直及伸展右脚腘绳肌，收紧大腿肌肉，由脚跟支持身体的重量。左脚腘绳肌向后方用力，保持平衡。吸气，仰头，向上伸展胸部和腰腹，眼睛望向上方。保持手掌互相紧贴在背后，躯干稍微向后仰，但颈部不要过分仰后。

（5）呼气，伸展脊椎，由盆骨带动，将躯干往前伸展。由腹部开始慢慢按在前面的大腿上，接着是胸部，最后将下颌按在膝盖上。肩膊和手肘尽量朝向上方。保持双脚蹬直，尤其后腿腘绳肌用力以保平衡。自然呼吸，保持这个姿势 20~30 秒。然后倒序返回步骤（1），换另一只脚重复以上步骤。

（十一）单脚背部伸展式（如图 18-11 所示）

图 18-11　单脚背部伸展式

做法：

（1）从"棒坐"开始。右腿曲膝放在地上与左腿成 90°，将右脚跟靠在胯下位置，同时将右脚趾贴着左腿的大腿内侧。

（2）吸气，提起双臂，腰背挺直，将双手往上尽量伸展，两手手心向内。

（3）由下盆带动，呼气，身体慢慢往右脚的方向前伸展，背部保持挺直。右脚跟蹬直，脚趾朝天。拉长肩膊，不要放松双臂，应继续向前伸展，直至到达甚至超越右脚掌的位置。

（4）吸气，再次挺直背脊，接着一边呼气一边慢慢将上半身向前伸展，先是腹部，然后依次将胸部、脸，最后是额头贴在右小腿上。双手抓着右脚掌外侧。如果想增加难度，可改用一只手扣着另一只手腕的方式。注意要尽量挺直背部，蹬直的右膝盖不可弯曲。保持这个姿势4~12次呼吸或更久，练习时以感觉舒适为限度。然后轻轻按倒次序回到步骤（1），再换另一只脚重复上述步骤。

（十二）坐广角式（如图 **18-12** 所示）

图 18-12　坐广角式

做法：

（1）坐下，双手着地置后，腰背挺直，眼望前方。双脚保持蹬直，慢慢打开。然后根据自己的柔韧度尽量打开双脚，确定大腿背部紧贴在地上，脚跟向前，膝盖及脚趾指向上。

（2）吸气，提起双臂，两手掌平行向内，手指指向天花板。

（3）一边呼气，一边由下盆带动，将上身慢慢向前伸展下来。先是腹部，然后是胸部，最后是下颌贴在地上。手掌张开放在前方的地上做身体的调整，同时尽量使腹部、胸部和头贴在地上。整个过程脊椎骨必须保持挺直。保持这个姿势4~12次呼吸或更久，练习时以感觉舒适为限度。然后轻轻倒次序回到步骤（1）的坐姿休息。

（十三）头倒立式（如图 **18-13** 所示）

图 18-13　头倒立式

做法：

（1）曲膝跪坐，双膝并拢。双手置前，十指交叉紧扣，手肘打开与肩膊同宽，使手臂和紧扣的双手形成一个三角形，牢牢固定在地上。

(2) 将头置在"三角形"内。头顶中心位置着地，后脑贴着手心，眼睛要能直线望向双脚后面的事物。无论过多看见自己的上半身，或过多看见地上，均表示你不是把头顶中心放在地上。其后，以手心包着头，慢慢蹬直膝盖，并抬高臀部。

(3) 将双脚完全蹬直，只以脚尖点地。双脚向自己的头部慢慢移近，直到躯干和腰成垂直状态。

(4) 牢牢固定头部和手肘。收紧腹部肌肉，同时把臀部向后推。呼气，慢慢将双脚抬起直至大腿成水平状态，膝盖弯着，收紧大腿肌肉，双脚并拢。这时身体的所有重量应由三个部分用力支撑在地上：头顶中心的位置，以及一双手肘。初学者应把20%身体重量放在头顶，80%身体重量放在手肘。日后慢慢增加至头顶及手肘各支撑身体重量的50%。先停留在这个动作最少20秒，保持自然呼吸。若能轻松完成，才继续进行以下步骤。

(5) 吸气，慢慢蹬直双脚，脚趾往上抬。继续收紧腹部和大腿肌肉，双脚并拢向上伸展，使整个身体都成一条垂直线。身体不要左右或前后倾斜。初学者保持这个姿势1分钟，然后慢慢增加至3~5分钟或以上。其间保持自然呼吸，脸部肌肉尽量放松，然后轻轻按倒序回到步骤（1）。接着以"儿童式"作为休息姿势，令脑部及心脏恢复水平位置。

难度调整：初学者可以先用墙壁来辅助练习"头倒立式"。于离墙壁10厘米的位置跪下，按前述完成步骤（1）~（3），然后双脚提起离地，将臀部贴在墙上。双脚蹬直后再把臀部移开，只有脚跟挂在墙上。保持身体垂直，不要左右倾斜。

(十四) 肩立式（如图18-14所示）

图18-14 肩立式

做法：

(1) 仰卧在地上。肩膊及背部平躺在毛毡上。毛毡2~3厘米厚。曲膝，双脚并拢，脚板贴地。双手放在地上，手掌向下，靠在盆骨两旁。肩膊向下转动，令手臂外侧贴地，上背稍微离地。

(2) 吸气，凝聚腰腹力量，呼气，将膝盖和躯干往上抬起，随即把双手放在背上做支撑。大拇指置在腰的两侧，其余手指平均托着背部近肩胛骨位置，手指朝向臀部方向。手肘屈曲的同时，上臂应紧贴在毛毡上，两手肘与肩同宽，用力支撑身体，背部保持垂直。膝盖抬至额头上方然后停下，小腿垂直向上，脚板朝天，以肩膊和手肘支撑身体的重量。

(3) 吸气，双脚慢慢向上蹬直，然后将脚趾指向上。整个身体保持垂直。两手肘的距离保持与肩同宽，可用瑜伽绳辅助。手肘不要移离毛毡上，这样才能有力地支撑整个抬高了的身体。保持自然呼吸。初学者保持这个姿势 30 秒至 1 分钟，然后慢慢增加至 3 分钟或以上。然后轻轻按倒序回到步骤（1）的姿势休息。

（十五）骆驼式（如图 18-15 所示）

图 18-15　骆驼式

做法：

（1）跪立，小腿平放在地上，膝盖打开至臀宽，脚板朝天。大腿及躯干成一直线，与地面成 90°角。双手放在盆骨上方，手肘屈曲，挺直腰背，肩膊及手肘朝向后方。

（2）吸气，由上背开始，慢慢把身体向后弯，收紧大腿股四头肌、臀部和腹部。脸朝着天花板，不要过分伸展颈项。

（3）呼气，先把左手放在左脚跟上，手掌向下，手指向后，然后再把右手依同一方法放在右脚跟上。

（4）吸气，双手往脚掌方向用力，由此借力令上胸挺高朝天。盆骨和大腿与地面保持垂直。头部放松，保持呼吸自然。保持这个姿势 15～30 秒。然后将双手放回盆骨上方，慢慢地恢复原来姿势，然后把臀部坐在脚跟上休息。

（十六）蝗虫式（如图 18-16 所示）

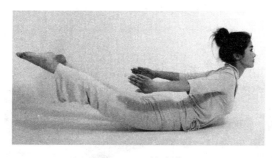

图 18-16　蝗虫式

做法：

（1）俯卧在地上，双手置在身旁两侧，手心向上，脸向下，头保持在正中位置。双脚并拢及用力向后伸展，感觉整个身体被拉长了。收紧臀部及大腿肌肉。尾椎内收然后指向脚跟。

（2）呼气，头、胸部、双手及双脚同时慢慢向上提起，利用腰背的力量将肋骨部位尽量向上抬，只剩下盆骨和腹部在地上支撑身体。手脚、脊骨尽量伸展。保持呼吸自然。保持这个姿势约 10 秒或更久，然后返回步骤（1）休息。

(十七) 半月式（如图 18-17 所示）

图 18-17 半月式

做法：

(1) 先按步骤完成"三角式"。

(2) 右腿曲膝，与地面成 90°。

(3) 视线转向地上右脚脚尖前方约 1 英尺（约为 3.05 米）位置，收起左手，放在左边盆骨上。右手往前面视线焦点移去，然后用指尖按着地面，手的拇指与脚拇趾相距约 1 英尺距离。身体微微向前伸展，使重心移往右脚，左脚脚跟离地，做准备提起左脚姿势。停留 2~3 秒，保持呼吸。

(4) 吸气，打开胸膛，伸展脊椎骨。呼气，右脚慢慢蹬直，同时带动左脚抬离地面。以蹬直后的右脚做平衡点，左脚蹬直及提升至与地面平行，膝盖及脚趾向前。左边盆骨及左边肩膊往后移；相反，右边盆骨及右边肩膊往前移，令胸部及腹部向前，整个身体成水平状态。最后左手用力向上伸直，与肩膊及右手成一垂直线。如果平衡控制得宜，把头转向上方，眼望左手。深沉而平稳地呼吸。保持这个姿势 20~30 秒，然后按倒次序返回步骤（1），换另一边脚重复以上步骤。

(十八) 斜支架式（如图 18-18 所示）

图 18-18 斜支架式

做法：

(1) 先完成"下狗式"。将力量集中在右手，为接下来身体转向右侧做好准备。

(2) 将两脚脚板和躯干右转 90°，身体挺直。左脚板叠在右脚板上，脚跟并拢。收紧大腿和腰腹肌肉，右手臂伸直按在地上，将整个身体撑起。

(3) 提起左手向上伸直，掌心向前，直至左臂、肩膊和右臂成一垂直线。头朝上方看着左手。头部、躯干、双脚保持一条直线，同时保持平衡。保持这个姿势 10~20 秒，然后按倒序返回步骤（1），换另一边脚重复以上步骤。

（十九）身躯转动式（如图 18-19 所示）

图 18-19　身躯转动式

做法：

（1）双腿曲膝跪坐，臀部坐在脚跟上，膝盖并拢。挺直腰背，双手放在大腿上。

（2）把臀部移向右方地上，使两小腿贴在左边大腿外侧，脚跟抵着左边臀部，左脚板叠着右脚板。臀部不要离开地面。

（3）左手放在右边大腿下，手掌向下并紧贴在地上，手指朝向左方。右肩膊及右肩胛叠骨向后方转动，使右手弯向背部。吸气，挺直腰背，呼气，脊椎慢慢转动，由腹部开始将躯干转向右后方，头和视线同样转向右后方。保持臀部稳定地贴在地上。左手按着地以稳定姿势，右手则握着左手手臂。自然呼吸，保持每次吸气时，挺直背部；每次呼气时，尝试再把身躯往右后方转多些。保持这个姿势 20~30 秒，然后按倒序返回步骤（1），换脚及方向重复以上步骤。

（二十）卧伸腿式（如图 18-20 所示）

图 18-20　卧伸腿式

做法：

（1）平躺在地上，伸展脊椎，双臂放在身体两旁。双脚蹬直稍稍打开，脚跟向前，脚尖向上。右脚曲膝，右手握着右脚拇趾。

（2）吸气，慢慢把右脚蹬直，尽量往上伸展，脚跟向上，脚趾朝向脸。左手按在左边大腿外侧的地上。左脚保持蹬直用力，左边盆骨紧贴地上。不要为着拉紧右脚而使背部拱起，也不要缩起或升高肩膊，两边臀部必须紧贴地面。保持自然呼吸。保持这个姿势 20~30 秒，然后换脚重复以上步骤。

第三节 拜日式

瑜伽"拜日式"是瑜伽的基础动作,搭配呼吸,可以使你从头到脚伸展开来一系列动作,是一种调适全身的热身运动,具有极佳的暖身作用,可以有效地避免运动伤害。拜日式能够稳定身心,柔软全身,促进血液循环,调整体质,预防神经系统、内分泌系统以及各种慢性疾病,具有强化心肺功能的效用。

(一)山式(如图18-21所示)

做法:双眼平视前方,自然呼吸。

(二)祈祷式(如图18-22所示)

做法:吸气,双臂上举,仰视看拇指。

图18-21 山式

图18-22 祈祷式

(三)脊柱延展式(如图18-23所示)

做法:吸气,抬头延展脊柱。呼气,向前曲身,低头。

图18-23 脊柱延展式

(四)斜板式(如图18-24所示)

做法:吸气,身体往下放平。呼气,躯体舒展。

图 18-24　斜板式

（五）上犬式（如图 18-25 所示）

做法：吸气，伸展手臂。上身向前向上，骨盆抬离垫子。

图 18-25　上犬式

（六）下犬式（如图 18-26 所示）

做法：呼气，双手推肩膀，臀部指向天空。

图 18-26　下犬式

（七）收式（如图 18-27 所示）

做法：吸气，双手合拢指向天空，呼气缓缓放手，恢复到山式。

图 18-27　收式

第四节　瑜伽竞赛规则

一、瑜伽竞赛规则简介

（一）参赛资格

（1）参赛运动员必须是中华人民共和国合法居民。

（2）运动员必须以俱乐部为单位进行报名。

（3）参赛运动员必须是身体健康、无重大疾病的有自主行为能力的成年人。

（4）参赛运动员必须保证已经购买比赛期间的意外伤害保险。

（二）比赛分组

（1）成年专业组。

（2）成年业余组。

（三）比赛规则

（1）根据参赛选手人数抽签分为6~10组，每组3人。

（2）预赛得分总分排名前12名的优胜选手将取得参加决赛的资格。

（3）预赛每组进行规定动作3个，限5分钟内完成；自选动作6个，限10分钟内完成。

（4）决赛分业余组4场，每场3人。每人完成规定动作2个及自选动作3个，根据得分评选出1~8名，分别给予积分和奖励。专业组单人决赛每场1人，并有口述。

（5）所有参加决赛阶段的人员都需有预赛阶段的比赛成绩。

（6）比赛设有主裁判、评委、记分员、计时员、检录员。

（7）比赛时未到场视为自动弃权。

（8）参赛选手需自备瑜伽服进行比赛。

（9）选手禁止在腰部周围添加任何多余的衣物。

（10）须赤脚参加比赛。

（四）比赛要求

（1）比赛期间，在比赛场地大声喧哗，以及有可能干扰比赛选手的行为举动均被禁止。如比赛时在场地内跑动、走动、吹哨等。

(2) 参赛选手应如实填写报名表内容，如发现有隐瞒实情的情况将被取消比赛成绩。

（五）评分细则

(1) 评委计分办法。

去掉一个最低分、一个最高分，其余评委分数的平均分为该选手的最后得分。

每位评委打分业余组满分 10 分，专业组满分 15 分。其中，规定动作 5 分，自选动作 5 分，专业组口述 5 分。

每组比赛结束后评委进行亮分，记分员收取亮分牌，计算每人得分并做记录。

出现分数相等的情况进行加赛，由评委指定自选动作。

(2) 规定动作评分标准（共计 5 分，以下标准各 1 分）。

① 起始姿势自然优美。

② 体位完成准确到位。

③ 动作配合呼吸进行。

④ 具体动作优美程度。

⑤ 整体连接流畅自然。

(3) 自选动作评分标准（共计 5 分，以下标准各 1 分）。

① 体位规范分：根据选手所做动作的规范程度予以评分。

② 体位难度分：根据选手所选动作的难易程度予以评分。

③ 体位力度分：根据选手的肌肉肢体控制和力度予以评分。

④ 体位节奏分：根据选手的体位停留时间是否具有整体统一的节奏评分。

⑤ 选手表现分：要求表演顺畅，充分表现出瑜伽之美以及选手的个人风采。

(4) 扣分方法。

① 呼吸错误每处扣 0.2 分。

② 体位细节错误每处扣 0.3 分。

③ 整体错误、失误或无法完成每个体位扣 0.5 分。

(5) 专业组口述评分标准（共计 5 分）。

① 口令清晰清楚表达动作要领。

② 运用解剖学对动作进行分析。

③ 语言与音乐呼吸的配合。

（六）奖项设置

(1) 个人单项前 3 名给予奖励。

(2) 个人单项前 8 名给俱乐部积分。

(3) 最佳人气奖。

(4) 最具潜力奖。

二、瑜伽运动欣赏

瑜伽体系是习瑜伽者形体再造过程中一个十分重要的艺术工程师。习瑜伽者的心、身在瑜伽动作的引领下，能够进入一个无限美妙的形体再造艺术天地。所以对瑜伽形体姿势的欣赏是打造瑜伽丽人的重要基础训练内容。

我们如何才能欣赏和体会瑜伽体系的思想内容和主题呢？总的来说，就是要通过瑜伽感知、感情体验、审美认识和判断这三个阶段。通过这三个心理活动的相互作用，使欣赏者（也是习瑜伽者）对瑜伽形体姿势有了具体的感知和体验，对瑜伽形象有了更准确的把握，欣赏者能够在此基础上深刻理解瑜伽形体姿势表现的深层内涵（至于瑜伽形体姿势的功能介绍，当然更可以通过解释了解姿势的内涵），并对瑜伽姿势的艺术价值做出审美判断，使欣赏者既得到精神的高度升华，又获得最大的艺术满足感，进而作用于人体，提升体态的艺术美感。

习瑜伽的感知是欣赏瑜伽姿势的感性阶段。这一阶段是欣赏者对瑜伽姿势中节奏、力度、速度、造型等瑜伽基本要素的感觉，以及对这些要素及其结构的综合形式，如平衡感、节奏感、和谐感、曲线结构、风格等的感受。包含着对瑜伽基本情感特征的初步体验和理解，如抒情、平和、安宁、愉快等。

接着就进入情感体验的阶段。表现情感是各类艺术的共同特征。在习瑜伽中，外在的客观性消失了，瑜伽与欣赏者的分离也消失了，瑜伽精灵于是透入人心与主体合而为一。就是这个原因，瑜伽成为最富于表情的艺术。不同的形体姿势组合形式、节奏感、刺激量、瑜伽精灵与心灵、形体响应等千变万化的力点组成形式，对人的心、身产生刺激，情绪上出现不同的联觉反应。如有的个体在演绎蛙式，感到蛙的呼吸悠长；别的个体同样习瑜伽蛙式时却悟到此物中气充沛。这时瑜伽形体姿势就能使欣赏者不仅调动自己平时所积累的生活经验与感情体验，而且还能与瑜伽姿势所表现的感情在基本性质上取得一致，使瑜伽欣赏中的感情体验在辩证统一中得以充分展开。

越过这阶段后，就进入审美认识和判断的阶段了。认识即理解，判断即评价。要运用和发挥认识与判断的作用，首先就要对瑜伽形体姿势有一个理性的认识，即对姿势从形式到内容和人体意义的认识。欣赏者除了练习不同的瑜伽形体姿势，还有赖于对瑜伽姿势的标题、仿生灵物、灵物体态以及动、静感表现手段和方法的了解分析。例如，在欣赏瑜伽树式时，我们要了解树式所处的自然环境、生存状况和仿生灵物的生长规律、心灵状况，还要对其作用于人体的力度和方法以及人体生物内在结构和气质进行理解。这样才能真正体会到瑜伽体系仿生精灵的博大情怀和崇高的精神境界。

经过理解认识阶段，对瑜伽体系仿生精灵的审美评价也会随之而出。欣赏者往往会发出一些仿生灵物美不美这样的感叹和认识。这些感悟也就是我们对仿生灵物的审美评价。比如，我们在反复练习和理解了瑜伽蛙式以后，会对此式与人体的艺术创新、表现出来的伟大精神力量和生物功能给予称赞与肯定。这种称赞和肯定，又会增强欣赏者欣赏该类瑜伽形体姿势的欲望，激起欣赏者更强烈的情感共鸣。

由于欣赏者的心灵境界、艺术修养和趣味等因素的差异，其审美个性同瑜伽圣贤的审美意识不可能完全相同。因此，在欣赏瑜伽形体姿势过程中，个体所理解的瑜伽形体姿势和瑜伽圣贤对姿势所表达的审美情感存在着差异性。这样，欣赏者在欣赏瑜伽形体姿势时既可以对欣赏对象入乎其中，感受、体验、理解瑜伽形体姿势，又可以出乎其外，按欣赏者自己的审美个性进行审美评价。总之，如果是以打造瑜伽丽人为目的，那么瑜伽形体姿势欣赏应该以审美体验为目的，以陶冶性情，激励积极人生为本。

第三篇

机电特色篇

第三篇

自由裁量權

第十九章

冰雪运动

第一节 滑冰运动

一、滑冰运动简介

早在宋代，我国就已经有了滑冰运动，不过，那时不叫滑冰，而称为"冰嬉"。根据《宋史》记载可知：皇帝"幸后苑，观冰嬉"。这项"冰嬉"运动延续几个朝代经久不衰，到了清朝已经成了民间普遍的文体娱乐活动。

现代滑冰运动兴起于欧洲。13世纪中叶，一种安装在木板上的铁质冰刀在荷兰出现。因为这种冰刀比绑在鞋上的兽骨滑行速度快了很多，所以迅速盛行于欧洲。1572年，苏格兰人制造了第一双"全铁制冰刀"，这是现代冰刀的起始标志。17世纪中叶，英国国王查理二世将滑冰引入英国的上流社会，为滑冰运动的蓬勃发展奠定了坚实的基础。1850年，美国人布什内尔制造了第一副钢制冰刀，滑冰运动从此揭开了新的篇章。19世纪末，滑冰运动传入中国。

二、速度滑冰

速度滑冰是一项比赛滑行速度的冰上体育运动。速滑项目按照国际滑冰联盟的规则规定可分为短距离、中距离、长距离和全能4种，每种均分男女组。

速度滑冰是一项能让人类不借助于外力在冰面上达到最快速度的体育项目，奥运冠军的最快速度可以超过60千米/小时。比赛在周长400米的跑道上进行，分内、外两道。比赛时每组2人，同时滑跑，每滑1圈交换1次内、外道。

（一）速滑跑道

标准速滑跑道是由2条直线跑道连接2条弧度为180°的半圆式曲线组成的封闭道，最大周长为400米，最小周长为333.33米。国际比赛应在400米周长的跑道上进行，其直线跑道长为111.98米，跑道宽为5米，内跑道的内圈半径为25米，外跑道的内圈半径为30米。假定跑道为南北方向，终点应设在西南角，东边直线跑道为"换道区"。跑道分界线应用宽10厘米、高5厘米严密整齐的雪砌成。除换道区无雪线外，其余均应堆砌雪线，但不使雪线冻结在冰面上。如无雪，可将宽5厘米、长10厘米、高不超过5厘米的橡皮、木块或其他合适的物质涂上协调颜色代替雪线。起点线、边线、起跑预备线、终点线前5米每隔1米的标线均为蓝色，终点线为红色，线宽均为5厘米。

(二) 速滑装备

速滑装备包括冰刀、冰鞋和滑冰服装。

速滑冰刀是由刀刃、刀身管、前小刀托、前大刀托、前托盘、后刀托和后托盘等部分组成。现代高级速滑冰刀刀刃多由优质高碳钢制成，其他部分由轻合金制作。速滑冰刀的特点是：刀身比花样滑冰冰刀高、比冰球刀低，刀身比这两种刀长，刀刃比这两种刀薄（厚度为1~1.3毫米）而轻，刀刃平，与冰面接触距离长，可保持滑行的良好直线性。

速滑冰鞋选用优质厚牛皮缝制，为半高腰瘦长形，鞋跟部为坚硬式，以包围和固定脚跟。鞋底为硬皮，冰刀以螺钉或铆钉固定在鞋底上。一般运动员冰刀与冰鞋的匹配长度是：从鞋尖到刀尖为8~9厘米，从鞋跟到刀跟为5~6厘米。由于两只刀的刀刃在滑跑中使用的程度不同，加之弯道滑跑时身体向左倾倒，所以两脚冰刀与鞋固定的位置也不同。一般右脚冰刀将冰刀尖装于右脚大脚趾正下面，冰刀后跟位于鞋跟的正中间，左脚冰刀将冰刀尖装于左脚大脚趾与二脚趾中间，冰刀跟位于鞋跟中间。

速滑服装应具备保暖、轻便等特点。速滑运动员的比赛服均为尼龙紧身运动服和连体服。连体服是帽子、上衣、裤子、袜子连成一体的，具有轻便、紧身、阻力小、动作灵活等特点，为保暖需穿贴身的棉毛内衣。男运动员还需要穿三角裤衩或护身。

(三) 速滑比赛规则

运动员必须按逆时针方向滑跑。内道起跑的运动员，滑行到换道区时应换到外道滑跑，外道运动员要换到内道。在换道区争道时，出内弯道运动员要主动让道。起跑时，在"各就各位"口令下达后，运动员要在起跑线与预备线之间静止站好；"预备"口令下达后，立即做好起跑姿势，鸣枪前不准活动，保持静止，枪响后即起跑。

在弯道滑跑中，冰刀不准切入雪线。在比赛过程中，运动员可随时超越对手，但如采用不法手段，如故意推挤其他对手、偷跑、滑出跑道等都会被取消比赛资格。运动员的冰刀触及终点线，才算到达终点。

运动员在比赛中由于不属于自身的原因而影响了正常滑跑或摔倒时，经裁判长允许，可以休息30分钟后重新参加该项比赛，但因冰场不洁或冰刀损坏，则不能重新比赛。

(四) 速滑技术

1. 直道滑行技术

直道滑行技术是速滑的基本技术。合理的滑行姿势应是：上体放松成背弓的流线形姿势，上体倾至几乎与冰面平行或肩背略高于臀部，与冰面形成10°~25°的角度，上体要充分放松，团身，两肩下垂，头部微抬起，目视前方10~20米；腿部要成低姿势，即大腿深屈，膝关节角度为90°~10°，踝关节角度为55°~75°，髋关节角度屈至45°~50°，并使身体重心线从后背下部穿过大腿，经过膝盖后与脚的中后部相接。

直道滑行，关键在于要能掌握适宜的蹬冰时间。冰刀切入冰面，获得牢固支点，同时即应开始蹬冰，最大用力蹬冰，应在两腿交接体重的刹那间完成。为了利用体重蹬冰，倾倒时体重应牢牢压在支撑腿上，不要过早交接体重。收腿动作要利用蹬冰后的弹力立即放松后腿，积极靠拢支撑腿，不要有停顿和后引的动作。下刀动作应注意膝关节领先，与前进方向一致，向前提拉要快，着冰后动作要轻巧。

2. 弯道滑行

滑跑弯道与滑跑直道有着显著不同的滑跑姿势。在圆周运动中，运动员要想沿着弯道快速、有效地滑行，使滑跑姿势既能保持力的平衡，又能利用弯道（离心力）增加滑跑速度，则整个身体必须取较大幅度向左倾斜流线形滑跑姿势，并以交叉步方式完成弯道滑跑。其主要动作要求是：进弯道时，右脚最后一步要进入直道和弯道交接处，深入程度视天气、冰质、风向、项目等情况而定。左腿紧贴右脚下刀，指向切线方向，着冰时脚尖开始逐渐顺送，用外刃紧紧咬住冰面，左肩与新的切线方向一致，不要扭腰摆臂。收腿动作在蹬冰后即放松，积极向支撑腿方向提拉，膝关节领先，以利形成前弓角度。在浮腿收回过程中促进身体向左倾倒，两腿成边收边蹬形式。蹬冰方向，两脚要有"侧送蹬"感觉，上体纵轴与浮脚着冰方向一致。

3. 起跑技术

起跑姿势按运动员站立姿势分为正面起跑和侧面起跑，其中正面起跑包括正面点冰式起跑、丁字式起跑。

（1）正面点冰式起跑。前脚冰刀与起跑线成45°，刀尖切入冰面，刀跟抬起保持稳定不动。后刀用平刃或内刃置于冰面，两刀间距略大于髋，两刀开角在90°～120°，后刀刀刃应牢牢咬住冰面，以便起动时后脚冰刀快速发力。上体直立，两臂自然下垂，目视前方，体重大部分落在后腿上。

（2）丁字式起跑。丁字式起跑方法与点冰式起跑基本相同，其主要区别在于：丁字式起跑两冰刀是以平刃在冰上支撑站立，重心位于两冰刀中间，即体重较均匀地置于两腿；重心略有前移，但不能将体重大部分移至前脚冰刀，否则将因重心过分前移而出现冰刀滑动现象。目前，使用新式冰刀比赛时，通常采用丁字式起跑姿势。

（3）侧面起跑。两刀平行与起跑线成一定角度的侧向站立，这种姿势在20世纪五六十年代曾被广泛采用。

4. 起动技术

起动是指浮腿向前摆动迅速跨出着冰、后腿快速用力蹬离冰面。其动作要领如下：迅速向前上摆动浮腿，并使前脚冰刀尽量外转。身体重心偏前，成前冲姿势，快速用力蹬直后腿，两刀抬离冰面，身体有个腾空阶段。两臂配合腿的蹬踏动作，屈肘做小幅度快速摆臂。髋要随重心移动而前送，外转的前脚冰刀以内刃踏切动作迅速着冰，并使刀跟落于前进方向的中线上。

5. 疾跑技术

疾跑技术有切跑法、滑跑法和扭滑法三种。在长距离比赛中多用滑跑法，中短距离比赛多用切跑法和扭滑法。

（1）切跑法。切跑法适合于腿部力量较强、灵敏性较好的运动员，其优点是起速快，形成的加速度大。缺点是消耗体力大，疾跑过渡到途中滑跑的衔接技术不易掌握。

（2）滑跑法。滑跑法对于灵敏性较差、腿部肌力较弱的新手较为适宜。其优点是起滑稳定，消耗体力较小，疾跑与途中滑跑之间的衔接较容易掌握。缺点是起速较慢。

（3）扭滑法。扭滑法是切跑法和滑跑法的结合体，具有前两种的优点，克服了前两种的缺点，是一种效果较好的疾跑方法。

现代优秀速滑运动员起跑，通常不用单一的起跑法，而是将3种方法融为一体，即前1~3个复步用动作灵活性较高的踏切方式疾跑,而后转入扭滑式,当达到一定的滑速后转入滑跑法。这种综合起跑法既有利于起速,也有利于衔接过渡,又能节省能量,起跑效果很好。

三、短道速滑

短道速滑的全名是短道速度滑冰,是一种在冰上竞速的运动。短道速滑于1992年列为冬季奥运会正式项目,通常设8个小项,分别为:男子500米、女子500米、男子1 000米、女子1 000米、男子1 500米、女子1 500米、男子5 000接力、女子3 000接力。

(一) 场地设施

短道速度滑冰比赛一般在室内冰球场上进行,比赛场地的大小为30米×60米,使用椭圆形、周长为111.12米的跑道,直道长28.855米,直道宽不少于5.71米,弯道半径为8米,弯道弧顶标志物到界墙的距离不少于4米。

(二) 短道速滑的装备

短道速滑的冰刀,其刀体短,刀刃弧度大,与冰面接触面积相对小,转弯半径小,适于短跑道的滑行。短道速滑冰鞋的鞋帮较高,支撑性较好,但是灵活性稍差,这是因为短道速滑场地较小,弯道半径小,滑行过程中离心力较大,为了保证弯道高速滑行,弯道滑行时需要更大的倾倒角度,所以对踝关节稳定性要求很高。

(三) 短道速滑比赛

短道速滑比赛采用淘汰制,以预、次、半决、决赛的比赛方式进行。4~8名运动员在一条起跑线上同时起跑,预赛站位通过抽签决定,之后进行的比赛站位由上一场比赛的成绩决定,排名第一则站第一道,以此类推。比赛途中在不违反规则的前提下运动员可以随时超越对手。运动员必须戴防护头盔和防护手套,身穿防切割服参加比赛。

短道速滑比赛是一项多轮淘汰赛,每轮比赛的前两名晋级下一轮,直至决赛。短道速滑比赛中超越非常困难。超越通常发生在直道的外道,如果领先者留下很大的空隙,也可能在弯道的内道完成。比赛中经常会出现摔跤现象,结果可能导致相当数量的申诉和取消资格。

接力比赛由4名队员按预先确定的顺序依次完成,每棒要滑一圈半或者两圈。接力交接棒由一名队员推动另一名队员完成。在队员滑行过程中,其余3名队员在赛道的内侧等待。

(四) 短道速滑技术

1. 直道滑行技术

短道速度滑冰采用流线形的蹲屈姿势,上体前倾,髋、膝、踝三关节处在屈的状态。躯干纵轴线与支撑大腿纵轴线之间的夹角称为"髋角",为45°~75°;支撑大腿的纵轴线与支撑小腿纵轴线之间的夹角为"膝角",为90°~110°;支撑小腿纵轴线与水平线之间的夹角称为"踝角",为50°~90°。短道速滑运动员的滑跑姿势一般要根据滑跑的项目(距离)、战术需要和运动员的技能水平来决定。一般情况下,滑跑距离较长、运动员技能水平较差及战术需要时,比赛的前半程可以采用较高的姿势滑行;滑跑距离较短、运动员技能水平较高时,可以采用较低的滑跑姿势。在直道滑行过程中,短距离项目采用双臂摆,长距离项目采用单摆臂的较多,单摆臂采用摆动右臂。短道速度滑冰的摆臂动作幅度相对较小,摆动时两臂以肩关节为轴,辅以屈伸肘关节的动作完成前后自然摆动的动作。手半握拳前摆至颌下,后摆至与躯干平行。摆臂的方向应以与躯干的纵轴线成40°角为宜。摆臂动作的节奏、速度要与蹬冰腿保持一致,臂、腿的配合动作是蹬冰腿的同侧臂向前、异侧臂向后摆动。

2. 弯道滑行技术

弯道滑行是短道速度滑冰最重要的技术部分,既要保持高速滑行,又要扣住8米半径的弯道。在弯道滑行的区段也是体现战术意图的重点区域。弯道滑行时髋、膝、踝三关节保持屈的状态。在弯道滑行过程中,身体始终向圆心倾斜,并保持鼻与支撑腿的膝关节、刀尖处在同一纵轴平面上。倾斜的幅度较大,蹬冰角在30°~40°。右臂前后摆动,左臂自然下垂,手指轻触及冰面,身体重心的位置以落在冰刀的中部为宜。

3. 起跑技术

起跑是短道速度滑冰运动全程滑跑的组成部分,是获得滑跑速度以及实现战术的重要因素。起跑一般包括起跑预备姿势、起动和疾跑三个动作阶段。

(1)起跑预备姿势。短道速度滑冰常采用正面点冰式起跑。

(2)起动。当发令员鸣枪后,运动员在起跑预备姿势的基础上,重心向前移动。前点冰腿快速抬离冰面,展髋和外旋踝关节;后腿利用冰刀内刃向后方快速用力蹬伸;蹬冰腿的同侧臂向前屈肘快速摆动,异侧臂快速向后摆动,完成起跑动作。

(3)疾跑。疾跑过程中运动员要保持两脚刀刃之间有较大的开角,以冰刀前半部先接触冰面,过渡到冰刀中部用力向后蹬冰,保持向前倾斜的身体姿势,以较高的动作频率向前跑动完成疾跑。

4. 冲刺技术

冲刺是短道速度滑冰运动技术中的重要组成部分,以送刀式冲刺为例,在接近终点的滑行过程中,将重心落在有利于克制对手一侧的腿上,将另一侧腿迅速前伸,保持平衡冲过终点。

四、花样滑冰

花样滑冰起源于18世纪的英国,后在德国、美国、加拿大等欧美国家迅速开展。1772年,英国皇家炮兵中尉罗伯特·约翰逊(Robert Johnson)撰写的《论滑冰》在伦敦出版,这是世界上出版的第一部涉及花样滑冰的书籍。1863年,被誉为"现代花滑之父"的美国人杰克逊·海因斯(Jackson Haines)将滑冰运动与舞蹈艺术融为一体,在欧洲巡回表演,丰富了花样滑冰的内容和形式。1868年,美国的丹尼尔·梅伊(Daniel Mey)和乔治·梅伊(George Mey)首次表演了双人滑。1872年,奥地利首次举办了花样滑冰比赛。1896年,首次世界男子单人花样滑冰锦标赛在俄国彼得堡举行。1906年,首次世界女子单人花样滑冰锦标赛在瑞士达沃斯举行。1924年被列为首届冬季奥运会的比赛项目,包括男女单人滑(1924年列入)、双人滑(1924年列入)和冰上舞蹈(1976年列入)四个比赛项目。1952年,首次世界冰上舞蹈锦标赛在法国巴黎举行。

(一)场地设施

花样滑冰的冰场长为56~61米,宽为26~30米,冰的厚度为3~5厘米。冰面要平滑并保持无线痕。大型竞赛应准备两个同样大小的场地,以便安排训练。其中一个可安排图形比赛,其他项目可在另一场地进行;规定图形竞赛,应有适当图形。

(二)花样滑冰装备

1. 冰鞋、冰刀

花样滑冰的冰鞋用优质牛皮制成,高腰高跟硬底,男子鞋为黑色,女子鞋为白色。冰刀固定在鞋底上,冰刀较矮,刀刃刀托为一体。刀身有一定弧度,刃较厚,呈浅"凹"沟形,沟两边刃锋利,既便于滑行又能使冰刀在冰面上留下清晰的图案。刀刃前端有5~6个锯齿,根据锯齿的大小分为图形刀和自由滑刀两种。图形刀的锯齿较小,以免滑图形时刮冰。自由滑刀锯齿较大,便于急停、跳跃或迅速改变动作。冰刀应与鞋的大小相适应,一般刀身前端的刀齿应在鞋底前端的边缘处,刀身前端安装在脚的大脚趾与二脚趾之间的正下方,刀跟装在脚跟正中间的下方,刀身应超出鞋后跟1~2厘米。高水平的花样滑冰选手通常都会定制冰鞋和冰刀。冰上舞蹈的冰刀后部比其他项目的要短1英寸,这是为了满足舞蹈对双人近距合作和精细步法的要求。选手穿着冰鞋在冰场外行走时,要在冰刀外套上硬塑料的保护套,这是为了避免冰刀被地面磨钝或沾上灰尘杂质。选手不穿冰鞋时,则用软套保护冰刀,其可以吸收残留的融水,防止冰刀生锈。

2. 服装

花样滑冰选手练习时通常穿紧身柔软的长裤。比赛中,女选手可以穿短裙、长裤或体操服,裙装下穿不透明的肉色紧身裤或长袜,有时会以此来覆盖冰鞋。不得穿上下分开的服装,裙子前后长度要掩盖臀部;男选手则必须穿长裤,不能穿紧身裤。不得穿露胸无袖上衣和紧身裤。花样滑冰的运动服装是很讲究的,因为它是表现花样滑冰运动员形体美的一个组成部分。花样滑冰的技术与色、形、音乐的美糅为一体,所以服装的色彩和式样十分重要。运动员服装的设计、质量和颜色的选择要因人而异,要适合本人的身体,可根据音乐突出不同的风格和特点。

(三) 比赛规则

1. 单人滑

单人滑比赛按短节目和自由滑的顺序进行,第一天为短节目,第二天为自由滑。单人短节目是运动员必须在2分40秒的规定时间内完成一套由跳跃、旋转、联合跳跃、联合旋转共8个动作和连接步编排而成的节目。单人自由滑由运动员自选音乐,男子在规定的4分30秒、女子在规定的4分钟内完成一套编排均衡,由跳跃、旋转、步法以及各种姿势组成的滑行动作。

2. 双人滑

双人滑比赛按双人短节目和双人自由滑的顺序进行,第一天双人短节目,第二天双人自由滑。双人短节目由运动员自选音乐,在2分40秒的规定时间内完成一套双人短节目规定动作,每个动作只允许做一次,附加动作扣分。双人自由滑由运动员自选音乐,在规定的4分30秒内完成一套自编动作

3. 冰上舞蹈

比赛按第一天规定舞、第二天创编舞、第三天自由舞的顺序进行。规定舞是根据规定的音乐、图案、步法和重复次数完成动作。规定舞共有22套,国际滑冰联盟用抽签方式确定两套作为下年度的比赛项目。创编舞又称定型舞,是运动员按规定的韵律自选音乐,在规定的时间内完成一套自编的舞蹈步法和图案。自由舞是参赛选手自选音乐,在规定的4分钟内完成由各种步法、托举、小跳、姿势、握法等动作组成的自编舞蹈。

花样滑冰是技巧性和艺术性高度结合的冰上运动项目。裁判员根据动作质量和艺术表现分别给予评分。

（四）花样滑冰技术

限于篇幅，此处只简单介绍单人花样滑冰基本技术。

1. 冰上站立

两脚稍分开与肩同宽，平稳站立，冰刀与冰面保持垂直，两膝微屈，上体保持正直（稍前倾），两臂在体前伸开，自然控制身体平衡，目视前方。

2. 单足蹬冰，双足向前滑行

上体直立，目视前方，手心向下，两臂向侧前方伸展，双足稍分开，与肩同宽，两只冰刀平行站立。开始蹬冰时，首先双膝微屈，然后将身体重心移向右足，用右足刀刃前半部分向侧方蹬冰。在完成蹬冰动作后，迅速将蹬冰足收回原位，此时身体重心落在双足之间，形成双足向前滑行动作，然后再换另一足蹬冰，做同样双足滑行动作，如此反复交替。

3. 单足蹬冰，单足向前滑行

准备姿势与双足滑行相同，在蹬冰结束后要保持重心不变和单足向前滑行姿势，蹬冰足放在滑足后，保持身体重心平稳。两臂在两侧自然伸展。

4. 单足蹬冰，双足向前弧线滑行

以右足蹬冰为例，双足成丁字形站立于冰面上，左足在前，右足在后，双膝微屈，用右足冰刀内刃前部做蹬冰动作，此时身体重心稍向前移至左足外刃一侧，蹬冰后右足尽快回到左足内侧，成双足滑行姿势，用左前外刃和右前内刃双足向左成弧线滑行。用同样的方法，相反的姿势和动作，做左足蹬冰，双足向前右侧弧线滑行。

5. 单足蹬冰，单足向前弧线滑行

准备姿势和技术动作同上，不同之处在于：在蹬冰后应立即将重心移至滑行足，蹬冰足应尽快放在滑足足跟后，足尖向下，成单足向前弧线滑行姿势。

6. 前交叉步滑行

在向左做前交叉步时，左足用外刃，右足用内刃，身体向左侧倾斜，左臂在后，右臂在前，面向滑行方向。首先，用右足内刃蹬冰，左前外刃滑行。然后，将右足经左腿前交叉放在左足左前方，同时重心由左足移向右足，成右前内刃滑行，并用左前外刃向右后侧方蹬冰，右腿屈膝，左腿伸直，两腿成交叉状。如此反复蹬冰和滑行，便形成了左前外、右前内交叉步滑行。再用相同方法、相反的姿势和动作，做右前外、左前内交叉步的练习。

7. 双足向后滑行

双足成内八字形站在冰面上，足尖靠近，足跟分开，身体重心在冰刀前半部，双膝微屈。双足间的距离同肩宽时，将双足跟向内收紧，形成双足平行向后滑，此时两膝逐渐伸直，靠拢后再次蹬冰，如此反复脚下的动作和滑行路线。

8. 后交叉步滑行

在向右后交叉滑行时，背向滑行方向，右肩臂在前，左肩臂在后，左足后内刃蹬冰，右后外刃滑行，左足后内刃滑行，然后右足用外刃向左侧蹬冰，左足在右足前交叉着并向后滑行。右脚伸直，离开冰面后，收回到右侧用外刃着冰，同时左足内刃蹬冰，上体姿势不变，左右足交替蹬冰，形成左后内、右后外交叉步滑行。用同样的方法，相反姿势，做左后外、右后内交叉步滑行。

9. 弧线滑行

弧线滑行是花样滑冰最基本的技术，它包括前外、前内、后外、后内四种。

（1）前外刃弧线滑行技术。双足成丁字形站立，右足尖向前，左足正对右足跟部，右肩在前，左肩在后，用左前内刃做蹬冰，用右足前外刃滑行，身体稍倾向圆内。在滑行中两臂带动两肩成均匀转动，在滑至半圆的一半时（1/4圆），两臂和两肩平放在身体两侧，浮足也由身体后方移至滑足内侧，然后左臂带动左肩向前，右臂带动右肩向后，滑足继续成右前外刃滑行，浮足由内侧伸向滑足前方滑线之上，足尖向下，为下一半圆弧线滑行做好准备。用同样方法，相反姿势和动作，做左前外刃半圆弧线滑行。

（2）前内刃弧线滑行技术。双足成丁字形站立，左足尖向前，右足心对左足跟部，左肩在前，右肩向后，用右足内刃蹬冰，左足前内刃做弧线滑行，身体稍倾向圆内。在滑行中两臂带动两肩均匀缓慢转动，当滑至半圆的一半时（1/4圆），两臂和双肩平放在身体两侧，浮足从身后滑线之上逐渐向滑足靠近，然后，左臂带动左肩向前，右臂带动右肩向后，右浮足紧靠左滑足内侧移至前方滑线之上，足尖向下，为做下一个半圆弧线滑行做好准备。用同样的方法，相反的姿势和动作，做内刃半圆滑行。

（3）后外刃弧线滑行。双足平行站立，两肩和臂平放，面向滑行的方向，用右足后内刃蹬冰，两臂动作协调配合，右臂用力向后滑行方向摆动，左臂在前。右足蹬冰后迅速放在滑足前，左足做后外刃弧线滑行，当滑行到弧线一半时头向圆内，上体随着向外转动，浮足靠近滑足移向滑线前，上体姿势不变，为做右后外刃弧线滑行做好准备。用同样方法，相反姿势和动作，做右后外刃弧线滑行。

（4）后内刃弧线滑行。双足平放在冰面上，背向滑行方向，两臂伸向身体两侧，用右足蹬冰，左后内刃做弧线滑行，右臂在前，左臂向滑行方向用力摆动，右足蹬冰后迅速放在滑线后，当滑行至弧线一半时，浮足向滑足靠近，上体均匀缓慢地向圆内转动，此时左臂在前，右臂在后，浮足伸向滑线前，上体姿势不变，为做右后内刃弧线滑行做好准备。用同样方法，相反姿势和动作，做右后内刃弧线滑行。

10. 急停动作

急停是在练习和表演中经常做的动作，大体可以分为双足急停和单足急停两大类。

（1）双足急停。

① 双足向前内刃急停。在滑行时，突然将足尖靠近，足跟分开，身体重心后移，两腿微屈，双膝靠近，形成用双足冰刀内刃向前刮冰的急停动作。

② 双足向后内刃急停。在向后滑行时，突然将双足尖分开，足跟靠近，双腿伸直，身体稍向前倾，形成用双足内刃向后刮冰的急停动作。

③ 双足向左右转急停。在向前滑行时，身体突然向右转体90°，双腿微屈，身体向右后倾斜，用左足内刃及右足外刃同时向滑行方向刮冰做急停动作。用相同的方法，相反的姿势和动作，做双足向左急停。

（2）单足急停。

① 单足前外刃急停。在向前滑行时，突然用左足（或右足）前外刃做横向刮冰急停动作，身体应后倾，右足（或左足）抬离冰面。

② 单足前内刃急停。向前滑行时，突然用右足（或左足）前内刃做横向刮冰急停动作，身体后倾，右足（或左足）抬离冰面。

③ 单足后内刃急停。在向后滑行时，突然用左足（或右足）后内刃做横向刮冰急停动作，身体向前倾，右足（或左足）在身前抬离冰面。

第二节 滑雪运动

一、滑雪运动简介

滑雪始于北欧的挪威，距今已有四千多年的历史。世界最早的滑雪俱乐部于 1861 年成立于挪威的翠寒尔。1883 年成立了挪威滑雪联合会，同年在哈斯白山举行了越野和跳台滑雪比赛。1910 年，在挪威滑雪联合会的倡议下，芬兰、瑞典、德国等 10 个国家的 22 名代表，在克里斯蒂安尼（今奥斯陆）举行了一次国际滑雪会议，成立了国际滑雪委员会，并决定起草国际滑雪规则。最早的滑雪规则于 1911 年在斯德哥尔摩会议上通过，1913 年开始被采用。北欧滑雪项目于 1924 年列入了在法国沙莫尼举行的第一届冬季奥运会。

如今，滑雪运动（特别是现代竞技滑雪）项目不断增多，领域也不断扩展。世界比赛正式的大项目分为：高山滑雪、北欧滑雪（Nordic Skiing，越野滑雪、跳台滑雪）、自由式滑雪、冬季两项滑雪、雪上滑板滑雪等。

二、滑雪运动装备

（一）滑雪服装

1. 滑雪服

滑雪服一般分为竞技服和旅游服。竞技服是根据比赛项目的特点设计的，旨在提高运动成绩。旅游服主要是保暖、舒适、美观、实用。滑雪服有连体套衫和两件套衫两种类别。连体套衫一般比较合身，将身体包裹得很紧，活动方便，但相对较薄。最典型的连体套衫就是比赛用的滑雪服，它可为运动员减少阻力，提高成绩。两件套衫是指分开的滑雪上衣和滑雪裤。两件套衫脱下方便，并能适应天气变化，但没有连体套衫适合身体活动。滑雪服最好选择能与白色形成较大反差的红色、橙黄色、天蓝色或多种颜色搭配的醒目色调，不仅可为这项运动增添迷人的魅力，更主要的是为其他滑雪者提供一个醒目的标志，以避免碰撞事故的发生。

2. 滑雪手套

滑雪的全程都要依靠雪杖进行，所以对手套的要求很高。不仅要保暖、防寒，而且要柔软、耐磨、防割伤。滑雪手套一般用天然皮革和合成材料制成，且应选择不透水面料。滑雪手套要宽大，要选择五指分开的，手套腕口要长，最好能将袖口罩住，如能有松紧带封口，就能有效地防止雪的进入。

3. 滑雪帽

头部是滑雪时要重点保护的部位，所以在滑雪帽的选择上要格外仔细，一定要注意保暖。滑雪帽以弹性较好的绒线帽为最佳，长度以能遮到耳朵为首要条件，要能紧贴头部及耳朵部位，这样即使剧烈运动也不易松脱。

4. 滑雪镜

滑雪镜分为高山镜、跳台镜、越野镜、自曲镜等。由于雪地上阳光反射很厉害，加上滑行中冷风对眼睛的刺激很大，所以需要滑雪镜来保护滑雪者的眼睛。专业的滑雪镜的外观类似潜水镜，外框由软塑料制成，能紧贴面部，防止进风。镜面由镀有防雾、防紫外线涂层的有色材料制成。这种材料很柔软,用力扭曲只发生变形而不会断裂,以保证镜面受到撞击时不会对脸部造成伤害。另外,在外框的上沿有用透气海绵制成的透气口,以使面部皮肤排出的热气散到镜外,保证镜面有良好的可视效果。

5. 滑雪鞋

滑雪鞋一般分为高山鞋、越野鞋、跳台鞋和单板鞋等。高山鞋一般由内外两部分构成,外壳是由塑料或ABS注塑而成,较硬不易变形,内层由化纤织物和保温材料组成,鞋的踝关节角度和鞋的肥瘦等可根据需要进行调节,具有保护功能。越野鞋一般分为尼龙和皮革制品,鞋腰矮软且轻便。跳台鞋一般是用皮革制成,鞋腰较高且前倾大,有利于运动员跳跃和空中飞行保持前倾姿势。

(二) 滑雪器材

1. 滑雪板

滑雪板种类繁多、形状多样,从长短来分有超长、长、中、短和超短;从宽度来分有窄、宽;从硬度来分有软板、硬板。一般来说,宽的滑雪板适用于大回转,窄的滑雪板适合于急转弯和小回转。选用滑雪板最关键的原则是要适合自己。现在选购滑雪板不必按照传统直板时代身高加10厘米的方法来确定长度,应选择身高减去5~15厘米长度的滑雪板。初学者应选用弹性较大的滑雪板,因为这种滑雪板遇到不平的雪面时不易颠簸,制动效果也较好,操作起来比较容易。技术好的滑雪者可以选择长一点、弹性小一点、稍微重一些的滑雪板,它可以增加滑行中的稳定性,使滑雪板的金属边刃紧紧地卡在雪地上,有利于滑雪者充分地操纵滑雪板,滑出漂亮的弧形。

2. 滑雪杖

滑雪杖是用来在起滑时支撑、在滑行中平衡身体的。除跳台滑雪、空中技巧滑雪、单板滑雪外,其他项目都使用滑雪杖,是滑雪者控制重心必不可少的一件工具。选择滑雪杖的长度以适合自己的身高为原则,一般由拦雪轮起算,最长不过肩,最短不低于肋下。越野滑雪杖的长度为使用者身高的85%左右,高山滑雪杖的长度为使用者身高的65%左右。高山滑降用"S"形滑雪仗。

3. 固定器

固定器又称脱落器,是在滑雪时将滑雪鞋固定在滑雪板上的装置。固定器分前后两部分,直接用螺丝固定在滑雪板上,前部固定器不可移动,后部固定器可沿滑雪板前后移动,以适应大小不同的滑雪鞋。

三、高山滑雪

高山滑雪是以滑雪板和滑雪杖为工具,在山坡专设的线路上进行快速回转和滑降的一种雪上竞技项目。冬季奥运会高山滑雪设10小项,男女各5项。男子项目设速降、回转、大回转、超级大回转、全能(速降/回转);女子项目设速降、回转、大回转、超级大回转、全能(速降/回转)。

高山滑雪比赛均在海拔1 000米以上的高山上进行。高山滑雪主要分速度系列和技术系列两部分。速度系列分速降和超级大回转,比赛按一次滑行成绩决出名次。滑降道落差最大,距离也最长,最高时速可达130千米。超级大回转由于旗门数较多,故速度稍慢。技术系列分大回转和回转,名次按两次成绩合计决定。大回转距离是回转的两倍以上,对速度和技术都有要求。回转旗门数男子为 55~75 个，女子为 45~65 个。

速降（又称滑降）要求运动员从山顶按规定线路穿过用旗插成的门形向下滑行，是竞速滑雪比赛项目。线路长 2 000 米以上，坡度 5°~35°，平均 20°，起点到终点的高差为 500~700 米。线路两旁插一定数量的旗杆作为各种门形，男子比赛插红色旗，女子比赛插红蓝两色旗，旗门间距为 4~8 米，上下旗门间距一般为 30 米左右。以滑降两次的时间计算成绩，决定名次。技术动作有直滑降、斜滑降、乙形滑降、起伏地滑降、犁式和半犁式滑降等。身体姿势分高、中、低三种。

回转比赛的场地起点与终点的高差，男子为 180~220 米，女子为 140~180 米。两个旗门的最小距离不得少于 0.75 米，旗门宽度为 4~6 米。旗门设置应包括有开口旗门（两个旗门杆连线与线路方向垂直）、闭口旗门（两个旗门杆连线与线路方向平行）以及 1~4 组由 3~4 个旗门组成的旗门组，如蛇形门、螺旋门、三角门以及菱形门等。回转比赛的成绩以在两条不同线路各滑行一次的成绩相加决定。

大回转比赛场地起点与终点的高差，男子为 350~400 米，女子为 260~350 米。两个上下连续门的旗门杆最小距离不得少于 10 米，旗门宽度为 4~8 米。大回转比赛一般需进行两轮滑行。第二轮滑行可在同一场地进行，但旗门必须重新设置。两轮滑行成绩相加得到最终成绩。

超级大回转比赛场地起点与终点的高差，男子为 500~650 米，女子为 350~500 米。旗门宽度，开口旗门最少为 6 米，闭口旗门为 8~12 米。旗门数，男子不得少于 35 个，女子不得少于 30 个。选手只滑行一次。

四、越野滑雪

越野滑雪是滑雪项目中起源最早、滑行距离最长、滑雪器材最轻、所受制约条件最少、安全程度最高的滑雪运动。冬季奥运会越野滑雪共设 12 个小项，男子项目为男子 15 千米（自由技术）、男子 15 千米+15 千米双追逐、男子个人短距离（传统技术）、男子团体短距离（自由技术）、男子 50 千米集体出发（传统技术）、男子 4×10 千米接力。女子项目为女子 10 千米（自由技术）、女子 7.5 千米+7.5 千米双追逐、女子个人短距离（传统技术）、女子团体短距离（自由技术）、女子 30 千米集体出发（传统技术）、女子 4×5 千米接力。

越野滑雪技术分为传统式和自由式滑行技术两种，传统式要求运动员在比赛中不得使用蹬冰技术，自由式滑行技术对运动员的蹬动动作不作限制。

比赛的雪道要求是上坡、波动式道面及有变化的下坡各占 1/3，雪道的最高点不得超过海拔 1 800 米。比赛开始前，运动员的雪板由大会打上标记，到终点时要求至少有一支雪板留有标记，双板都更换将被判为犯规，成绩无效。单项比赛一般采用间隔单人出发。有时因场地条件限制，也可分成若干小组间隔出发或集体出发。运动员按赛前抽签决定的顺序佩戴号码布。出发前运动员双脚不能超过起点线，但雪板的前部和雪杖可超过起点线。比赛名次根据运动员按规则滑完全程所用的时间确定。接力比赛除按单项比赛规则进行外，在每一站设以终点线为基点前后各延长 15 米的接力区。交接时上一站队员必须在接力区内用手触及下一站队员的身体任何部分方可完成交接。成绩以全队滑完全程所用时间的总和计算。

雪上运动场地，线路要尽量选择森林地带等多变地形，要保证雪质、雪量，线路宽度应达到 4~5 米，雪面要经过机械或人工捣固、踏压，厚度至少 10 厘米。最好在线路的一侧开有带雪辙的雪道,两条雪辙的内壁相距15~18厘米,雪辙深度至少为2厘米,雪辙的宽度以雪板的固定器不撞击两侧雪壁为准。线路的另一侧不开带有雪辙的雪道。要避免单调而过长的平地滑行、难度过大的急陡坡滑降,以及连续较长距离的蹬行。开始阶段要较易滑行,难度应出现在全程的3/4处。在出发后2~3千米内不应出现难度极大的急陡坡,在终点前1千米内不应出现较长的危险滑降,线路中要避免有危险的斜滑降,同时要避开冰带、陡角和狭窄的地带。

五、跳台滑雪

跳台滑雪简称"跳雪",就是运动员脚着特制的滑雪板,沿着跳台的倾斜助滑道下滑,借助速度和弹跳力,使身体跃入空中,使整个身体在空中飞行4~5秒钟后,落在山坡上。

冬季奥运会的跳台滑雪比赛设90米、120米和团体三项。按两次飞跃距离分和飞跃姿势分计算成绩。飞跃距离分因距离不同而不同。团体赛由4人组成,按120米跳台的合计得分计算。

跳台滑雪比赛中的跳台由助滑坡、着陆坡、停止区组成。滑雪者两脚各绑一块专用的雪板,板长为2.30~2.70米,宽为11.5厘米,板底有3~5条方向槽。比赛时运动员不用雪杖,不借助任何外力,以自身体重从起滑台起滑,经助滑道获得110千米/小时左右的高速度,于台端飞出,身体前倾与滑雪板成锐角,两臂紧贴体侧,沿自然抛物线在空中滑翔,在着陆坡着陆后继续自然滑行到停止区,然后根据从台端到着陆坡的飞行距离和动作姿势评分。

第三节 冰壶运动

一、冰壶运动简介

冰壶运动又叫冰上溜石,起源于14世纪的苏格兰,至今在苏格兰还保存着刻有1511年份的砥石(即冰壶)。1795年,第一个冰上溜石俱乐部在苏格兰创立,1838年,苏格兰冰上溜石俱乐部制定第一个正式的比赛规则。1807年,冰上溜石活动传入加拿大,1820年,开始在美国等地流行。从此,冰上溜石作为一项冬季运动在欧洲和北美逐渐开展起来。20世纪初,通过加拿大冰上溜石爱好者的努力,这项运动的比赛规则和方法更加完善,并由室外逐渐移入室内,并于1927年举行首次全国冰上溜石比赛。首届世界冰壶锦标赛始于1959年,最初称为苏格兰威士忌杯赛,于1968年改称加拿大银扫帚锦标赛,1986年,正式定名为世界冰壶锦标赛。

1924年,冰壶首次以表演项目的形式在冬季奥运会上亮相。1966年,国际冰壶联合会成立,于1991年改为世界冰壶联合会,同时获得了国际奥委会的承认。冰壶运动曾于1924年、1932年、1936年、1964年、1968年、1992年6次被列为冬季奥运会表演项目。1993年,国际奥委会决定,从1998年开始,冰壶被列为冬季奥运会正式比赛项目。

二、冰壶装备

冰壶运动的装备包括冰壶、比赛用鞋和毛刷。冰壶由苏格兰不含云母的花岗岩凿磨制成，标准直径为 30 厘米、高为 11.5 厘米、质量为 19.1 千克，如图 19-1 所示。大赛用壶的壶把上装有传感器，又称"前掷线上的眼睛"，专门探测投壶者是否犯规（投壶者必须在前掷线前松手，否则被视为犯规）。参赛队员脚穿比赛专用鞋，两鞋底部质地不同，蹬冰脚的鞋底为橡胶制成，而滑行脚的鞋底为塑料制成。冰壶用的刷子是为了减小冰壶与冰面间摩擦。冰壶受到摩擦力作用的过程，是一个减速的过程。

图 19-1　冰壶

三、冰壶冰场地

冰壶运动所用场地是一个长为 44.5 米、宽为 4.32 米的冰道。冰壶赛道的横截面是 U 形的，并不水平，U 形的冰面可以帮助高水平运动员打出弧线球。冰道的一端画有一个半径为 1.83 米的圆圈作为球员的发球区，被称作本垒。冰道的另一端也画有一个圆圈，被称为营垒。营垒是由 4 个半径分别为 0.15 米、0.61 米、1.22 米和 1.83 米的同心圆组成，外面两圆之间涂为红色。在场地两端各装有一个斜面橡胶起蹬器。在冰壶场地前后两端各有一条蓝色的实线称为"前卫线"和"后卫线"。冰壶石掷出后，如果未进前卫线或越过后卫线都视作无效，将被清出场外。掷石时，若冰壶石已通过掷球区的圆心线，则不可再重掷。冰壶石掷出后，己方的刷冰员可在冰壶石通过标的区的圆心线之前进行刷冰；之后，对方将有权进行刷冰，以使冰壶石离开圆心。

四、冰壶术语

（1）得分区。直径 12 英尺（约为 3.66 米），带有四个中心圈，内面直径 8 英尺（约为 2.44 米）。

2. 一个冰壶队。有 4 个队员：即第四号队员（拿刷子的队员），第三号队员（或副队歼队

（3）赛区。146 英尺（约为 44.50 米）的赛区。赛区设计两个方向均可使用。

（4）拉引击石。这是最基本并最广为应用的射击，即将冰壶石掷在得分区之前或得分区内。

（5）防卫击石。将冰壶石掷在拱线和得分区之间用来防御对手的冰壶石进入得分区。

（6）敲退击石。将冰壶石放在一个或是多个已经存在场上的冰壶石的前面。敲退击石就是将对手的冰壶石轻敲挤退远离得分中心线，但不将它击出，而使其停在掷石者的冰壶石的后面，如此一来对方便很难将这颗冰壶石击出场。

（7）通道击石。在两颗冰壶石中间的缝隙叫作通道，当掷石者需要让他的冰壶石通过两颗或是多阻碍石时，他便需要掷出一个通道击石。

（8）晋升击石。晋升击石是将一颗在得分区之前的冰壶石，由射石撞击到更接近得分区的中心。同时这颗射石被晋升为中心石起到卫兵的作用。

（9）晋升移除掷石。一颗冰壶石被射石撞击之后，往后推近并碰击到对方的冰壶石，而使对方的冰壶石被驱离得分区或出局。

（10）精彩击石。若希望将冰壶石掷到一颗卫兵石的后面；或是希望将一颗被保护得很好的冰壶石击出场，有一种方式是将冰壶石丢掷去撞击一颗停在外围的冰壶石，然后让掷石转向朝目标地方向前进。这种射击大概是冰壶最精彩的射击之一，因为这种射击通常会出现意想不到的结果。

（11）奉送击石。奉送击石有两种形式，这两种都牵涉（两颗、多颗）冰壶石十分接近甚至靠在一起的情况。一种情况是连接两个冰壶石中心的线，朝（指）向得分区中心或目标区；另外一种情况是两颗冰壶石接点的切线，朝（指）向得分中心或目标区。

（12）削剥击石。当你的队处于领先的状况，或是你的对手有一颗冰壶石在得分区中，并被良好地保护着，你会希望移除在得分区之前的障碍（卫兵）石。当这种情况存在时，这个射击会被称为剥削击石。剥削击石涉及移除一个在得分区之前的冰壶石，而射石和被移除石将同时出局，不会进入（经过）得分区，以免造成任何损失。有时，利用撞击推进卫兵石，去移除被卫兵石保护的冰壶石，会是一个好的策略。但是这个策略也有很大的风险，只要一点小小的失误，你的射石就会留在原地成为对方的卫兵，并奉送对手一个机会再放一个卫兵石或是放另一冰壶石到得分区中。

五、比赛规则

冰壶比赛时，每场由2支球队对抗进行，每队由4名球员组成。比赛共进行10局。两队每名球员均有2个冰壶石，即有2次掷石机会。两队按一垒、二垒、三垒及主力队员的顺序交替掷球，在一名队员掷石时，由两名本方队员手持毛刷在冰壶石滑行的前方快速左右擦刷冰面使冰壶石能准确到达营垒的中心。同时，对方的队员为使冰壶石远离圆心，也可在冰壶石的前面擦扫冰面。球员掷石时，身体下蹲，蹬冰脚踏在起蹬器上用力前蹬，使身体跪式向前滑行，同时手持冰壶石从本垒圆心推球向前，至前卫线时，放开冰壶石使其自行以直线或弧线轨道滑向营垒中心。掷球队员在力求将冰壶石掷向圆心的同时，也可在主力队员的指挥下用冰壶石将对方的冰壶石撞出营垒或将场上本方的冰壶石撞向营垒圆心。最后当双方队员掷完所有冰壶石后，以场地上冰壶石距离营垒圆心的远近决定胜负，每石1分，积分多的队获胜。

一场比赛需2组冰壶石，每组各8颗，印上色彩以使在冰道另一端仍可轻易辨识。传统上，在第一局中未拥有最后一球掷球权的一队可选择该队的球色。

一场比赛分为10局，比赛时间约2小时30分。2个队共投16个石为一局。以双方队员掷出的石离大本营中心的个数多少来计算得分并决定胜负。

主将应领导球赛。当队员掷石时，主将应持冰刷，作为掷石之目标物。主将并应指示冰壶石的旋转方向及应滑行的距离，并使队员了解掷石的目的，使刷冰员决定应如何刷冰，因为刷冰可使冰壶石增加滑行距离同时减少行进的曲度。

第二十章 拓展训练

第一节 拓展训练介绍

一、拓展训练的起源与发展

户外拓展训练起源于第二次世界大战时期落水海员的获救经验：在第二次世界大战时，大西洋上有很多船只受到攻击而沉没，大批船员落水，由于海水冰冷，又远离大陆，绝大多数的船员不幸牺牲了，但仍有极少数的人在经历了长时间的磨难后终于得以生还，当人们深入了解这些生存下来的人的情况后，发现了一个令人非常惊奇的事实，这就是在那些能生还下来的人中，他们既不是最年轻的，也不是体格最强壮的。经过一段时间的调查研究，专家们终于找到了这个问题的答案：这些人之所以能活下来，关键在于这些人有良好的心理素质，他们意志力特别顽强，家庭生活幸福，有强烈的责任感，有丰富的生存经验，有很多常人或缺的品质，包括团队的协调和配合，当然还有一点点运气。当他们遇到灾难的时候，坚定自己的信念：我一定要活下去。而那些年轻的海员可能更多想到的是：这下我可能就完了，肯定不能活着回去了。拓展训练是一种"户外体验式学习"，源于英文 Outward Bound，它原是一个航海术语，是用于召唤船员的旗语。当船就要出发时，船上就会打出旗语，船员们看到后会很快回到船上整装待发。

1941 年，一位德国教育者 Kurt Hahn 和一位英国海运大亨 Lawrence Holt 爵士在威尔士的阿德伯威成立了世界上第一所拓展训练学校。这所学校最初有一个具体的任务，即让被德国潜艇轰炸的年轻英国海员心中充满较强的自立和精神韧性，同时还要摆脱传统的教学方式。Kurt Hahr 发现人们能够从充满挑战刺激的环境中赢得信心、自尊和自立，还能够形成和同伴通力合作的精神。

20 世纪 60 年代，拓展训练被 Josh Miner 引入美国，他发现性格发展对个人成功非常重要，在此基础上形成了一套课程即拓展训练，这种突破常规的教育模式也就成为体验式学习的真正权威。受到这种新颖理念和教育模式的启发，Miner 在美国发起了拓展训练运动。

拓展训练是突破传统教育思想和模式要求的一种全新学习与教育方式，其课程独具创意，融思想性、教育性、挑战性、实用性和趣味性于一体。学员通过在高山大海中接受挑战练习，变得乐于面对困难，勇于接受挑战，具有积极的心态，并能够引发学习兴趣。拓展训练的独特创意和训练方式逐渐被推广开来，训练对象由海员扩大到军人、学生、工商人员等群体。训练目标也由单纯体能、生存训练扩展到心理训练、人格训练、管理训练等，拓展训练已成为一种体系化的课程，在越来越多的领域发挥其特有的教育作用。

中国拓展训练市场还处于早期开发阶段，前景光明。现代企业面临着竞争和压力，对从业者提出了很高的要求，除了具备良好的业务素质和明确的职业规范，还需要特别健康的心理素质、坚强的意志、敢于进取冒险创新的精神和良好的人际关系、团队意识及组织协调能力，而这些都需要在实践或强化培训中培养。由于拓展训练符合完善人格、提高素质和回归自然的要求，因此成千上万的人们热衷于此，成为素质教育的新时尚。拓展训练已成为国家机关、外资企业和其他现代化企业、各类学校的日常培训课程。

1995年，北京某公司对新华社全体员工进行拓展训练，拓展训练首次进入中国。1999年，清华大学率先将体验式教育引入MBA和EMBA的教学体系中，拓展训练首次进入高校。2002年，北京大学开设了"体育综合素质课"，并把该课程命名为"素质拓展"。2005年，北京体育大学成立户外运动中心，同年开始招收该专业的学生。

河北机电职业技术学院素质拓展基地，如图20-1所示，占地面积4 660平方米、器材设备投入资金90多万元，设施齐全程度位居河北省高校首位。包括：场地拓展类（毕业墙、信任背摔、模拟电网、有轨电车等），高空拓展类（攀岩、空中断桥、悬崖峭壁、天梯、空中独木桥、缅甸桥、翘板桥等11个项目），WETOP中空体验设施共计17个项目，综合拓展类（人生棋盘、人体多米诺等）。通过体验式培训，培养学生的综合素养，更好地为社会培养复合型技能人才，服务河北省区域发展。

图20-1　河北机电职业技术学院素质拓展基地

拓展运动同时也是喜爱挑战的人们闲暇时间挑战自我、锻炼自我、展示自我的重要形式。一项运动最初都是由大众娱乐游戏开始，继而发展为成熟的运动项目，拓展训练也在走这条道路。拓展训练如今成为人们的竞赛项目之一。拓展运动作为一项新兴的时尚体育运动，由"拓展培训"发展演变而来，利用自然地形地貌或人工修建的体育专属设施开展的以团队、双人和个人为单位的竞速、竞距、计数和具有对抗性质的系列运动。其主要由地面项目、低空项目、高空项目、水面项目四大类项目组成。

中国登山协会自2004年开始在开发拓展运动方面做了大量工作，针对拓展训练具有鲜明运动元素的特点，初步确定了全国比赛项目，制定了相应的竞赛规则，并于2006年举办了全国首届拓展运动展示大会，2008年和2010年分别成功组织了全国山地运动会拓展比赛。随着我国社会经济发展，群众体育力度加大，许多高校、俱乐部等都热衷开展此项运动，从而推动了拓展运动的发展。2010年7月底在吉林省吉林市北大湖举办的首届全国户外拓展大赛有 28 支代表队近 200 名运动员参赛,是国内首次组织开展的规模最大的一次全国性拓展运动赛事。

二、拓展训练的目的及作用

现代社会是一个高度人际互动的社会,拓展训练融合高低挑战元素,学员在个人和团队的层面,都可通过危机感、领导、沟通、面对逆境的辅导和培训而得到提升。拓展训练课程分为水上、野外、场地三类。水上课程包括游泳、跳水、扎竹筏、划艇等。野外课程包括远足露营、登山攀岩、野外定向、户外生存技巧等。场地课程是在专门的训练场地上利用各种训练设施,开展各种团队课程,如攀岩、跳跃等训练活动。

另外拓展训练项目又可分为个人挑战项目和集体合作项目:个人项目主要是通过一定难度的考验,最大限度地激发学员体能和心理潜能,从而自我挑战、自我超越以及心智模式改变。团队项目则是以复杂性和艰巨性为特征,通过所有人的相互理解合作、信任,融合学员的团队意识,学习系统思考的内涵,体验协作的真正意义和处理团队中出现的各种问题。

三、拓展训练环节

体验学习是拓展训练的基础理论架构,也是体验教育主要的学习模式,拓展训练环节主要分为四个部分,分别为体验(Experiential)、反思(Reflecting)、归纳(Generalizing)和应用(Applying),这四个部分是一个循环模式,如图 20-2 所示。

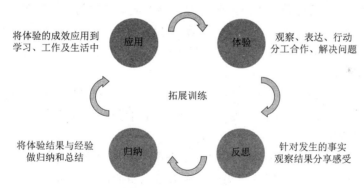

图 20-2 拓展训练环节

(一)体验阶段

体验学习是以活动来促进团队成员利用自身的能力、团队的分工合作、人际沟通、领导与被领导、面对挑战或压力、问题解决等历程,使团队成员有逻辑性且有方法地循序渐进达到活动设定的目标,并学习到有价值的观念。

(二)反思阶段

此阶段着重于此时此刻的经验与感受。就活动过程中发生的事实,引导者与参与者检视个人与团体在活动时所经历的问题状况,成员们互相分享活动感受,引起成员们内心的反思。

(三)归纳阶段

将反思的结果与经验做归纳和总结,形成概念以作为解决问题的最佳应用,是此阶段的重点。引导者一般会引导团体做如下思考:在活动中所发生的现象与事实,是否也存在于我们的生活中？过去个人在某些场合或情景中，是否曾发生类似的情形？借此转化与联结的过程，使客观的活动经验与成员的主观经历产生联结关系，出现更宽广的思考空间。

（四）应用阶段

此部分的应用焦点是需要引导者与参与者所设定的目标相配合。在这个阶段中，引导者可引导成员进行思考：这个活动让我们对自己有什么认识？这个发现在面对未来的生活、工作或学业时，可以持续或改进的地方有哪些？参与者的成效，就是个人可以应用由参加活动中得来的经验，把所学到的方法、态度、知识与技能甚至是自我发现推理到外在世界并加以实践。此阶段着重在将这些活动经验应用到正确的情境，将体验学习的经验有意义地应用到个人的日常生活中。

这四个阶段是连续且随时都可以发生的，同时它也会影响未来的某一个经验。每个阶段会因环境、团队成员与引导者之间以及设施和装备等不同，彼此不断地互动，产生连贯性的交互作用。因此，如何在这多变的学习环境中，设计合适的活动与运用适宜的反思及分享方式，就成为影响探索教育成效的重要因素。

四、拓展训练的特性

拓展训练利用室内和户外多种活动形式，模拟真实情景的训练形式和良好的训练效果在教育培训领域里保持着极大的优势，拥有以下六大特点。

（一）锻炼综合性

拓展训练的所有项目都是以体验式活动为主导，成员通过游戏的体验引发认知、情感，激发学员与他人的沟通、交往、合作行为。活动过程中团队有明确的任务，成员要发挥自身和团队优势才能更好地完成任务，对参与者的锻炼是综合性的。

（二）体验巅峰性

在拓展训练过程中，成员和团队都要完成指定的目标，就必须克服各种困难、跨越各种防线，在活动过程中、课程完成后，成员会获得发自内心巅峰般的胜利感和自豪感。

（三）挑战极限性

拓展训练的项目都具有一定的挑战性，在心理、生理、体能上都会经受一定负荷的挑战，成员在活动中要不断地突破自我约束，挑战自己身心的"极限"，完成"极限"蜕变。攀岩挑战如图 20-3 所示。

（四）自我教育性

拓展训练过程本来就是成员学习成长的过程，成员要根据引导者的课程内容和活动要求，在拓展训练过程中不断学习和突破。在训练后，成员在引导者的引导下进行活动的总结归纳，在日后的学习、工作和生活中起到教育作用。

（五）集体的荣誉性

拓展训练一般需要完成各项活动以达到熔炼团队的效果，而在挑战项目过程中往往又会分成不同小队展开竞争，期待每位成员竭尽全力为集体争取荣誉，在团队中发挥个人能力并借助集体的力量共同解决问题，优化行为。

（六）成效显著性

在通过短期的拓展培训后，成员日常行为举止、生理心理往往会受到突破性的冲击，心理受到震撼性的影响，从而会有各种显著的培训成效，例如，认识自己的潜能、克服自己的心理障碍、磨炼战胜困难的意志力、改善人际关系,等等,这也是目前企业所看重的拓展训练活动的效果。

图 20-3 攀岩挑战

第二节 课程推介

一、破冰课程

热身——培训术语,也叫破冰,来源于英文 Ice Break。现代培训认为,培训教师与成员初次接触时会有陌生感,如同冻结的冰块,如果立刻开始授课会影响培训效果,因此应该通过特别设计的活动和游戏来消除两者之间的陌生和怀疑,然后再开始正式授课。这种通过活动和游戏消除"教"和"学"双方隔阂并调动成员学习热情的方式被称为"热身"。

破冰理念:
(1) 让参加培训的成员清楚了解体验式培训的方式。
(2) 清楚积极参与培训对自己、对团队、对企业的重要意义。
(3) 提出团队培训对成员的要求:百分百地用心投入每一个项目的体验活动中。
(4) 注重自己的项目感受,注意观察团队成员。
(5) 付出就会有收获,获得的回报应该是方方面面的。

破冰的任务:加强团队文化建设对企业的发展有着一定程度上的积极意义,拓展训练是通过体验的方式,达成团队凝聚力的提升。在拓展训练中需要选好优秀的团队领导,加大团队管理的授权,并给予团队成员充分的尊重,同时建立成员间的技能互补和角色分工,培养团队的创新精神和目标行动力。通过不断地演练和深化团队危机,恰到好处地分享得失,将拓展中体会到的理念与团队建设相融合,这样团队才会更加强壮。

(一)常规的破冰游戏——团队组建
(1) 全体队员分成 3~4 个小队,每队由一名培训师及助理培训师主持并配合本次拓展训练。

（2）各队推荐或自荐队长和队长秘书各一名。

（3）编队歌。可自编曲，也可原曲填词，要求简短且不带讽刺与宗教色彩。

（4）起队名，要形象、有意义。

（5）队伍口号。文字简练、朗朗上口，具有震撼力。

（6）制作队旗。共同创作，队旗要简单、蕴意深刻。要求全体队员于队旗上签名。

（7）各队相互展示。解释队名、队歌、口号、展示队旗和为队伍造势。

团队组建在拓展训练中的意义有：为团队获得更高昂的士气和战斗力，减少流动率和流失率，进行更和谐的沟通。

（二）常见的趣味破冰游戏

1. 纸杯传递

活动目的：打破团体队成员之间的尴尬。

活动人数：无限制。

活动器材：纸杯或塑料杯、每人一支塑料吸管、若干水或乒乓球。

活动场地：无限制。

活动时间：5~10 分钟。

活动说明：每人用嘴巴含住吸管，并以顶杯的方式从第一名成员依次传递至最后一名成员。或者每人咬住一个杯子，把杯中物品依次传递到最后一名成员。若出现失误，则从失误的成员继续开始。若想增加强度，可要求失误后从第一名成员重新开始任务。

2. 举胖子

活动目的：挑战团队的"不可能"心理。

活动人数：6~20 人。

活动器材：无限制。

活动场地：室内室外均可。

活动时间：5~10 分钟。

活动说明：在成员中挑选一个块头最大、体重最重的"胖子"，再由其他成员共同挑选 5 名最瘦小的成员负责举"胖子"，5 名瘦小的成员只能用自己的 1~2 根手指，分别在"胖子"的身体受力点（建议是后背、腋窝、脚后跟），合力将"胖子"举起。为了营造快乐的气氛，可以增加人数。

3. 共同责任

活动目的：培养团队的责任感及承认错误的勇气，营造快乐氛围。

活动人数：人数不限。

活动器材：无限制。

活动场地：室内室外均可。

活动时间：10 分钟。

活动说明：列好队后，当培训师喊"1"时全体成员向左转；喊"2"时全体成员向右转；喊"3"时全体成员向后转；喊"4"时全体成员原地不动；喊"5"时后退一步。当成员做错或做慢时判为违例，需走出队伍向大家鞠躬一次并举起右手报告"对不起，我错了"，然后归队，直到几个回合后整体动作一致为止。为营造快乐氛围，可以要求犯错的成员做简单的表演。

4. 同心圆

活动目的：团队热身、舒展筋骨、营造快乐氛围。

活动人数：人数不限。

活动器材：无限制。

活动场地：室内室外均可。

活动时间：10分钟。

活动说明：团队所有成员围成一个圈，双手背到左右隔壁成员的背部，紧紧牵住相隔一位成员伸过来的手。培训师有一套口令"高山流水、风吹草动、花开花落"，当听到"高山"时所有成员一起往上跳；当听到"流水"时所有成员一起往下蹲；当听到"风吹"时所有成员上身一起往左边倾斜；当听到"草动"时所有成员上身一起往右边倾斜；当听到"花开"时所有成员一起往后仰，此时注意拉紧伙伴的手；当听到"花落"时所有成员一起往前鞠躬。

二、团队项目

具体的团队项目对成员的锻炼目的不同，按项目分类的原则，对成员锻炼的针对性和拓展过程所关注的直观性进行分类，兼顾不同类别的项目都能让成员获得体验的机会，可分为高空项目、中低空项目、地面与心智项目。

（一）高空项目：空中断桥、跳出真我、毕业墙

1. 空中断桥

空中断桥是一个以个人挑战为主的项目，它属于高空类心理冲击的项目，整个过程需独立完成。"断桥一小步，人生一大步"浓缩了这个活动的精华。

活动人数：20~30人/组。

活动器材：安全服、相应的安全设备（动力绳、锁扣、安全绳及安全帽等）。

活动场地：空中断桥拓展场地一处。

活动时间：60~90分钟。

活动说明：

（1）安全问题，所有成员必须学会使用安全帽、安全绳、锁扣。

（2）挑战者沿立柱爬上高空断桥桥面，走到桥头，两臂侧平举，然后大声问队友"准备好了吗？"当听到"准备好了"后，自己大喊"1，2，3"同时跨步跳到桥板另一端，单脚起跳单脚落地。

（3）桥面不允许助跑，跳跃时不许两手抓安全绳，完成后沿立柱慢慢爬下，随后进入加油队伍。

注意事项：

（1）有严重外伤病史，有严重心脑血管疾病、精神病、慢性病及并发症或医生建议不适合做此类挑战项目者，可以不参与此类挑战项目。

（2）摘除身上穿戴的所有硬物，系安全绳、戴安全帽，连接止坠器时要多次检查。

（3）一名成员在挑战时，另一名成员开始穿戴安全装备并接受辅导，前一名成员完成项目后，下一名成员准备开始。

（4）上断桥后，培训师先理顺安全绳，让成员背靠立柱，并为其扣上安全绳主锁，然

后摘取上升器连接主锁。多次检查成员安全绳和安全帽穿戴问题。

（5）成员不敢过桥时，培训师可先将其引至桥的一端，自己到另一端引导成员过桥，如果成员重心不稳、左右摇晃，可引导其放松，背靠立柱，直到训练架不再共振为止。

思考与分享：

（1）站在高空断桥前，感受如何？

（2）当跨越心理障碍完成挑战后，你的感觉如何？如何帮队友完成挑战？

（3）如何自我激励？

2. 跳出真我

跳出真我属于高空高难度项目，整个过程需严格把控，整个团队需紧密配合完成。

活动人数：20~30人/组。

活动器材：安全服、相应的安全设备（动力绳、锁扣、安全绳及安全帽）

活动场地：空中跳台、空中单杠拓展场地一处。

活动时间：60~90分钟。

活动说明：跳出真我是一个以个人挑战为主的项目，它属于高空类心理冲击的项目，整个过程需独立完成。

（1）安全问题，所有成员必须学会使用安全绳、安全绳、锁扣。

（2）挑战者沿立柱爬上空中跳台，在跳台上站稳，两臂侧平举，然后大声问队友"准备好了吗？"当听到"准备好了"后，自己大喊"1，2，3"同时舒展身体跳出平台，双手抓住前方悬挂着的单杠。

注意事项：

（1）有严重外伤病史，有严重心脑血管疾病、精神病、慢性病及并发症或医生建议不适合做此类挑战项目者，可以不参与此类挑战项目。

（2）摘除身上穿戴的所有硬物，系安全绳、戴安全帽，连接止坠器时要多次检查。

（3）一名成员在挑战时，另一名成员开始穿戴安全装备并接受辅导，前一名成员完成项目后，下一名成员准备开始。

（4）成员不敢跳出时，培训师可先语言鼓励其平缓心情后再做尝试；如果成员重心不稳、立柱摇晃，可引导其放松，平举双手保持平衡，直到训练架不再共振为止。

思考与分享：

（1）站在高空跳台上，感受如何？

（2）当跨越心理障碍完成挑战之后，感觉如何？有什么经验值得分享？

3. 毕业墙

毕业墙又称逃生墙，墙体高4.2米，没有任何攀岩工具，成员们依靠搭人梯的方法，全部成员都越过墙体。

活动人数：20~200人/组。

活动场地：4.2米高墙/高板一堵。

活动时间：90~120分钟。

活动说明：

（1）所有成员在指定时间内全部翻越高墙，不允许借助任何外力和工具，包括衣服、皮带等，必须沿墙面正壁爬上，不能蹬墙面。

（2）挑战过程中只有队长一人可发话，全程任何成员不得发出任何声响（难度提高任何人不得出声，包括队长）。

（3）挑战前可由队长代表全队确定挑战目标。

注意事项：

（1）有严重外伤病史，有严重心脑血管疾病、精神病、慢性病及并发症或医生建议不适合做此类挑战项目者，可以不参与此类挑战项目。

（2）摘除身上穿戴的所有硬物，穿硬底鞋或胶钉底鞋的队员必须脱掉鞋子。

（3）如果采用搭人梯的办法，必须采用马步站桩式，不要将身体靠在墙上，注意腰部用力挺直，用手臂弯曲靠墙，以保持人梯牢固。要有人专门扶持人梯成员腰部，可以屈膝用腿支撑人梯成员的臀部。成员在攀爬过程中不可以踩人梯成员的头、颈椎、脊椎，只可以踩肩膀和大腿。

（二）中低空项目：信任背摔、蜘蛛网

1. 信任背摔

活动人数：8~30人。

活动器材：约1米高的平台。

活动场地：室内或室外场地皆可。

活动时间：20~25分钟。

活动说明：

（1）征求一位志愿者先开始，请他站在平台上，背部朝向团队。

（2）其他团队成员当保护者，面对面紧密排成两排，双手与对面的成员交错平举，手心向上，双脚呈弓箭步站姿。

（3）引导者需与志愿者站在一起，一方面注意志愿者所站位置，另一方面也要注意志愿者倒下的方向，适时让团队成员活动到最佳保护位置。

（4）在志愿者往后倒之前，必须要有确认口号。志愿者先说："准备好了吗？"团队成员一起回答："请相信我们！"，志愿者数"1，2，3"，数完3后倒下。

（5）志愿者倒下时身体要保持挺直，双手紧握并放置在胸前，双脚固定放在平台上。当保护团队接到志愿者后，就温柔地慢慢降低志愿者，直到志愿者能安全地站在地上。

（6）当第一位成员先完成挑战后，就轮流让其他成员体验这种感觉。

注意事项：

（1）因为此活动会在距离地面一定高度的位置进行，故引导者在开展此活动前，必须评估团队的支持与信任程度。另外，此活动也涉及较多个人的心理安全层面，故提醒团队成员自发性选择挑战的理念，让团队成员做好足够的心理准备，然后再挑战此活动。

（2）提醒团队成员和志愿者做好正确的信任倒姿势，特别是确保团队要随时保持专注和紧密靠在一起，不能在活动过程中出现缺口。

（3）提醒团队一个人的躯干比腿部还要重，必须要有比较多的人支撑躯干的部分。

（4）在活动过程中，团队成员身上的眼镜、手表、耳环、手链等饰品都必须拿下来。

2. 蜘蛛网

这是一个经典的拓展项目，是想象与挑战的完美结合，可以用来创建团队、培养合作精神、学习冲突处理技巧、培养领袖才能。

活动人数：8~12人。

活动器材：口哨一个、秒表一个、小夹子和小铃铛若干。

活动场地：用麻绳在两根柱子或支架中编织一张蜘蛛网。

活动时间：20~25分钟。

活动说明：

（1）游戏开场，模拟小组进入原始森林，唯一的通道被一张巨大的蜘蛛网封锁，必须从蜘蛛网中穿过才能生存。

（2）在穿越的过程中，任何人的任何部位不能碰到蜘蛛网，否则即宣告任务失败，全部人回到原点，重新开始任务。

（3）每个洞口只能使用一次，使用后就用夹子标志不得再从此洞穿过。不同人必须从不同网洞穿越过去。

注意事项：不要让穿越者从网洞中滑落跌倒，以免发生意外。

（三）地面与心智项目：解手结、盲人多边形、齐眉棍、迷宫、极限时速、一字塞车、大圈绕小圈、命中目标

1. 解手结

活动说明：

（1）先让团队围成一个圆圈。

（2）请所有团队成员将他们的左手放到圆圈的中央，让每个人去抓圆圈中对面某个成员的左手。

（3）接下来，再让所有团队成员把右手放到圆圈中央，然后，让每个人去抓圆圈中对面某个成员的右手，要确定没有人是抓到同一个人的左右手。

（4）向团队说明，这个活动的目标是团队在不放开手的情况下，团队要一起解开这个结，所以当他们完成后，应该是在一个大圆圈中。

注意事项：

（1）若有人的手已经被扭转或拉太紧，让他放开另一个人的手1秒，调整自己的手到一个比较舒服的姿势，然后再将手牵起来。提醒团队小心他们的背部、手肘和腰部。

（2）手结最好是有9~10个人共同操作，若是有超过12个人的团队，而没有让团队放开手，他们就会很难解开，但少于8个人的手结就太容易完成了。

活动变化：当团队的人数过多时或整个团队陷入焦灼时，全部成员都已经挤在一起，这时引导者可视团队状况，给团队一些协助或支持，例如给予团队几条绳子，帮助团队看清楚活动状况并有更大空间解决问题。

2. 盲人多边形

活动人数：8~12人。

活动器材：一根17~23米长的绳子，每位成员一人一个蒙眼的物品（如眼罩）。

活动场地：室内或室外场地皆可，但需要较宽广的场地让团队活动。

活动时间：40~60分钟。

活动说明：

（1）情境塑造：在工作上你们是否有过这样的感觉，在面对一个问题或整体方案时，自己并不能看到整个局面？有没有这样的例子，在讨论计划书的时候你们都看得很清楚，但在开始完成任务的过程中,你们却是看不见的?

(2) 向团队说明,此活动的目标是要所有团队成员蒙眼,将一条绳子围成一个正方形。

(3) 让团队自行设定目标时间,总共需要多久来完成这项活动,在这段时间内,他们可以自由决定讨论计划书的时间。

(4) 讨论完计划书后,在真正开始活动之前,所有的团队成员都必须用眼罩蒙着眼睛,要尽可能地在最短时间内围好正方形。

(5) 所有团队成员都必须随时碰触绳子,一旦他们拿到绳子就不能放开或是把它再抓回来,然而他们可以在绳子上滑动他们的手做调整或是一次松开一只手。

(6) 当整个团队觉得已经完成任务时,就把团队最后塑造成的形状放在地上,一旦绳子被放在地上后,团队就可以拿掉他们的眼罩,看看他们所塑造出来的形状为何。

注意事项:

(1) 提醒团队成员,一旦蒙眼后,双手就要放在胸前,做好缓冲的姿势。

(2) 事先移走危险的障碍物,或是在团队成员接近任何危险时,先制止他们。

(3) 当有团队成员觉得戴眼罩不舒服时,他们可以拿掉眼罩,安静地走出来,然后观察活动的进行情况。

(4) 通常这个活动实际操作起来会困难许多,所以引导者需要有时间上的限制,以确保团队成员不会在蒙眼太久后觉得很受挫。

活动变化:

(1) 比较容易的方式是允许一位团队成员看得到,然后指挥其他蒙眼的成员。

(2) 可以让团队塑造其他形状,任何形状都会比正方形还要困难。

(3) 可以让团队一开始就蒙眼,通常当眼睛看不见时,对话就会比较困难,因为比较难整合团队和管理对话的效率。

(4) 团队在讨论计划过程中可以用到绳子,一旦他们决定开始活动时,可以在整个团队成员蒙眼后再将绳子放置在某处,团队在塑造形状前,要先找出绳子的所在,此时就要更注意每个团队成员的移动方向。

思考与分享:

(1) 如何在特殊情况下进行有效沟通?

(2) 如何处理角色定位?如何更有效地完成本职工作?

(3) 团队在处于不利情况时,如何才能消除负面影响?

3. 齐眉棍

活动人数:8~16人。

活动器材:一根轻质竹竿(或轻质直棍)。

活动场地:室内或室外场地皆可。

活动时间:20分钟。

活动说明:

(1) 让所有的团队成员面对面站成两排,请每位成员伸出右手的食指,置于胸前并指向对方。

(2) 引导者将齐眉棍放在两排团队成员的食指上,使每位团队成员的食指都能托住齐眉棍。

(3) 向团队说明,此活动的目标是要所有团队成员同心协力将齐眉棍放到地上。

(4) 活动的规则就是只能用食指撑住齐眉棍,不能用手指压它或勾它,如果在活动过程中,有任何一位成员的食指离开齐眉棍,则活动必须重新开始。

(5) 若团队一直重新开始,引导者可以暂停活动,给团队一些时间讨论计划。

注意事项:

当引导者看到某成员食指离开齐眉棍,而要求团队重新开始时,不需要明确地指出是哪位成员,只要告诉团队有人食指离开,必须重来即可。

活动变化:

(1) 可以先让团队谈论计划,开始活动后,就不能有人说话,增加成员间的互动。

(2) 活动器材可以用呼啦圈来替代,这个方式可以让整个团队看见彼此的动作,增加成员间的互动。

思考与分享:

(1) 在整个活动过程中,发生了什么事?你们听到了什么声音?

(2) 一开始听到这个任务与真正去执行后,你们的感觉有何变化?

(3) 你们如何沟通讨论出最好的计划?

(4) 你们觉得在这个活动中最需要发挥团队的什么优点?

(5) 你们觉得一个人的努力是足够的吗?为什么?

(6) 你们认为这个齐眉棍像是生活中的什么东西呢?

4. 迷宫

活动人数:8~12人。

活动器材:地上铺上9×9块巧拼的正方形、秒表。

活动选地:室内或室外场地皆可,但必须要有较宽广大的场地。

活动时间:20~30分钟。

活动说明:

(1) 引导者在活动前要准备好迷宫的路径,可以用笔记下来。开始活动前,在地上铺上9×9块巧拼的正方形。

(2) 向团队说明,现在整个团队都困在迷宫中,而这个迷宫只有一条路通往出口,所以团队就要合力找出唯一的出口,让大家逃出迷宫。

(3) 一次只能有一个人站在巧拼上找出口,出口的方向前、后、左、右或斜向都有可能,而一旦找错就换下一位成员尝试,请团队成员建立一个顺序,让每位成员轮流找出口。

(4) 团队可以在迷宫外讨论计划,一旦有人在巧拼上找出口时,所有人都不能发出任何声音,也不能碰触在巧拼上的成员。

(5) 团队不能写下迷宫的路径,也不能在迷宫上留下记号。

(6) 当团队发生错误时,引导者会提示。引导者可询问团队,当发生错误时,他们希望听到什么提示。

(7) 当全部团队都走出迷宫,就算完成任务。

注意事项:

要严格地执行规则,当有人站上巧拼,周围发出任何声音时,引导者就要给提示,或许一开始团队不知为何被叫下来,可以让团队自行发现他们应该遵守的规则。

活动变化：可以将团队分为两个小组，并讨论两个小组之间合作或竞争的程度。

思考与分享：

（1）在整个活动过程中，你们最常听到的是什么？

（2）听到引导者的提示，你们有什么样的感觉？为什么？

（3）引导者的提示像是你们生活中的什么东西呢？

（4）团队是如何找到迷宫的出口，让大家都可以走出这个迷宫的？

（5）团队的讨论和沟通是如何帮助你们找出口的？

（6）从这个活动中学习到了什么经验，可以让你在日常生活中运用？

5. 极限时速

活动人数：8~12 人。

活动器材：30 个做好的数字贴（上面标示 1~30）、秒表、一长条边界绳。

活动选地：室内或室外场地皆可，但必须要有较宽广大的场地让团队成员可以奔跑。

活动时间：40~60 分钟。

活动说明：

（1）在围成的圆形范围里，紧贴圆圈在地上摆放数字贴，此范围要与团队讨论计划距离 20~30 米，让他们看不清楚摆放的数字。

（2）情境塑造：一个高团队凝聚力、表现优异的团队特质是团队成员们总是不断地追求进步及突破现状，以达到最好的结果。在下列活动中，队员将有五次机会持续追求进步，任务很简单，只要用最短的时间和最好的品质，在大圈范围内完成操作，记录成绩将代表团队的整体表现。

（3）此活动的目标是在最短的时间内，由小到大碰触数字贴。

（4）团队会有五次尝试机会，在这五次机会内，团队要不断地进步，直到可能的最佳成绩出现为止。

（5）每一次的尝试是从第一位成员踏出起始线的那一刻开始计时，到最后一个成员返回为止。

（6）每一次按照顺序碰触数字贴时，都只能有一个人在范围内，如果有任何的犯规情况，团队的时间会自动加上 10 秒，以作为处罚。

（7）在每一回合结束后，告诉团队他们所花费的时间，并且给他们时间讨论修正计划。

（8）所有的讨论都只能在起始线的后面进行，而所有的数字贴和界限皆不可被移动。

注意事项：

（1）因为此活动过程中会有跑步的动作，故必须注意如果地面潮湿或很滑就不适宜操作此活动，同时也要提醒团队成员在跑步时注意安全。

（2）引导者要注意团队犯规的情形，因为在活动中团队不会去注意他们的犯规行为，而要求团队做到完全诚实也是很大的挑战。

（3）团队总会想知道曾经最好的成绩，这时候引导者不要用其他团队的成绩来刺激团队的表现，应该鼓励他们找出自己最好的方法并以团队自己的成绩为努力的方向。

活动变化：

（1）放置两个重复号码，只要还是 30 个号码即可。这是一个有趣的方法，让团队处理无预期的状况。

（2）可将数字改换成英文字母（从 a 到 z）。

思考与分享：

（1）为了发展有效的计划，团队是如何讨论和沟通的？

（2）在这五个回合期间，团队的计划有改变吗？是否明确且完善地在团队里做好沟通，以达成共识改善问题呢？

（3）团队如何做才能持续改善成员们的表现？为了达到最好的团队表现，成员们解决了什么问题？是如何解决的？

（4）团队是如何组织和使用人员配置的？每个人的贡献都是一样的吗？每个人对团队的表现都有帮助吗？

（5）哪个最重要的因素影响了团队的整体表现？

6. 一字塞车

活动人数：8~12 人。

活动器材：数块方形板（比团队人数多一块）或就地取材。

活动场地：室内或室外场地皆可。

活动时间：30~40 分钟。

活动说明：

（1）现将比团队成员人数多一块的方形板排成一列，请每个团队成员任选一块站上去，左右两边人数尽量相同。中间预留一块方形板，作为移动空间使用。

（2）情境塑造：就像在日常生活中一样，团队会有两种不同层次的挑战，第一种挑战是在有限的资源及条件下，团队能提供一个两边皆可行的计划方案；第二种挑战是每一个成员都应该很熟悉计划方案，并且能像领导者一样解释说明计划方案。

（3）此活动的目标就是要两边的团队成员互换位置，且要保持两边成员的顺序不变。

（4）活动过程中团队成员只能前进，不能后退，一次只能一个人动。

（5）团队成员不能在移动位置后，面对同一个方向的人，也就是移动后不能看到前面成员的背。

（6）每人一次只能越过一个人，移到空下来的方形板上。

（7）如果整个团队动弹不得、遇到瓶颈，可让他们循原路退回去，再重新开始。

（8）如果团队很快就完成任务，要求他们展示解决的方法，并且认真确认每个成员都了解为止，然后要求他们一次走完全程。

活动变化：

（1）可增加不能交谈的规则，不仅能够增加团队解决问题的能力，也加速了团队间默契的形成。

（2）允许团队只有在做计划的时候使用纸和笔。

注意事项：

（1）在活动之前，引导者要确定自己记得解决方式，以免团队动弹不得时急切地向引导者寻求答案。

（2）团队人数即使是奇数也没有关系，只要引导者在中间留有空位，上述的解决方式还是有用的。

思考与分享：

（1）成员们一开始是如何面对这个问题的？

（2）在解决问题的过程中，成员们有看到什么或听到什么吗？

（3）做得最好的是什么地方？需要改善哪些部分？如果再给团队一次机会，觉得会更好吗？如何做才会更好呢？

7. 大圈绕小圈

活动人数：8~12人。

活动器材：1~2个呼啦圈、秒表。

活动场地：室内或室外场地皆可。

活动时间：20~30分钟。

活动说明：

（1）让团队每个人手牵手围成一个圆圈。

（2）向团队说明，这个活动的目标就是在最短的时间内，呼啦圈要穿过所有人的身体并且回到原点。

（3）活动开始时，将呼啦圈套在某两位团队成员的手之间，在活动的过程中，所有人的手都不能放开。

（4）请团队设定目标时间，让他们决定能在多短的时间内完成。

（5）在团队第一次尝试后，给团队时间讨论如何能再快一点与调整目标时间。

（6）给团队几个回合的尝试，借由不断讨论达成团队最好的目标。

注意事项：

（1）在身体穿过呼啦圈时，要注意牵起来的手不要有太大的拉力，避免造成损伤。

（2）提醒团队成员跨越呼啦圈时，小心不要被呼啦圈绊倒。

活动变化：

可让团队一次使用2个呼啦圈，以不同方向传呼啦圈，计算2个呼啦圈穿过每个团队成员并回到原点的时间。

思考与分享：

（1）本游戏的主旨是什么？

（2）通过游戏，你和队友之间是否变得亲密有交流了？

8. 命中目标

活动人数：8~12人。

活动器材：至少每两个人一颗软球、标示界限的物品、蒙眼的物品、绳子。

活动场地：室内或室外场地皆可，必须要平坦的活动场地。

活动时间：20~25分钟。

活动说明：

（1）活动开始前，用绳子围出一个活动区域。

（2）让团队分成两人一组，每组选择一个人先蒙眼，并且发给每组一颗软球。

（3）向团队说明：这个活动需要注意安全，每组会有一个人看得见，一个人蒙眼，看得见的人要负责伙伴的安全。

（4）这个活动的目标是每个蒙眼的成员用软球去丢其他蒙眼的成员，若看得见的人被软球丢到也没有关系，但看得见的人不能碰到球、捡球或丢球，而蒙眼的成员可以捡起身边的任何软球，丢其他蒙眼的成员。

（5）看得见的人和伙伴只能用语言沟通，不能用身体任何部位接触蒙眼的伙伴。

（6）若有软球丢出活动区域外，引导者可以将软球丢回活动区域内，或是增加其他软球到活动中。

（7）在一段时间后，就让每一组互换角色，体验不同的感受。

注意事项：

（1）必须使用软球，避免丢伤其他团队成员，提醒团队成员软球只能丢向头以下的部位。

（2）在操作这个活动之前，要评估团队成员是否愿意照顾其他团队成员。

（3）提醒蒙眼的成员要有缓冲姿势。

（4）提醒团队成员要有一颗关怀的心，当有人弯腰去捡球时，不能撞到该成员的头或者用球砸其他成员的头。

思考与分享：

（1）本游戏中"信任"这两个字是否做到了？沟通时的口令是否奏效了？

（2）通过游戏，你认为团队成功的关键点在哪里？

第三节　拓展活动方案设计

一、封面方案设计

河北机电职业技术学院××部门
20××年第×届素质拓展活动

1. 受训对象：
2. 培训时间：
3. 培训地点：
4. 培训师：
5. 培训主题：
6. 培训目标：

（1）消除陌生、建立自信、团结合作；

（2）强化沟通、树立集体观念；

（3）提升团队决策能力和有效执行力。

河北机电培训团队

20××年×月×日

二、训练方案设计（如表20-1、表20-2所示）

表20-1　人数少的团队拓展训练方案

活动名称	活动类型	活动器材	活动时间
1. 整体课程设计、体验教育、选择性挑战等	简单的课程简介	无	5~10分钟
2. 曾经拥有	热身破冰活动	比团队人数少1的巧拼	10~20分钟
3. 呼喊名字	认识彼此活动	无	5~10分钟
4. 大圈绕小圈	沟通活动	两个呼啦圈	20~30分钟
5. 制定全方位价值契约	沟通活动	海报纸一张、彩色笔数支	20~30分钟
休息时间			
6. 生日派对	沟通活动	无	15~20分钟
7. 步步为营	沟通活动	和团队人数一样的巧拼	20~30分钟
休息时间			
8. 身体、心理状况指数	分享感觉活动	无	5~10分钟
9. 快截兔	热身破冰活动	无	15~20分钟
10. 疯狂气球	沟通活动	很多充气气球（至少一人一个）	30~40分钟
11. 信任走路	信任建立活动	蒙眼的物品	20~30分钟
12. 信任倒	信任建立活动	无	10~15分钟
休息时间			
13. 面包工厂	问题解决活动	塑胶桶一个、运输片（每个人至少一片）	30~40分钟
14. 平面诺亚方舟	问题解决活动	每人一块巧拼	20~30分钟
15. 大家站起来	缓身活动	无	15~20分钟
16. 行动计划	缓身活动	每人一支笔和一张行动计划表	5~10分钟

表20-2　人数多的团队拓展训练方案

	时间		类型	项目名称	主要内容	培训目的	地点	备选项目
1	8:00—8:15	15分钟	无	培训开场	清点人数 活动前管理	做好前期准备工作	大型平地	无
2	8:15—9:00	45分钟	平地项目	热身活动 组建团队	破冰导入 分组建队 团队提示	消除陌生、建立信任、团队成型、提高凝聚力	大型平地	无

续表

	时间		类型	项目名称	主要内容	培训目的	地点	备选项目
3	9:00—10:00	60分钟	平地项目	"摩斯解码"	交流游戏 体验游戏	体验互助互信	大型平地	"信任背摔"
4	10:00—11:00	60分钟	中低空项目	"电网"		体验分工与执行	麻绳网	"极限时速"
5	11:00—11:30	30分钟	无	休息总结	心得分享	及时调整成员情况	大型平地	无
6	11:30—13:30	120分钟			休息调整			
7	13:30—14:00	30分钟	平地项目	趣味热身	小游戏+按摩	消除疲劳 调动激情	阴凉平地	无
8	14:00—15:30	90分钟	平地项目	"沙盘经营"	模拟游戏 体验游戏	创造竞争氛围 加强沟通合作	拓展基地	"七巧板"
9	15:30—17:30	120分钟	中低空项目	"毕业墙"				"成功路"
10	17:30—18:00	30分钟	无		分享与颁奖、合影纪念		无	无

第二十一章 气排球

第一节 气排球运动概述

一、气排球运动的起源

气排球运动是一项集运动、休闲、娱乐为一体的群众性体育项目,作为一项新的体育运动项目,如今已经受到越来越多人的青睐。气排球运动可是纯粹的"中国制造",是我国土生土长的一项群众性排球活动。1984年,呼和浩特铁路局集宁分局为了开展老年人体育活动,在没有规则限制的情况下,组织离退休职工用气球在排球场上打着玩儿。由于气球过轻且易爆,他们将两个气球套在一起打,最后又改用儿童软塑球。随后又参照6人排球规则制定了简单的比赛规则,并将这种活动形式命名为"气排球"。1991年,中国火车头体育协会(火车头老年体协)编写《气排球竞赛规则》,举办气排球学习班,在上海特制比赛用球,并于1992年11月在武汉举行首届全路老年人气排球比赛。1999年,气排球成为中国老年体协的五大竞技项目之一;2010年,首届全国老年运动会把气排球列为正式比赛项目。气排球作为中国老年体协的五大竞技项目之一,自从火车头老年体协首先推出该项目以来,先后在浙江、福建、上海、江苏、湖南、广西、重庆等地得到了很好的推广,打气排球健身的老年人越来越多。

2011年以前气排球运动主要由中国老年人协会来推广,而在2011年后中国老年体协成立了专门的组织——气排球委员会,这样使气排球的推广更有针对性,推广手段也更专业。气排球运动有了创新和发展,许多青少年也开始关注气排球运动,乐于参与其中,因此2011年后,参与人群的结构也有了很大的改变,不仅老年人参与其中,而且越来越多的儿童、中青年人也加入进来。

二、气排球运动的特点

气排球运动之所以能够得到人们认可,究其原因就在于其具有自己的项目特点,能够满足大部分人娱乐、运动、休闲的要求。

1. 安全性高

气排球圆周为75~78厘米,120~125克,球体大,重量轻。材料是由聚氨乙烯薄膜特制的,球质软、富有弹性、手感舒适、不易伤人这些特点都使气排球的安全性得到了提高。

2. 经济适用性强

首先,气排球运动具有很强的适应性,在简陋的场地就能够开展,可以借助其他(羽毛球、排球等）球类场所进行气排球活动，同时网高、人数也可以灵活变通；其次，气排球价格便宜，要比软式排球和硬式排球便宜得多，群众容易接受，且不易损坏，可以重复利用，能够减轻人们的消费负担。

3. 与硬式排球规则相似

由于气排球是硬式排球的衍生品，故其规则和硬式排球规则有许多相似之处，人们非常容易理解，如扣球的姿势、击球的手型等；但毕竟是两项运动，在规则上也有不同之处。例如，气排球比赛双方场上是各 4 名（老年组 5 名）队员，且进攻线内禁止扣球，每一分都要进行发球人员的轮换等，使其也具有自己的项目特色。

4. 趣味性强

气排球的球体美观、色彩鲜亮，另外其还属于田麦久项群训练理论的隔网对抗性项目，对身体的伤害性小，并且具有运动强度小、运动量适中、健康安全的特点，能够吸引更多人的参与，能够使人们在安全、快乐中达到健身的目的，故其趣味性较强。

5. 技术全面

尽管气排球属于大众健身项目，划归到了娱乐排球的领域，但我们不能认为气排球运动就没有技术。实验表明，气排球在空中飞行时会产生较大的阻力，一般会有左右摇摆或路线改变的情况出现，这就要求队员要时刻注意球路的变化，只有这样才能采取正确的技术把球接好。由于气排球场上的队员都要进行换位，要适应各个位置上的变化，并且只要一方得分就要轮换发球，时刻处于攻防转化之间，要求各个位置的队员都要具备比较全面的技术。另外，由于球体大、飞行轨迹不易确定等因素，增加了比赛的不确定性，这从侧面也要求队员要掌握更为全面的气排球技术，只有这样才不会让对方找到本方的漏洞，从而达到战胜对手、取得比赛胜利的目的。

6. 集体性强

属于集体性项目的气排球运动无论是从发球开始还是到进攻结束，都需要场上队员的互相配合。场上任何一个环节出现"错误"（或"不到位"），就很难得分，尤其是这项运动来回球的次数多，不确定因素也多，这就更需要队员之间的通力合作。

第二节　气排球入门技术

一、气排球基础

气排球技术包括有球技术和无球技术，有球技术包括发球、传球、扣球和拦网；无球技术指没有接触球的技术动作，包括准备姿势、移动、起跳及各种掩护动作等。无球技术在战术组成中，对助攻、策应、掩护、保护等都十分重要。排球技术主要由步法和手法组成，同时与视野活动、躯干活动和意识活动相配合，融为一体。

比赛场地长 13.4 米、宽 6.1 米（也就是羽毛球双打场地外沿线），如图 21-1 所示，球网高度男子组为 2.1 米、女子组为 1.9 米、男女混合组为 2.0 米。

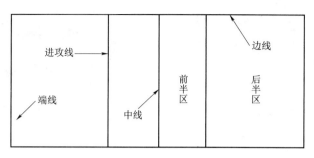

图 21-1 场地线及区域名称

二、阵型

1. 五人制阵型队员场上位置

双方队员各分为前排三名，后排两名。前排左边为 4 号位，中间为 3 号位，右边为 2 号位；后排左边为 5 号位，右边为 1 号位。发球时判断队员的位置错误，应以队员身体着地部分为依据，在发球队员击球的一刹那，球未击出前，同排队员的站位不得左右超越或平行，前后排队员不得前后超越或平行。即 4 号位队员不得站在 3、2 位队员的右边，2 号队员不得站在 3、4 位队员的前面或平行。否则，应判失球权或对方得分。发球队员与本方 5 号位队员不受站位的限制。每局比赛开始，场上队员必须按位置表排定的次序站位，在这局中不得调换。在新的一局，每个队上场队员的位置可重新安排。

2. 四人制阵型队员场上位置

双方队员各分为前排两名，后排两名。（注：是否有越位、位置错误说法及是否分前排、后排目前尚无标准，可参考五人制）

三、准备姿势、预判和脚步移动

这是各项基本技术的前奏。准备姿势、预判的好坏，直接影响着脚步移动是否及时与准确；而脚步移动的好坏，又直接影响完成技术动作质量的高低。据统计，在防守中因移动慢而使球落地的约占防守失误总数的 50% 以上。

（1）准备接球或接球时，膝盖应略弯，为准备起步姿态，不应为放松自然站立姿态；或者呈半蹲姿势，但要分中心脚或身体处于灵活移动的状态。脚步在球落地前或裁判吹哨前各队员均应处于随时准备移动状态，这样起步快。

（2）预判极其重要。对方球一出手，是谁接的球应该心中有数；注意球出手后的情况，包括球的力度、角度以及是否旋转等等，这样有助于提高预判的准确性——对每个球进行预判，可加快掌握，而不是仅对可能是自己接的球；预判完成脚步即行移动，忌伸手或握手移动，避免速度受限。

（3）脚步移动到位的同时完成手上动作，或托、或垫——只有脚步到位，才可能做到手上动作从容、不急。

（4）不论什么时候，身体应随球的移动而转动，尽可能正面面对球，对其他队员的接球准备接应、护球。接球步法如图 21-2、图 21-3、图 21-4 所示。

图 21-2　交叉步步法示意

图 21-3　跑步步法示意

四、发球

（1）发球以击球过网落入对方球区并尽可能提高攻击性为总体目标。

（2）发球包括下手发球、上手大力发球、上手飘球、侧面下手发球、勾手大力发球、勾手飘球、高吊球、跳发球等，各人可结合自身情况加以选择。

图 21-4　并步步法示意

（3）因击球部位不同和手势变化，除常规发球外，可发出正旋、反旋、下旋，左旋球击在球的中间偏右侧，球呈向左香蕉弧线；右旋球击在球的中间偏左侧，球呈向右香蕉弧线；上旋球为击球时带搓球动作，球发出后弧线大、后部急坠；飘球球过网后呈左右摇摆。正面上手发球如图 21-5 所示。

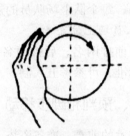

（a）用全手掌击球后中部　　（b）手腕包击推压球上旋

图 21-5　正面上手发球

要发上旋球，必须使作用力的方向通过球体的上半部，同时利用手腕推压作用，具体如图 21-6 所示。

当作用力通过球体的下半部时，击出的球，就会下旋飞行，具体如图 21-7 所示。同理，当作用力通过球的右（左）半部时，就可以发出右旋球（左旋球）。

图 21-6　上旋球

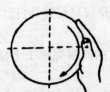

图 21-7　下旋球

飘球发球手势如图 21-8 所示。

（4）发球不要急，根据选择的发球手势抛球到位。同时，发球力度大小和击球速度快慢决定球速并影响球的路线，快速击球有利于提高球的力度和速度。

（5）攻击性发球可以直接得分，也可以破坏对方一传，从而降低对方攻击力，动摇其士气。由此，提倡在加强练习、相对稳定的情况下进行重力发球。

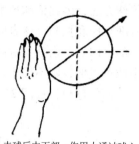

击球后中下部，作用力通过球心

图 21-8　飘球

五、传球

（1）接发球（即一传）是组织进攻战术的基础技术，要求准确、平稳地把球接送给二传队员或扣手（即一传到位），尽量减少失误，以便组成有力的进攻战术。

（2）二传是接应一传或防守后，把球传给扣手进攻的技术。二传不仅要把球稳准地托起，而且要不转，并尽可能迷惑对方，避开拉网，组成快速多变的进攻战术，以达到助攻的目的。

（3）传球的基本手法包括托球、垫球、捧球、挡球。

（4）垫球传球。包括正面垫球、侧面垫球、背面垫球，即用前臂旋外形成的颊靠近手腕的部分击球后下方。应尽可能通过跨步、移动采用正面垫球。当来球速度较快、距离体侧较远、来不及移动对正球时采用侧面垫球、背面垫球。不论何种垫球方式，应注意两臂不要弯曲，以保持手臂击球，避免因手臂动作影响垫球效果。垫球手势如图 21-9 所示。

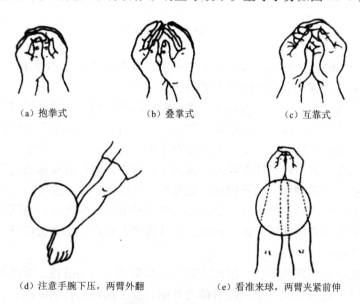

(a) 抱拳式　　　(b) 叠掌式　　　(c) 互靠式

(d) 注意手腕下压，两臂外翻　　　(e) 看准来球，两臂夹紧前伸

图 21-9　垫球手势

（5）托球传球。一般可分为正面传球、背传球、侧传球、跳传球、调整二传、背向二传、单手传球等。

正面传球手型为两手自然张开成半球形，两拇指相对成"一"字形，用拇指内侧、食指全部和中指二、三关节触球，无名指和小指在两侧辅助控制传球方向。正面传球是最基本的传球方法，因此传球技术学习必须从正面传球开始，击球点在额前上方一球距离处，有利于看准来球和控制传球方向；同时，肘关节尚有一定弯曲度，便于继续伸臂用力，有利于变化球的方向。如击球点过高或太前，则两臂已伸得太直，不便于向前上方发力做伴送动作；若击球点过低，则不便于运用全身的协调力量。应避免手在胸口处接球或脑袋正上、后方接球。正面传球位置如图21-10所示，传球手势如图21-11所示。

击球点在额前上方约一个球的距离

图21-10　正面传球位置

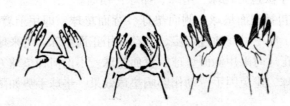

图21-11　传球手势

背传球手触球时，手腕适当后仰，掌心向上，在额上方击球的下部，传球时，用蹬地、展腹、抬臂、向后翻腕及手指的弹力把球向后上方传出。

跳传球的起跳最好是向上垂直起跳，要掌握好起跳时间，起跳过早或过晚都会影响传球的质量。根据一传的高低，及时起跳，两手放在脸前，当身体上升到最高点时，靠伸臂动作和手指手腕的弹击力量将球传出。由于在空中无支撑点，用不上蹬地力量，只有靠伸臂力量将球传出，因此，必须在身体下降前传球出手，这样才能控制传球的力量。

调整二传将一传不到位、离网较远的球传给扣球队员进攻，这种传球叫调整二传。调整二传与正面传球动作相同，传球时，要注意选择传球方向，传球方向与网的夹角越小越有利于扣球，尽量避免垂直向网前传球，同时，传球高度要稍高，不要太拉开，这样有利于扣球队员观察和上步扣球。

背向二传能够利用网的全长，增加进攻点，具有很大的隐蔽性、突然性。传球前要先移动插入球下，背对传球方向，要明确身体所处的位置及离标志杆的距离；传球时，要利用向后上方展体、抬臂、伸肘动作将球传出。传快球传出的球弧线低，节奏快。

传快球主要是依靠手指手腕的弹击动作和适当的伸臂动作来控制传球力量。要传好快球，二传队员必须主动与扣球队员配合，要根据一传的弧线、速度和扣球队员的助跑速度、起跳时间、击球点的高度和挥臂速度等情况，来决定传球的速度、高度、距离和出手时间，把球主动送到扣球队员手上。

当来球低、速度快、距离远，来不及用双手垫球、托球或捧球时，可采用单手传球。为了便于控制球的方向，应张开手指使击球面积增大，这种传球动作快，手臂伸得远，可扩大控制范围。

（6）挡球。当来球较高、力量较大、不便于利用传球时，可采用并掌式（如图21-12所示）挡球，手法是两肘弯曲、两虎口交叉、两掌朝前合并成球形。击球瞬间，手腕要用力适度，击球点在额前。

图21-12 并掌式

（7）不论托球或垫球，建议卸力——可使球较柔。上手托球接球，在手指接触球的瞬间手先继续收回后再托起，即可卸力，且出击有力度容易起高；垫球同理，球接触手臂瞬间先回收再绷直即可（具体依个人感觉进行，只要球可控在需要高度、达目的点、不转即可）。

（8）二传起球要点。二传在起动和移动的过程中，应边判断来球，边取好位置。一般要对下列三种情况进行适当处理。

① 力争使身体插入球下，并转向出球方向，稳定重心，将球传出；
② 身体已插入球下，如身体来不及转向出球方向（或有意做隐蔽传球）时，亦应力争稳定重心去传球；
③ 既来不及使身体转向出球方向，又来不及稳定重心去传球，此时，应在跑动中传球，所以要特别强调出手稳。

二传起球给主攻，起球位置以线为准，而不是以攻手站立的位置。

二传起球尽可能给对方拦网较弱一侧的主攻手，以便于主攻手轻松进攻并提高命中率。

二传起球可以根据主攻手情况适当穿插一些快攻以及二次进攻球，做到灵活多变。

二传手传球力求隐蔽，有利于提高攻击性。

二传背传是常见和必须掌握的传球方式。

（9）两次球进攻。两次球进攻指一传来球较高，又在网前适合扣球的位置上，前排队员跳起来直接进行扣球，如遇拦网，就在空中改作二传，把球转移给其他前排队员进攻。

六、扣球

扣球是战术配合的最后一击，是进攻中最积极有效的技术，也是得分与获得发球权的重要手段，它是衡量一个队进攻实力的要素之一。一个队扣球技术水平越高，越能为提高拦网及防扣球技术提供有利条件。扣球的攻击威力主要表现在高度、速度、力量、变化和突然性上。有威力的扣球往往是在球路的变化和与轻打软吊相结合中突破拦网的。优秀的扣球手应该既能强攻，又会快攻，还要有自己的特点。强攻扣球是扣球的基础，一般包括近网高球强攻（平网扣球）和调整强攻（斜网扣球）。

扣球要领：扣球起跳后，先挺胸、抬头、展腹，手臂屈肘向后上方抬起，身体成反弓形。利用收腹、转体收胸动作发力，带动前臂上甩击球，挥动要有提肩抬肘动作，前臂成弧形快速向前上方抽甩，在肩上方最高点击球。扣球击球时应注意：

① 击球要准确，以全手掌击球后中上部或后中部，使全手掌包满球，手掌和手腕控制球的方向、弧线和落点；
② 击球时要有提肩动作，手臂充分伸直，保持高点击球；

③ 挥臂要迅速，加快前臂的挥动速度，并有明显的抽鞭动作，猛甩手腕，借以加大对球的作用力。扣球起跳方法如图 21-13、图 21-14 所示，扣球动作如图 21-15 所示，扣球时的击球点如图 21-16 所示。

图 21-13　跨跳起跳

图 21-14　并步起跳

图 21-15　扣球动作

图 21-16　扣球时的击球点

主攻手应尽可能高点击球，以利超手。

主攻手根据对方拦网情况，加强手腕动作变换，或扣、或吊，扣、吊的结合可大大提高攻击性和灵活性；吊球采用切球、抹球方式可提高球速并加大隐蔽性，使球落点刁钻。

直线、斜线扣球均应掌握，以利变通。

主攻击球应力求靠边，充分利用整个网宽，提高攻击有效性。

扣球可学用余光扫描拦网人员位置，有利避开——余光扫描不是很难，但也不是一两天就会，这与是否有意自我训练和二传起球位置有关。

七、拦网

拦网是在网上拦击对方来球。它是防守反击的第一线，又是强有力的得分手段，可有效削弱对方进攻锐气，或者减轻本队防守的压力，为组织反攻创造机会。拦网有单人拦网、两人或三人的集体拦网（四人制只能两人拦网）。拦网手可以过网，使拦网成为攻击性技术，拦网时力争拦死，其次才是把球拦起以便反击。

（1）拦网队员应当紧盯住对方传球的路线，判断对方向本方击球时的球在空中的位置，然后迅速移动（采用并步移动或交叉步移动）至球网本方一侧的对应位置后，原地起跳拦网。

（2）拦网起跳时，重心降低起跳，控制身体平衡垂直起跳。拦网时要直上直下，拦网结束身体下落时，手臂不要弯曲，仍保持拦网时的伸展状态，待与球网保持一定距离后，身体方能放松，以避免触网。交叉步移动时的步法和止步法如图 21-17 所示。

（3）拦网起跳的时间必须掌握好，应根据对方二传球的高低、远近、快慢以及扣球队员的起跳时间和动作特点来决定。拦高球时，一般应比扣球队员晚跳；拦快球时，可以和扣球队员同时起跳或提前起跳。起跳同时，两手从额前贴近并平行球网，向网上沿的前上方伸出，两臂伸直，前臂靠近网，两手尽量伸向对方上空接近球。

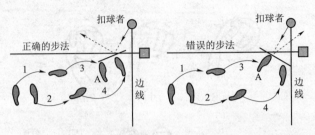

图 21-17　交叉步移动时的步法和止步法（A 要注意脚尖的方向）

（4）拦网时两手自然张开，两手之间距离不能超过一个球，以防止球从两手间漏过。站在靠近边线的队员，为了防止对方打手出界，外侧手掌心在拦击球时要内转。防止拦网出界的方法如图 21-18 所示，对球的中心如图 21-20 所示。

图 21-18　防止拦网出界的方法　　　　　图 21-19　对球的中心

（5）两人或三人拦网时，要密切协同配合，主拦队员确定拦网中心（扣手 45°左右方向和直线方向概率较高）；配合队员要及时选好起跳点，起跳时应避免互相冲撞和干扰。不同身高的队员要加强起跳时间的配合，一般来说，高个子队员起跳时间应稍晚于矮个子队员。

（6）如未拦到球，在身体下落时要随球转身向着球飞出的方向准备做接应救球。

（7）发现对方击球队员踩越 2 米线时，不予拦网，立即退后，参与防守。

八、防守进攻

防守（救球）是防守体系中的一个重要组成部分，是反攻的基础。一场比赛除了最多有 1/3 左右的扣球可能拦住，还有 2/3 的扣球需要救球。从这个意义上讲，没有防守就没有反攻。实践证明，只有在接发球进攻稳定的基础上，使防守反攻也具有高水平的队，才可能进入先进行列。防守技术根据不同来球选择不同方法，如遇高球用上手托球，高而急的球可用上手挡球；如遇低球可视情况选用正面、侧面、跨步等各种低姿势的垫球，低而急的球可用捧球或跨步、移动单手击球。只有防起更多的好球，才能更好地组织反攻，而掌握多种多样的防守技术和不断加强防守战术意识，特别是顽强的战斗意志，则是防守成功的先决条件。

后排队员的卡位（防守卡位）是重要的防守技术。当本方前排队员拦网时，后排队员一名要卡在对方进攻来球的直线位置，另一名卡在斜线位置，并随时准备将对方吊向离自己位置最近的球救起。拦网覆盖区域如图 21-20 所示。

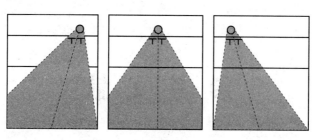

图 21-20　拦网覆盖区域示意

九、保护

　　由进攻转入防守。当球扣入对方球区后，进攻的一方应立即转入防守状态。当球扣过网或二传不慎传球过网后，前排队员应迅速靠网前站位，准备拦网；后排队员应立即进行防守卡位。

　　由防守转入进攻。当对方扣球过网后，防守一方在防守的一刹那就转入了进攻。前排参加拦网的队员，在完成拦网动作之后，必须立即转身或后撤，准备接应或反攻扣球。前排未参加拦网的队员，在后撤防守之后，转入接应或反攻扣球。接球人员应有目的地将球起到预定目标，组织进攻。

参 考 文 献

[1] 陈振辉. 新编高职体育与健康教程［M］. 北京：北京理工大学出版社，2017.
[2] 关伟东. 大学体育［M］. 北京：北京理工大学出版社，2019.
[3] 张平. 高职体育与健康［M］. 北京：北京理工大学出版社，2013.